Deutsch als Fremdsprache

Arbeitsheft

Friedrich Clamer/Erhard G. Heilmann

Überarbeitet und erweitert von Helmut Röller

Die Grüne

Übungsgrammatik für B1/B2

Regeln • Listen • Übungen

Überarbeitung der „Übungsgrammatik für die Grundstufe“

Verlag Liebaug-Dartmann

ISBN 978-3-96425-009-4

Inhaltsverzeichnis

Vorwort

Die GRÜNE (Übungsgrammatik für B1/B2) richtet sich an Deutsch-Lernende mit Grundkenntnissen. Sie ist eine Überarbeitung und Erweiterung der „Übungsgrammatik für die Grundstufe" von Friedrich Clamer und Erhard G. Heilmann, die aus der Unterrichtspraxis des „Lehrgebiets Deutsch als Fremdsprache" und des „Studienkollegs für ausländische Studierende" an der Universität Münster hervorgegangen und seit 1997 in mehreren Auflagen erschienen ist.

Sie legt die grammatischen Grundlagen für den Spracherwerb bis zum B2-Abschluss, kann lehrwerkunabhängig, ggf. zur Vertiefung und Wiederholung, in einem reinen Grammatik-Unterricht sowie begleitend zu allen Sprachlehrwerken eingesetzt werden. Durch den angefügten Lösungsteil eignet sie sich aber auch zum Selbststudium, besonders im Ausland.

In Verbindung mit dem ebenfalls neu bearbeiteten Folgeband Die BLAUE (Übungsgrammatik für C1) deckt sie alle Grammatikkapitel ab, die für eine umfassende sprachliche Vorbereitung auf Ausbildung, Beruf und – vor allem – Studium im deutschsprachigen Raum unverzichtbar sind.

Allen Kolleginnen und Kollegen danke ich für zahlreiche Hinweise, vor allem aber Ulrike Lindemann für die freundliche Überlassung eigener Unterrichtsmaterialien. Mein besonderer Dank gilt Bruno Liebaug vom Lektorat des Verlags Liebaug-Dartmann, der diese Überarbeitung der GRÜNEN Grammatik mit vielen eigenen Vorschlägen ebenso kompetent wie engagiert und geduldig begleitet hat.

Hinweise für Lehrende

Das Konzept der GRÜNEN Grammatik für B1/B2 wie auch der BLAUEN als Folgeband für C1 beruht auf der Valenz-Grammatik in Anlehnung an die Deutsche Grammatik von Ulrich Engel (1988 ff.), die sich für die Vermittlung von Deutsch als Fremdsprache als optimal erwiesen hat.

Während in diesem Buch der Bereich „Morphologie" weitestgehend der Tradition folgt, wird im Bereich „Syntax" auf herkömmliche Bezeichnungen wie „adverbielle Bestimmungen" o.ä. verzichtet. Ausgehend vom Verb als strukturellem Zentrum des Satzes werden alle Segmente, die vom Verbalkomplex regiert werden, als „Ergänzungen" bezeichnet. Nur das Subjekt bleibt weiterhin „Subjekt". Diejenigen Elemente, die zwar inhaltlich mit dem Prädikat oder Restsatz zusammenhängen, aber nicht verbspezifisch sind, erscheinen als „Angaben". Werden diese in einem Satz weggelassen oder hinzugefügt, wird der Satz dadurch nicht ungrammatisch, möglicherweise aber unlogisch oder unsinnig.

Die GRÜNE gliedert sich in die beiden Teile „Morphologie" (Formenlehre) und „Syntax" (Satzbau). Beide Bereiche sind nach demselben Prinzip aufgebaut: Regeln – Listen – Übungen. Im Regelteil werden anhand von Beispielen die wichtigsten Gesetzmäßigkeiten erklärt, so genau wie möglich und so umfangreich wie nötig. Die anschließenden Übungen dienen zur Festigung, und die Listen müssen gelernt werden, können aber auch zum Nachschlagen oder zum Wiederholen genutzt werden. Das Buch ist benutzungsfreundlich konzipiert: Regeln und Übungen stehen fast ausnahmslos auf der gleichen oder auf zwei aufeinander folgenden Seiten. Die Lösungen der Aufgaben können direkt in das Buch hineingeschrieben werden.

Bei einer systematischen Erarbeitung dieser Grammatik in einem Sprachkurs empfiehlt es sich, alles in der vorgegebenen Reihenfolge zu bearbeiten, da vieles auf Vorhergehendem aufbaut. Die Bearbeitung von Morphologie und Syntax sollte aber nicht nacheinander erfolgen, sondern – soweit wie möglich – parallel. Allerdings wird im Kursverlauf zunächst die Formenlehre besonders dann einen größeren Zeitanteil beanspruchen, wenn die Kursteilnehmer*innen die eigentlichen Grundlagen wie Deklination oder Konjugation noch nicht sicher genug beherrschen. Ein Vorschlag für eine solche Verzahnung findet sich unten unter „Empfehlungen für eine didaktisch sinnvolle Abfolge der Grammatik-Kapitel"; sie ist speziell für selbstständig Lernende gedacht.

Die alphabetische Liste der unregelmäßigen Verben, die heute auf jedem Handy abgerufen werden kann, wurde ersetzt durch eine „Lernliste", die nach Ablautreihen angeordnet ist und so ein systematisches Erlernen der Verbformen ermöglicht.

Empfehlungen für eine didaktisch sinnvolle Abfolge der Grammatik-Kapitel

(Morphologie und Syntax sollten parallel, nicht hintereinander bearbeitet werden!)

Morphologie	***Syntax***
Verb: Präsens / (un)trennbar / reflexiv 1.1 – 1.4	Satzglieder / Prädikat 6 / 7
Präteritum 1.5	Ergänzungen (nominal) 8.1 – 8.7
Perfekt / Übersicht Tempora 1.6 – 1.7	Ergänzungen (nominal) 8.8 – 8.9
Nominalgruppe 2	Attribute; Gebrauch des Artikels 12.1 – 12.3; 14
Passiv 1.8	Ergänzungen (verbal): „dass"-Sätze 9.1 – 9.3
Modalverben / „lassen" 1.9 – 1.10	Infinitivsätze / indirekte Fragesätze 9.4 – 9.5
Adjektiv (Deklination; Verwendung) 3	Angabesätze: temporal 10.1 – 10.2.1.8
Pronomen 4	kausal / final / konditional 10.2.2 – 10.2.4
Präpositionen 5	konditional irreal: Konjunktiv II 10.2.5
	weitere Angabesätze 10.2.6 – 10.2.10
	Satzverbindungen 11
	Negation 13
	Satzgliedstellung 15
	Satzzeichen 16

Begriffserklärungen

Nomen (auch: Substantiv)	eine Wortart (neben *Verb, Adjektiv, Pronomen* usw.) Beispiele: ***Beruf, Haus, Freiheit***
Verbalnomen	Infinitiv als Nomen gebraucht (*lesen* → das *Lesen*) Beispiel: Im Winter macht (das) ***Radfahren*** keinen Spaß.
nominal	„in Form eines Nomens" (Adjektiv zu „Nomen")
Nominalgruppe	Nomen mit Begleitern, z.B. mit Artikel, Präposition und Attributen Beispiel: ... *in der obersten* ***Etage*** *des Hauses ...*
Nominativ	ein Kasus (neben *Akkusativ, Dativ, Genitiv*) Beispiele: *der Beruf, die Freiheit, die Häuser*
Nominativ-Ergänzung (auch: **Subjekt**)	ein Ergänzungstyp (neben *AkkErg, DatErg, PräpErg* usw.) Beispiel: ***Ihre Schwester*** *ist hübsch.*
Nominal-Ergänzung	ein Ergänzungstyp (neben *AkkErg, DatErg, PräpErg* usw.) Beispiel: *Ihre Schwester ist* ***Lehrerin****.*
Adjektivprädikat	ein Prädikat, das aus Verbform(en) + Adjektiv besteht Beispiel: *Die Erde* ***ist rund****.*
prädikatives Adjektiv (auch: Prädikatsadjektiv)	ein Adjektiv als Teil des Prädikats Beispiel: *Die Erde ist* ***rund****.*
Korrelat	kein eigenständiges Satzglied, sondern Verweis auf einen nachfolgenden Nebensatz. a) Pronominaladverb (Präpositionaladverb) *dafür, darüber ...* Beispiel: *Wir müssen* ***darüber*** *sprechen, wie du dein Studium finanzieren willst.* b) ***es***
Proportionalglied	in Proportionalsätzen die Kombination aus ***je*** bzw. ***desto/umso*** und dem unmittelbar folgenden Adjektiv in Komparativ-Form. Bei einer Nominalgruppe zählen auch Nomen und Artikel dazu. Beispiel: ***Je älter*** *man ist, auf* ***desto mehr Hilfe*** *ist man angewiesen.*
Adjunktor	„Gleichsetzungspartikel" (*wie, als*): verbindet zwei Wörter oder Wortgruppen miteinander, als Vergleich oder als Gleichsetzung. Beispiele: *A ist älter* ***als*** *B. B ist so alt* ***wie*** *C.* *Seine Aussagen stellten sich* ***als*** *Lügen heraus.*
definit **indefinit**	mit bestimmtem Artikel oder Possessivartikel mit unbestimmtem Artikel oder Null-Artikel
finit **infinit**	konjugierte Verbform, Personalform nicht konjugierte Verform, z.B. Infinitiv, Partizip II
Modus	Indikativ, Konjunktiv, Imperativ

Wortarten

Verb	– „Vollverb"	*lernen, lesen, arbeiten, ...*
	– Hilfsverb	*haben, sein, werden*
	– Modalverb	*können, wollen, müssen, ...*
	– Funktionsverb	*(Sport) treiben, (Kritik) üben, (einen Antrag) stellen, (etwas zu Ende) bringen, ...*
Nomen		*Tisch, Buch, Lampe, Maria, ...*
Adjektiv		*schön, groß, neu, beliebt, ...*
Artikel	– bestimmter Artikel	*der (Tisch), das (Buch), die (Lampe), ...*
	– unbestimmter Artikel	*ein (Fenster), eine (Wohnung), ...*
	– Possessivartikel	*mein (Vater), eure (Schuhe), ...*
	– Negativartikel	*keine (Leistung), kein (Geld), ...*
	– Demonstrativartikel	*dieser (Hund), jenes (Haus), ...*
	– Frageartikel	*welcher (Tag)? was für eine (Stadt)? ...*
Pronomen	– Personalpronomen	*ich, euch, sie, ...*
	– Demonstrativpronomen	*dieser, jenes, ...*
	– Indefinitpronomen	*man, etwas, jemand, alle, ...*
	– Reflexivpronomen	*mich, sich, dir, ...*
	– Possessivpronomen	*meiner, deins, unsere, ...*
	– Relativpronomen	*der, (welcher), dessen, denen, ...*
Adverb[1]		*bald, dort, abends, deshalb, ...*
Präposition		*an, auf, in, gegen, ...*
Konjunktion[2]		*und, oder, aber, ...*
Subjunktion[3]		*dass, weil, wenn, um ... zu, ...*
Partikel		*sehr, nur, etwa, ...*

1 im Gegensatz zum Adjektiv unflektierbar, nicht steigerungsfähig (vgl. Das Auto fährt ***schnell***: „schnell" ist nicht Adverb, sondern prädikativ gebrauchtes Adjektiv.)

2 verbindet Sätze gleicher Ebene:
Hauptsatz – ♦ Hauptsatz   Nebensatz – ♦ Nebensatz   (♦ = Konjunktion)

3 leitet Nebensätze ein:
Hauptsatz –♦ Nebensatz   ♦ Nebensatz – Hauptsatz   (♦ = Subjunktion)

1 Das Verb

1.1 Das Präsens

Die meisten Verben bilden das Präsens wie das Verb *lernen*:

lernen (Infinitiv)			Person	Personalpronomen	Stamm	+ Endung
ich	lern*e*	Singular	1.	ich	lern-	-e
du	lern*st*		2.	du	lern-	-st
er/sie/es	lern*t*		3.	er/sie/es	lern-	-t
wir	lern*en*	Plural	1.	wir	lern-	-en
ihr	lern*t*		2.	ihr	lern-	-t
sie	lern*en*		3.	sie / Sie*	lern-	-en

(* formelle Anrede, Sg. und Pl.)

Besondere Präsensformen:

1. ***Stammauslaut -t, -d:***

ich	arbeit*e*	
du	arbeit*est*	
er/sie/es	arbeit*et*	
wir	arbeit*en*	
ihr	arbeit*et*	
sie	arbeit*en*	

antworten, beobachten, bilden, bitten, finden, warten, …

Stammauslaut Konsonant* + m, n:

*(*nicht l, r)*

ich	atm*e*	
du	atm*est*	-est
er/sie/es	atm*et*	-et
wir	atm*en*	
ihr	atm*et*	-et
sie	atm*en*	

begegnen, öffnen, rechnen, trocknen, zeichnen, …

2. ***Stammauslaut -s, -ß, -z:***

ich	heiß*e*	
du	heiß*t*	-t
er/sie/es	heiß*t*	
wir	heiß*en*	
ihr	heiß*t*	
sie	heiß*en*	

beweisen, heizen, reisen, reißen, setzen, sitzen, …

3. ***Stammauslaut -er, -el:***

ich	änd(e)r*e*	-(e)re
du	änder*st*	
er/sie/es	änder*t*	
wir	änder*n*	-ern
ihr	änder*t*	
sie	änder*n*	-ern

bedauern, erinnern, verbessern, …

ich	samml*e*	-le
du	sammel*st*	
er/sie/es	sammel*t*	
wir	sammel*n*	-eln
ihr	sammel*t*	
sie	sammel*n*	-eln

klingeln, lächeln, …

4. ***Bei vielen „starken“ Verben: Vokalwechsel in der 2. / 3. Pers. Sing., aber niemals im Plural!***

	ich	gebe	ich esse,	du *i*sst, er/sie/es *i*sst
	du	g*i*bst	ich helfe,	du h*i*lfst, er/sie/es h*i*lft
e → i	er/sie/es	g*i*bt	ich nehme,	du n*i*mmst, er/sie/es n*i*mmt
	wir	geben	ich spreche,	du spr*i*chst, er/sie/es spr*i*cht
	ihr	gebt	ich treffe,	du tr*i*ffst, er/sie/es tr*i*fft
	sie	geben	ich trete,	du tr*i*ttst, er/sie/es tr*i*tt

	ich	lese	ich sehe,	du s*ie*hst, er/sie/es s*ie*ht
	du	l*ie*st	ich stehle,	du st*ie*hlst, er/sie/es st*ie*hlt
e → ie	er/sie/es	l*ie*st	ich befehle,	du bef*ie*hlst, er/sie/es bef*ie*hlt
	wir	lesen	ich empfehle,	du empf*ie*hlst, er/sie/es empf*ie*hlt
	ihr	lest	(geschehen)	etwas gesch*ie*ht
	sie	lesen		

	ich	fahre	ich falle,	du f*ä*llst, er/sie/es f*ä*llt
	du	f*ä*hrst	ich lasse,	du l*ä*sst, er/sie/es l*ä*sst
	er/sie/es	f*ä*hrt	ich schlafe,	du schl*ä*fst, er/sie/es schl*ä*ft
a → ä	wir	fahren	ich trage,	du tr*ä*gst, er/sie/es tr*ä*gt
	ihr	fahrt	ich wachse,	du w*ä*chst, er/sie/es w*ä*chst
	sie	fahren	ich wasche,	du w*ä*schst, er/sie/es w*ä*scht
		einladen halten raten	*ohne e nach -t, -d!*	du ***lädst*** ein, er/sie/es ***lädt*** ein du ***hältst***, er/sie/es ***hält*** du ***rätst***, er/sie/es ***rät***

o → ö	stoßen	ich stoße,	du st*ö*ßt, er/sie/es st*ö*ßt
au → äu	laufen	ich laufe,	du l*äu*fst, er/sie/es l*äu*ft

5. ***Modalverben:***

	dürfen	können	müssen	sollen	wollen	Konj. II von „mögen“
ich	darf	kann	muss	soll	will	möchte
du	darfst	kannst	musst	sollst	willst	möchtest
er/sie/es	darf	kann	muss	soll	will	möchte *(ohne -t!)*
wir	dürfen	können	müssen	sollen	wollen	möchten
ihr	dürft	könnt	müsst	sollt	wollt	möchtet
sie	dürfen	können	müssen	sollen	wollen	möchten

6. ***Die Hilfsverben <u>haben</u>, <u>sein</u>, <u>werden</u> und das Verb <u>wissen</u>:***

	ich	du	er/sie/es	wir	ihr	sie
haben:	habe	hast	hat	haben	habt	haben
sein:	bin	bist	ist	sind	seid	sind
werden:	werde	wirst	wird	werden	werdet	werden
wissen:	weiß	weißt	weiß *(ohne -t!)*	wissen	wisst	wissen

Verbliste zur Präsensbildung:

1. ändern	19. finden	37. lesen	55. sollen
2. antworten	20. fragen	38. machen	56. sprechen
3. arbeiten	21. geben	39. mieten	57. stehlen
4. atmen	22. gehen	40. möchte-	58. stoßen
5. befehlen	23. geschehen*	41. müssen	59. tragen
6. begegnen	24. haben	42. nehmen	60. treffen
7. beobachten	25. halten	43. öffnen	61. treten / betreten
8. beweisen	26. heißen	44. raten	62. trocknen
9. bilden	27. heizen	45. rechnen	63. verbessern
10. bitten	28. helfen	46. reisen	64. vergessen
11. dauern*	29. klingeln	47. reißen	65. verstehen
12. dürfen	30. kommen	48. sagen	66. warten
13. beladen	31. können	49. sammeln	67. wachsen
14. empfehlen	32. lächeln	50. schlafen	68. waschen
15. erinnern	33. lassen	51. sehen	69. werden
16. essen	34. laufen	52. sein	70. wissen
17. fahren	35. leben	53. setzen	71. wollen
18. fallen	36. lernen	54. sitzen	72. zeichnen

*nur 3. Person (Vorgang!)

1. Benutzen Sie die Verbliste zur Bildung unterschiedlicher Präsensformen und zur Bildung von Sätzen im Präsens.

- ***Bilden Sie die 1. und 2. Pers. Singlar.***
  ich ändere – du änderst
  ich antworte – du …

- ***Bilden Sie die 3. Pers. Sing. und die 2. Pers. Plural.***
  er/sie/es ändert – ihr ändert
  er/sie/es antwortet – ihr …

- ***Verändern Sie die Sätze.***
  Ich mache die Pläne. (ändern) → *Ich ändere die Pläne.*
  Er kauft das Haus. (mieten) → *Er*
  Schreibst du ein Buch? (lesen) →
  Er arbeitet nicht. (schlafen) →
  Möchtest du Pizza essen? (wollen) →
  Gehst du zum Bahnhof? (fahren) →
  Das Baby weint. (lächeln) →
  Sie behält alle Namen. (vergessen) →
  Ihr sucht den Schlüssel. (finden) →
  Schließt du die Tür? (öffnen) →

2. Setzen Sie die passenden Verbformen in die Lücken.

1. Im Garten *beobachten* wir die Vögel. (beobachten)
2. Anna ______________ gern Schokolade. (essen)
3. Schokolade ______________ alle Kinder gern. (essen)
4. ______________ du mir bei den Hausaufgaben? (helfen)
5. Wer ______________ einen Satz im Präsens? (bilden)
6. Was für ein Buch ______________ du gerade? (lesen)
7. Er ______________ nicht auf meine Frage. (antworten)
8. ______________ du mich morgen bis acht Uhr schlafen? (lassen)
9. Du ______________ auf meinem Stuhl! (sitzen)
10. Wir ______________ uns auf den Boden. (setzen)
11. Wo ______________ ihr eure Wäsche? (trocknen)
12. Er ______________ die Tür mit dem Ellbogen. (öffnen)
13. Frau Lie ______________ Physik studieren. (wollen)
14. Sie ______________ gerade mit dem Professor. (sprechen)
15. Bestimmt ______________ Otto, wie man hier ein Zimmer ______________. (wissen; finden)
16. Wie ______________ dein Freund mit Familiennamen? (heißen)
17. Wir ______________ heute Abend das Fußballspiel im Fernsehen; (sehen)
18. aber der kleine Peter ______________ nicht so lange fernsehen. (dürfen)
19. Er ______________ schon um acht Uhr zu Bett gehen. (müssen)
20. Wann ______________ ihr zu Bett? (gehen)
21. ______________ du auf dem Sofa oder im Bett? (schlafen)
22. Hilfe, ein Dieb ______________ mein Fahrrad! (stehlen)
23. ______________ ihr den Mann da drüben? (sehen)
24. Jetzt ______________ er mit meinem Rad weg! (fahren)
25. Niemand ______________ ihn fest. (halten)
26. Ich ______________ hinter ihm her. (laufen)

3. Setzen Sie die passenden Verbformen ein.

1. Ich lerne Deutsch. – Welche Sprache *lernst* du?
2. Ich spreche drei Sprachen. – Wie viele Sprachen ______________ Fatma?
3. Ich fahre in den Ferien nach Berlin. – Wohin ______________ du?
4. Ich sammle alte Reklameschilder. – ______________ ihr auch etwas?
5. Ich lese gern Kriminalromane. – Was ______________ du gern?
6. Ich setze mich in die 3. Reihe. – Wohin ______________ du dich?
7. Ich feiere heute meinen Geburtstag. – Wann ______________ Paula ihren Geburtstag?
8. Alle empfehlen mir die „Grüne". – ______________ du sie auch?
9. Ich trage Kontaktlinsen. – ______________ du auch welche?
10. Ich kaufe mein Brot im Supermarkt. – Wo ______________ du dein Brot?
11. Ich treffe meine Freunde im Café. – Wo ______________ Eva ihre Freundinnen?
12. Ich arbeite am liebsten am Morgen. – Wann ______________ du am liebsten?
13. Ich wasche meine Wäsche mit TURSIL. – Womit ______________ Familie Fischer ihre Wäsche?
14. Ich bitte meine Eltern um Hilfe. – Wen ______________ du um Hilfe?
15. Ich esse morgens Müsli mit Joghurt. – Was ______________ du morgens?
16. Ich heiße Maria Schulte. – Wie ______________ du?
17. Ich laufe 100 Meter in 14 Sekunden. – Wie schnell ______________ der Weltmeister?
18. Ich sitze im Kino am liebsten hinten. – Wo ______________ du am liebsten?
19. Ich schlafe meistens nur sieben Stunden. – Wie lange ______________ du?
20. Ich finde Würzburg schön. – Wie ______________ ihr die Stadt?
21. Ich rechne die Aufgaben mit einem Taschenrechner. – Wie ______________ Peter die Aufgaben?
22. Ich vergesse Ediths Telefonnummer immer wieder. – Wieso ______________ sie meine Telefonnummer nicht?
23. Ich dusche gern heiß. – Wie ______________ du am liebsten?
24. Ich erinnere mich gut an unseren alten Chef. – ______________ ihr euch auch an ihn?
25. Ich lasse mir die Haare bei „Haar-Scharf" schneiden. – Wo ______________ du dir die Haare schneiden?

4. Setzen Sie die passenden Personalformen in die Lücken.

1. Wir *haben* eine Mietwohnung, aber unser Kollege ___*hat*___ ein eigenes Haus.
2. Wir *können* dir nicht helfen, aber vielleicht __________ dein Bruder dir helfen.
3. Wir *wissen* nichts von Peter, aber vielleicht __________ sein Vater etwas.
4. Ich *erhalte* oft Post, aber Petra __________ nie einen Brief.
5. Die meisten Freunde von Paul *werden* Lehrer, aber Paul __________ Schauspieler.
6. Wir *heizen* unser Haus mit Gas, aber unser Nachbar __________ mit Öl.
7. Wir *laden* unseren Kollegen zu uns nach Hause *ein*, und er __________ uns in sein Ferienhaus *ein*.
8. Die Kinder *dürfen* den kranken Vater nicht im Krankenhaus besuchen, aber die Mutter __________ es.
9. Wir *müssen* Steuern zahlen; jeder Staatsbürger __________ Steuern zahlen.
10. Wir *nehmen* immer Rücksicht auf unseren Mitbewohner, aber er __________ keine Rücksicht auf uns.
11. Die Lehmanns *wollen* im Sommer an die See fahren, aber ihre Tochter __________ nicht mitkommen.
12. Die Kinder *möchten* gerne mit dem Großvater in den Zoo gehen, aber er __________ lieber zu Hause bleiben.
13. Ich *helfe* meinem Nachbarn oft, aber er __________ mir nie.
14. Wir *essen* keinen Fisch, aber Familie Heitmann __________ gerne Fisch.
15. *Sollen* wir auf dich warten, oder __________ Petra dich abholen?

5. Setzen Sie die Verben vom Rand als Personalformen in die Lücken ein.

Anfangsschwierigkeiten

Peter *trifft* Jan am Theater; der ______ schon	treffen; laufen
seit drei Tagen in der Stadt herum und ______	finden
kein Zimmer. Peter ______ in einem Studieren-	wohnen
denwohnheim. Er ______ Jan mit nach Hause.	(mit)nehmen
Peter ______ die Tür und ______: „So, da	öffnen; sagen
______ wir! Du ______ dich am besten	sein; setzen
auf die Couch.“ Peter ______ Kaffee; er	kochen
______ Jan: „ ______ du auch ein	fragen; essen
Brötchen?“ „Ja, gern“, ______ Jan; er	antworten
______ müde aus. Peter ______ lange	(aus)sehen; sprechen
mit seinem Freund; dann ______ er ihn ein:	(ein)laden
„Du ______ zuerst einmal hier auf der Couch!“	schlafen
„Danke“, ______ Jan, „deine Einladung	sagen
______ mir sehr!“	helfen
Jan ______ noch viele Fragen:	stellen
„Wo ______ du? – Wo ______ man seine Sachen?	schlafen; waschen
– Wie lange ______ man zur Universität? –	fahren
Wie ______ man schnell ein Zimmer? – Was	finden
______ du mir? – ______ du mir beim	raten; helfen
Suchen? ______ du die Telefonnummer vom Stu-	wissen
dierendenwerk?“	
Peter ______ die Fragen und ______:	beantworten; sagen
„Vielleicht ______ es bald ein Zimmer für dich	(es) gibt
im Wohnheim!“	
Dann ______ sie zusammen zur Bushaltestelle	gehen
und ______ auf den Bus zur Universität.	warten

1.2 Trennbare / untrennbare Verben

1. Verben mit den Präfixen (Vorsilben)

be-, emp-, ent-, er-, ge-, hinter-, miss-, ver-, zer-

sind immer ***untrennbar***.
Diese Präfixe sind immer *unbetont*.

bezahlen:	Er bezahlt das Essen.
empfehlen:	Der Lehrer empfiehlt das Buch.
entdecken:	Kolumbus entdeckte Amerika.
erzählen:	Die Großmutter erzählt eine Geschichte.
gehören:	Das Buch gehört mir.
hinterlassen:	Hinterlass mir bitte eine Nachricht!
misslingen:	Hoffentlich misslingt der Versuch nicht.
verkaufen:	Er verkaufte sein Motorrad.
zerreißen:	Sie zerreißt das Foto ihres Freundes.

2. Verben mit den Präfixen

durch-, über-, um-, unter-, wieder-, wider-

sind ***trennbar***, wenn das Präfix *betont* ist,
oder ***untrennbar***, wenn das Präfix *unbetont* ist.

durch-:	Die Polizei durchs**ú**cht das Auto.	Der Faden reißt d**ú**rch.
über-:	Ich übers**é**tze den Text.	Die Milch kocht **ü**ber.
um-:	Wir umf**á**hren die Stadt.	Das Auto fährt den Mann **ú**m.
unter-:	Der Arzt unters**ú**cht ihn.	Die Sonne geht **ú**nter
wieder-:	Ihr wiederh**ó**lt den Satz.	Er holt den Ball w**í**eder.
wider:	Sie hat ihm widerspr**ó**chen	Der See spiegelt den Himmel w**í**der.

3. Verben mit allen anderen Präfixen, wie z.B.

ab-, an-, auf-, aus-, ...
ein-, empor-, vorbei-, zurück-, ...
fest-, frei-, hoch-, ...

sind immer ***trennbar***.
Diese Präfixe sind immer *betont*.

ábfahren:	Der Bus fährt gleich ab.
ánkommen:	Der Zug kommt um 12:34 Uhr in Trier an.
éinstellen:	Die Firma stellt 20 neue Arbeiter ein.
zur**ü**ckgeben:	Sie gab mir gestern das Buch zurück.
f**é**ststellen:	Die Ärztin stellt bei mir eine Erkältung fest.
fr**é**ihalten:	Er hält ihr einen Platz in der Mensa frei.

6. Bilden Sie Sätze.

1. Der Fernbus / gegen 10 Uhr / in Augsburg / ankommen.
   → *Der Fernbus kommt gegen 10 Uhr in Augsburg an.*
2. Die Studenten aus Italien / bald wieder / heimfahren.
   →
3. Die Lehrerin / alle Infinitive des Textes / unterstreichen.
   →
4. Der Student / auf alle Fragen des Professors / antworten.
   →
5. Die Mutter / ihren Kindern / jeden Abend / eine Geschichte / erzählen.
   →
6. Die Politikerin / die Fragen der Journalisten / beantworten.
   →
7. Die Freunde / nach langer Zeit / sich wiedersehen.
   →
8. Die Studenten / über die Mieterhöhung / diskutieren.
   →
9. Die Flasche / Bier / enthalten.
   →
10. Die Studentin / den Text / durchlesen.
    →
11. Sonntags / die Großeltern / spazieren gehen.
    →
12. Die deutsche Regierung / den französischen Präsidenten / einladen.
    →
13. Der Fußgänger / die Straße / überqueren.
    →
14. Der Arzt / den Patienten / behandeln.
    →
15. Am Abend / die Sonne / im Nordwesten / untergehen.
    →
16. Die Familie / eine Ferienreise / unternehmen.
    →
17. Der Lehrer / das falsche Wort / durchstreichen.
    →
18. Vor Betreten des Zimmers / man / anklopfen.
    →
19. Die Ärztin / das kranke Kind / gründlich / untersuchen.
    →
20. Am Wochenende / ich / in einem Schnellrestaurant / arbeiten.
    →

7. *Setzen Sie das Verb vom Rand als Prädikat in den Satz ein.*
DaF-Unterricht: früher wie heute!

1.	Der Unterricht ___*beginnt*___ um acht Uhr ___—___.	beginnen
2.	Der Lehrer ______________ den Raum ________.	betreten
3.	Er ______________: „Guten Morgen!	sagen
4.	Wir ______________ gleich mit einer Übung ________."	anfangen
5.	Er ______________ Kopien mit einem Text ________	verteilen
6.	und ______________ einen Studenten zum Lesen ________.	auffordern
7.	Herr Wong ______________ den Text ohne Fehler ________.	vorlesen
8.	Alle ______________ ihm aufmerksam ________.	zuhören
9.	Eine Studentin ______________ nach der Bedeutung eines Wortes.	fragen
10.	Der Lehrer ______________ es ihr ________.	erklären
11.	Dann ______________ die Studenten die Sätze ________.	umformen
12.	Aus Aussagesätzen ______________ Fragesätze ________.	entstehen
13.	Sie ______________ auch die Verben ________:	untersuchen
14.	Man ______________ trennbare und untrennbare _______.	unterscheiden
15.	Manche Studenten ______________ nicht alle „starken" Verben ________.	erkennen
16.	Ein Student ______________ sich über die vielen grammatischen Begriffe ________.	(sich) beklagen
17.	„Wir ____________ uns mit Grammatik ______, denn sie ____________ uns das Lernen einer Fremdsprache ____",	(sich) beschäftigen erleichtern
18.	______________ der Lehrer ________.	antworten
19.	Dann ______________ er die Tafel ________ und	abwischen
20.	______________ die Hausaufgabe ________.	anschreiben
21.	Die Studenten ______________ sie von der Tafel ________. Die erste Unterrichtsstunde ist zu Ende.	abschreiben
22.	Alle ______________ den Raum ________;	verlassen
23.	einige ______________ Freunde _____.	anrufen

8. Setzen Sie die Modalverben ein.

1. Herr Wong ___*will*___ sich zum Sprachkurs anmelden.	wollen
2. Ich ________________ dir das Buch morgen zurückgeben.	können
3. Manche Sätze ________________ man missverstehen.	können
4. Ich ________________ meinen Freund anrufen.	müssen
5. Wie ________________ ihr eure Deutschkenntnisse verbessern?	wollen
6. Wer fehlt, ________________ sich entschuldigen.	müssen
7. Ich ________________ diesen Monat meine Miete nicht bezahlen.	können
8. Wie lange ________________ ihr morgen arbeiten?	müssen
9. Jetzt ________________ Mäxchen fernsehen.	dürfen
10. Welches Computerprogramm ______________ du uns empfehlen?	können
11. Ida ________________ aus ihrem Zimmer ausziehen.	müssen
12. ________________ du uns nach Dortmund mitnehmen?	können
13. Anna ________________ mit dem Vorlesen anfangen!	sollen
14. Wir ________________ uns eine Antwort auf die Frage überlegen.	wollen
15. Auch Tina ________________ darüber nachdenken.	sollen
16. Das Licht ________________ Sie ausschalten, wenn Sie weggehen.	müssen
17. Du ________________ besser übersetzen als der Lehrer.	können
18. ________________ du nicht auf meine Frage antworten?	möchte-
19. Man ________________ seinen Worten misstrauen.	müssen
20. Studierende ________________ den Kurs nur einmal wiederholen.	dürfen
21. Wer ________________ die Gäste empfangen?	sollen
22. ________________ Frau Lie an der Prüfung teilnehmen?	wollen

9. Lassen Sie die Modalverben weg.

1. *Herr Wong meldet sich zum Sprachkurs an.*
2. …
3. …
4. …
5. …
6. …

10. Setzen Sie die Prädikate ein.

1. Frau Meier _betritt_ das Flughafengebäude in Hamburg.	betreten
2. Beim Einchecken ________ sie das Ticket _____.	vorzeigen
3. Dann ____________ sie den Koffer ________.	abgeben
4. Sie ____________ ihre Tasche ________.	behalten
5. Vor dem Warteraum ______________ ein Polizist ihren Pass ________.	kontrollieren
6. Dann ________ ein Sicherheitsbeamter ihre Tasche ___.	durchsúchen
7. Danach __________ sie in den Warteraum ________.	hineingehen
8. Im Warteraum _________ sich Frau Meier _______.	(sich) hinsetzen
9. Bald __________ ihr Flug auf der Anzeigetafel.	erscheinen
10. Frau Meier ________ das Flugzeug um 8:30 Uhr ____.	besteigen
11. Um 8:40 Uhr _________ das Flugzeug ________.	abfliegen
12. Es __________ um 10:00 Uhr in Paris ________.	ankommen
13. Nach der Landung ________ sie das Flugzeug ____.	verlassen
14. Sie ________ die Halle im Flughafengebäude _____ und ___________ sich am Gepäckband ________.	betreten (sich) aufstellen
15. Bald ________ das Gepäck an den Passagieren _____.	vorbeifahren
16. Frau Meier __________ ihren Koffer ___________.	herunternehmen
17. Um 10:30 Uhr ___________ sie aus dem Flughafengebäude ________.	herauskommen
18. Sie ____________ in ein Taxi ________.	einsteigen
19. Sofort ____________ das Taxi __________ und ____________ sie in die Innenstadt.	abfahren bringen
20. Vor einem Hochhaus __________ das Taxi ______.	anhalten
21. Frau Meier ____________ und ______________.	bezahlen; aussteigen
22. Dann ____________ sie das Gebäude _________.	betreten
23. Sie ___________ sich bei ihren Geschäftspartnern ________ und ____________ ein paar Minuten.	(sich) anmelden warten
24. Schließlich _______________ sie __________ und __________ mit ihnen über einen wichtigen Exportauftrag ________.	hineingehen verhandeln

1.3 Der Imperativ

informell		formell
Sing.	**Plur.**	**Sing. u. Plur.**
Lern!	Lernt!	Lernen Sie!
Komm!	Kommt!	Kommen Sie!
Setz dich!	Setzt euch!	Setzen Sie sich!
Steh auf!	Steht auf!	Stehen Sie auf!

- Man verwendet den Imperativ für Aufforderungen und Bitten.
- Für Personen, die man duzt, verwendet man den informellen Imperativ. Der informelle Imperativ hat normalerweise kein Subjekt.
- Für Personen, die man siezt, verwendet man den formellen Imperativ. Der formelle Imperativ hat immer das Subjekt „Sie“.
- Präfixe trennbarer Verben stehen am Ende.

Besondere Imperativformen:

1. ***Stammauslaut -t, -d; Stammauslaut Konsonant* + m, n:***
(**nicht l, r*)

Antwort*e*!	-e	Antwort*et*!	-et
Red*e*!		Red*et*!	
Atm*e*!		Atm*et*!	
Öffn*e*!		Öffn*et*!	

2. ***Verben auf -igen; -eln und -ern:***

Entschuldig*e*!	-e
Erkundig*e* dich!	
Handl*e*!	
Erinn(e)r*e* dich!	

3. ***„Starke“ Verben mit „e“ als Stammvokal:***

(essen)	*I*ss!	e → i
(nehmen)	N*i*mm!	
(lesen)	L*ie*s!	e → ie
(sehen)	S*ie*h!	

4. ***Das Verb „sein“:***

Sei vorsichtig!	Seid vorsichtig!	Seien Sie vorsichtig!

11. Müllers haben 3 Kinder: Elke, Paul und Lisa. Was sagen die Eltern,

1. wenn Lisa sich kämmen soll? – *Lisa, bitte kämm dich!*
2. wenn Paul sich waschen soll? – *Paul, bitte* ....
3. wenn die Kinder kommen sollen? – ....
4. wenn sie zu Bett gehen sollen? – ....
5. wenn sie aufstehen sollen? – ....
6. wenn Elke abwaschen soll? – ....
7. wenn Paul die Teller abtrocknen soll? – ....
8. wenn Lisa und Paul die Hausaufgaben machen sollen? – ....
9. wenn Elke den beiden helfen soll? – ....
10. wenn Lisa den Fernseher ausschalten soll? – ....
11. wenn Elke die Teller holen soll ....
12. wenn sie auch das Besteck mitbringen soll? – ....
13. wenn Paul ein bisschen schöner schreiben soll? ....
14. wenn Lisa sich beruhigen soll? – ....
15. wenn die Kinder leise sein sollen? – ....

12. Ich bin beim Arzt. Was sagt er zu mir, wenn er möchte,

1. dass ich den Mund öffne? – *Öffnen Sie bitte den Mund!*
2. dass ich die Zunge zeige? – ....
3. dass ich „Aaaaa“ sage? – ....
4. dass ich den Oberkörper freimache? – ....
5. dass ich die Arme hebe? – ....
6. dass ich mich umdrehe? – ....
7. dass ich tief einatme? – ....
8. dass ich den Atem anhalte? – ....
9. dass ich die Schuhe ausziehe? – ....
10. dass ich mich auf die Liege lege? – ....
11. dass ich mich auf die Waage stelle? – ....
12. dass ich täglich drei Tabletten nehme? – ....
13. dass ich in drei Wochen wiederkomme? – ....

1.4 Reflexiver Gebrauch der Verben

1.4.1 Verben, die reflexiv verwendet werden <u>können</u> *(fakultativ reflexiv)*:

nicht-reflexiver Gebrauch	reflexiver Gebrauch
	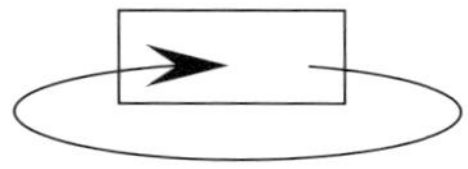
<u>Ich</u> wasche *mein Hemd.*	<u>Ich</u> wasche ***mich***.
Durch Rauchen schadest <u>du</u> *deiner Familie.*	Durch Rauchen schadest <u>du</u> ***dir selbst***.

– Wenn das Subjekt und ein anderes Satzglied dieselbe Person oder Sache bezeichnen, benutzt man das *Reflexivpronomen* (oft zusammen mit „selbst").
– Formen:

	Akk.	Dat.
Sg.	***mich***	***mir***
	dich	***dir***
	sich	
Pl.	***uns***	
	euch	
	sich	

1. **Reflexivpronomen im Akkusativ:**

Soll ich dich kämmen?	Nein, ich kämme ***mich selbst***.
Wann meldest du dein Auto an?	Hast du ***dich*** schon angemeldet?
Maria betrachtet Fotos.	Maria betrachtet ***sich*** im Spiegel.
Zuerst wusch er das Baby,	dann wusch er ***sich selbst***.
Die Heizung erwärmte die Luft.	Langsam erwärmte ***sich*** das Zimmer.
Wir legen die Kinder ins Bett.	Wir legen ***uns*** auch ins Bett.
Jens hat euch nicht entschuldigt.	Habt ihr ***euch selbst*** entschuldigt?
Viele Leute denken nicht an die anderen;	sie denken nur an ***sich*** (***selbst***).
Sie sollten ***sich*** mit anderen Dingen beschäftigen.	Sie sollten ***sich*** nicht mit sich selbst beschäftigen.

2. **Reflexivpronomen im Dativ:**

Wenn andere mir nicht helfen können,	muss ich ***mir selbst*** helfen.
Wer hat dir das Kochen beigebracht?	Hast du ***dir*** das Kochen ***selbst*** beigebracht?*
Er hat seinen Kindern Eis bestellt.	Er hat ***sich*** einen Kaffee bestellt.*
Wir kochen dem Kranken eine Milchsuppe.	Wir kochen ***uns*** eine Zwiebelsuppe.*
Ihr habt euren Kindern neue Fahrräder gekauft.	Warum kauft ihr ***euch*** nicht auch welche?*

* Wenn es im Satz schon eine Akkusativ-Ergänzung gibt, steht das Reflexivpronomen im Dativ.

1.4.2 Verben, die <u>nur</u> reflexiv verwendet werden *(obligatorisch reflexiv)*:

1. Reflexivpronomen im Akkusativ:

s. bedanken	Sie bedankte sich für die Einladung.
s. beeilen	Bitte beeil dich!
s. befinden	Die Toiletten befinden sich im Untergeschoss.
s. beschweren	Ich habe mich über den Lärm beschwert.
s. bewerben	Ich habe mich um einen Studienplatz beworben.
s. entschließen	Habt ihr euch wirklich zur Auswanderung entschlossen?
s. ereignen (3. Pers.)	Wann hat sich das Erdbeben ereignet?
s. erholen	Im Urlaub erholen wir uns von der Arbeit.
s. erkälten	Hast du dich erkältet?
s. erkundigen	Er erkundigt sich nach Arbeitsmöglichkeiten.
s. irren	Entschuldigung, ich habe mich in der Tür geirrt.
s. kümmern	Viele Männer kümmern sich auch um den Haushalt.
s. schämen	Warum hast du mich belogen? Du solltest dich schämen.
s. verhalten	Hat sich der Radfahrer beim Abbiegen richtig verhalten?
s. verlassen	Du kannst dich auf mich verlassen; ich bin immer für dich da.
s. verlieben	Er hat sich in Maria verliebt.
s. wundern	Wir haben uns über die hohe Telefonrechnung gewundert.

s. verhören
s. verlesen
s. versprechen
s. verschreiben
s. verrechnen
usw.

} *Beim Hören, Lesen, Sprechen, Schreiben, Rechnen usw. einen Fehler machen*

2. Reflexivpronomen im Dativ:

s. leisten *A*	Ich kann mir eine so teure Wohnung nicht leisten.
s. merken *A*	Hast du dir meine Telefonnummer gemerkt?
s. vornehmen *A*	Nimm dir nicht zu viel vor!
s. vorstellen *A*	Stellen Sie sich einmal meine schwierige Lage vor!

13. Setzen Sie die passenden Reflexivpronomen ein.

1. Ich habe ___*mich*___ über die fehlerhafte Handy-Abrechnung beschwert.
2. Ich habe ________ vorgenommen, mehr zu arbeiten.
3. Ihr könnt ________ auf mich verlassen; ich komme bestimmt.
4. Bitte verhaltet ________ etwas ruhiger!
5. Entschuldigung, ich habe________verrechnet. Die Tomaten kosten nur 2,40 €.
6. Ein Segelboot kann ich ________ nicht leisten!
7. In den Bergen kann man ________ gut erholen.
8. Wir haben ________ entschlossen, eine Wohnung zu kaufen.
9. Warum wunderst du ________ über meinen Vorschlag?
10. Am Freitagnachmittag ereignen ________ viele Unfälle.

14. *Setzen Sie Reflexivpronomen ein.*

1. Ich möchte _mich_ für die Glückwünsche zu meinem Geburtstag bedanken.
2. Wir unterhalten ___________ oft mit unseren Nachbarn.
3. Du solltest ___________ das Rauchen unbedingt abgewöhnen.
4. Sie interessieren ___________ nur für Fußball.
5. Sie wünscht ___________ ein neues Handy zum Geburtstag.
6. Kannst du ___________ eine Welt ohne Kriege vorstellen?
7. Warum hast du ___________ bei der Begrüßung nicht vorgestellt?
8. Hast du ___________ die PICASSO-Ausstellung angesehen?
9. Er denkt nur immer an ___________ selbst.
10. Kinder, habt ihr ___________ schon gewaschen?
11. Durch deine Arroganz schadest du ___________ sehr.
12. Hoffentlich hast du ___________ nicht den Fuß gebrochen!
13. Leider habe ich ___________ verspätet!
14. Unsere Wohnung befindet ___________ im 3. Stock.
15. Ich kann ___________ die thailändischen Namen nicht merken.

15. *Antworten Sie mit dem informellen Imperativ.*

1. Darf ich mich setzen? – *Ja, setz dich!*
2. Soll ich mir die Jacke ausziehen? – *Ja, …*
3. Muss ich mir das merken? –
4. Muss ich mich beeilen? –
5. Soll ich mir das Buch kaufen? –
6. Soll ich mich schriftlich entschuldigen? –
7. Kann ich mir noch einen Kaffee nehmen? –
8. Muss ich mich bei Müllers bedanken? –
9. Soll ich mich auch in München bewerben? –
10. Kann ich mich auf dich verlassen? –
11. Soll ich mich telefonisch erkundigen? –

1.5 Das Präteritum

1.5.1 „Schwache“ Verben:

(Präs.)-Stamm + Endung

lernen:					
	ich	lern*te*	ich	lern-	-te
	du	lern*test*	du	lern-	-test
	er/sie/es	lern*te*	er/sie/es	lern-	-te
	wir	lern*ten*	wir	lern-	-ten
	ihr	lern*tet*	ihr	lern-	-tet
	sie	lern*ten*	sie	lern-	-ten

Besondere Formen:

1. ***Stammauslaut -t, -d:*** ***Stammauslaut Konsonant* + m, n:***
*(*nicht l, r)*

ich	arbeit*ete*	ich	atm*ete*	-ete
du	arbeit*etest*	du	atm*etest*	-etest
er/sie/es	arbeit*ete*	er/sie/es	atm*ete*	-ete
wir	arbeit*eten*	wir	atm*eten*	-eten
ihr	arbeit*etet*	ihr	atm*etet*	-etet
sie	arbeit*eten*	sie	atm*eten*	-eten

2. ***Unregelmäßige Verben:***

brennen	es brannte
kennen	ich kannte
nennen	ich nannte
rennen	ich rannte
senden	ich sandte (sendete)
wenden	ich wandte (wendete)
bringen	ich brachte
denken	ich dachte
mögen	ich mochte
wissen	ich wusste
haben	ich hatte
werden	ich wurde

Modalverben:

dürfen	ich durfte
können	ich konnte
müssen	ich musste
sollen	ich sollte
wollen	ich wollte
ich möchte	ich wollte (!)

16. Bilden Sie das Präteritum.

studieren:	*ich studierte*	machen:	*er machte*
leben:	*ich …*	klingeln:	*er …*
antworten:		bringen:	
sagen:		wohnen:	
öffnen:		setzen:	
wollen:		rechnen:	
reisen:		können:	
dürfen:		wenden:	
ändern:		wissen:	
begegnen:		bilden:	

1.5.2 „Starke" Verben:

gehen:				(Prät.)-Stamm + Endung	
	ich	ging	ich	ging	—
	du	gingst	du	ging-	-st
	er/sie/es	ging	er/sie/es	ging	—
	wir	gingen	wir	ging-	-en
	ihr	gingt	ihr	ging-	-t
	sie	gingen	sie	ging-	-en

Besondere Formen:

1. Verben mit ***Stammauslaut -t, -d*** haben in der 2. Pers. Plur. die Endung ***-et***.

Beispiele:	bitten	ihr bat*et*
	halten	ihr hielt*et*
	entscheiden	ihr entschied*et*
	stehen (!)	ihr stand*et*

2. Verben mit ***Stammauslaut -s, -ß*** haben in der 2. Pers. Sing. die Endung ***-est***.

Beispiele:	lesen	du las*est*
	lassen	du ließ*est*
	heißen	du hieß*est*
	beißen	du biss*est*
	sitzen (!)	du saß*est*

Die zweite Person (Singular bzw. Plural) kommt meistens in Dialogen vor, also in der gesprochenen Sprache. Außer bei den Hilfs- und Modalverben zieht man dort das Perfekt dem Präteritum vor. Daher sind die Formen unter 1. und 2. sehr selten.

3. Das Verb ***„sein"***:

ich war
du warst
er/sie/es war
wir waren
ihr wart
sie waren

17. Bilden Sie das Präteritum.

sprechen: *ich sprach* *sie sprachen*
nehmen: *ich …*
helfen:
beginnen:
schwimmen:
finden:
singen:
fahren:
vergessen:
geben:
essen:
fliegen:
ziehen:
bleiben:
entscheiden:

18. Bilden Sie das Präteritum.

1. Ich fahre nach Hamburg. → *Ich fuhr nach Hamburg.*
2. Du bleibst zu Hause. →
3. Der Unterricht beginnt. →
4. Wir fliegen nach Rom. →
5. Denkt ihr nur an die Prüfung? →
6. Die Kinder essen Äpfel. →
7. Ich bringe das Buch zurück. →
8. Peter bietet mir seinen Platz an. →
9. Ein Tourist bittet mich um eine Auskunft. →
10. Wir gehen spazieren. →
11. Das Feuer brennt gut. →
12. Die Hunde beißen sich. →
13. Der Roman gefällt mir nicht. →

19. Setzen Sie das passende Verb in einer geeigneten Form ein.
(blasen, braten, brechen, einbiegen, eindringen, empfehlen, entscheiden, fliehen, ~~fließen~~, frieren, gelten, genießen, gewinnen, gießen, vergleichen)

1. Der Nil __*fließt*__ durch Ägypten.
2. Meine Aufenthaltsgenehmigung ______________ bis zum 31. 12. 20 … .
3. Zum Abendessen ______________ sich Herr Roth ein Schnitzel.
4. Bei den Wahlen muss man sich für eine Partei ______________.
5. Bevor man etwas kauft, muss man die Preise ______________.
6. Der Verbrecher ______________ vor der Polizei.
7. Bitte ______________ Sie mir noch etwas Wasser ins Glas!
8. Die Diebe wollten in der Nacht in die Bank ______________.
9. Der Bus ______________ nach 100 Metern in eine Nebenstraße _______.
10. ______________ mir den Zigarettenrauch nicht immer ins Gesicht!
11. Welcher Fußballverein wird morgen das Spiel ______________?
12. Können Sie mir ein nicht zu teures Restaurant ______________?
13. Hoffentlich wird sie sich beim Skilaufen nichts ______________.
14. Wenn nur 18 °C im Zimmer sind, ______________ ich.
15. Nach einer schweren Arbeitswoche ______________ wir das Wochenende.

20. Bilden Sie das Präteritum.

1. Ich rufe meine Schwester an. →
2. Sie schläft noch. →
3. Der Mann kennt mich nicht. →
4. Wir kommen spät nach Hause. →
5. Ihr habt nie Zeit. →
6. Sie nehmen Abschied von uns. →
7. Ich nenne ihr meinen Namen. →
8. Petra schreibt mir eine Mail. →
9. Der Film läuft mit großem Erfolg im Kino. →
10. Die Schiffe liegen im Hafen. →
11. Die Kinder rennen zum Spielplatz. →
12. Wir helfen unseren Nachbarn. →
13. Max schließt die Tür zu. →

21. Setzen Sie das passende Verb in einer geeigneten Form ein.
(einladen, erschrecken, heben, leiden, messen, raten, riechen, schaffen, scheinen, schieben, schmelzen, schneiden, schreien, vermeiden, zerreißen)

1. In der Bibel steht: Gott ______________ die Welt in sechs Tagen.
2. Wenn ein Baby Hunger hat, ______________ es.
3. Das Eis ______________ an der Sonne.
4. Viele Neandertaler ______________ an Rheuma.
5. Man kann nicht jeden Streit ______________.
6. Ich möchte Sie zum Abendessen ______________.
7. Er hört uns nicht; er ______________ zu schlafen.
8. Der Lehrer ______________ den Schülern, fleißig zu arbeiten.
9. Immer wenn ein Auto hupt, ______________ ich.
10. Ein Gewicht von 100 kg kann ich nicht ______________.
11. Er ______________ den Brief und warf ihn in den Papierkorb.
12. Ich lasse mir beim Frisör die Haare ______________.
13. Dein neues Parfum ______________ sehr gut.
14. Die Krankenschwester ______________ die Temperatur des Patienten.
15. Die Kette war gerissen; so ____________ ich das Fahrrad bis nach Hause.

22. *Bilden Sie das Präteritum.*

1. Ich bin mit meiner Wohnung zufrieden. →
2. Du sitzt am Scheibtisch. →
3. Peter trifft seine Freunde vor dem Kino. →
4. Wir werden sofort informiert. →
5. Ihr tut nichts. →
6. Die Kinder singen ein Lied. →
7. Ich wasche meine Wäsche selbst. →
8. Weißt du etwas von seinen Plänen? →
9. Der Bus steht an der Haltestelle. →
10. Wir sprechen über Politik. →
11. Zwei Radfahrer stoßen zusammen. →
12. Sie vergisst oft ihr Portemonnaie. →

23. *Setzen Sie das passende Verb in einer geeigneten Form ein.*
(beweisen, schweigen, sinken, stechen, stehlen, steigen, streiten, treiben, unterstreichen, verderben, verschwinden, wenden, werben, wiegen, ziehen)

1. Bitte ______________ Sie die Adjektiv-Endungen!
2. Können Sie ______________, dass Sie Herr Müller sind?
3. Das Flugzeug ______________ hinter den Wolken.
4. Frau Adams ist sehr schlank und ______________ nur 48 kg.
5. Die Mieten ______________ in diesem Jahr um mindestens 7 %.
6. Im Mai ______________ ich in das Wohnheim in der Heinestraße.
7. Die Kinder ______________ um einen Ball, den sie gefunden hatten.
8. Im Winter kann die Temperatur unter –20 °C ______________.
9. Wenn Sie eine Bescheinigung brauchen, ______________ Sie sich an das Sekretariat!
10. Wenn das Konzert beginnt, ______________ die Zuhörer.
11. Sei vorsichtig beim Nähen! Du kannst dich mit der Nadel ______________.
12. An heißen Tagen ______________ Fleisch sehr schnell.
13. Die Firma ______________ für ihr Produkt mit einem neuen Spot.
14. ______________ Sie Sport?
15. Niemand kann mein Fahrrad ______________; es ist abgeschlossen.

24. *Wie heißen die folgenden Sätze im Präteritum?*

1. Petra studiert in Göttingen. → *Petra studierte in Göttingen.*
2. Sie kennt niemanden in Göttingen. →
3. Sie sucht ein Zimmer. →
4. Sie findet kein Zimmer. →
5. Sie ist verzweifelt. →
6. Sie will schon abreisen. →
7. Schließlich hat sie Glück. →
8. Sie liest das „Göttinger Tageblatt". →
9. In der Zeitung steht eine Anzeige. →
10. Jemand bietet ein Zimmer an. →
11. Das Zimmer kostet 250 €. →
12. Es liegt im Stadtzentrum. →
13. Petra mietet es sofort. →
14. Sie unterschreibt den Mietvertrag. →
15. Sie muss sofort eine Monatsmiete zahlen. →

25. *Ebenso.*

1. Wie findest du den Film? →
2. Er öffnet die Tür. →
3. Ich wende mich an den Lehrer. →
4. Wollt ihr ein Eis essen? →
5. Wir werden müde. →
6. Weißt du das nicht? →
7. Die Kerze brennt hell. →
8. Ich sitze immer neben Jan. →
9. Ihr wartet vor der Mensa. →
10. Er kann nicht kommen. →
11. Ich wechsle das Studienfach. →
12. Wann verlässt sie das Haus? →
13. Er bringt ein Geschenk mit. →

26. Setzen Sie die Prädikate im Präteritum ein.

Herr Wong *studierte* schon mehrere Jahre in Leipzig.	studieren
Eines Tages ____________ er eine Mail von seinem Schul-	erhalten
freund Kim. Dieser ____________ auch nach Leipzig kom-	wollen
men und ____________ Herrn Wong, für ihn eine Wohnung	bitten
zu suchen. Herr Kim ________ verheiratet und __________	sein; wollen
seine Frau und seine kleine Tochter mitbringen; also	
____________ er eine Zwei- oder Dreizimmerwohnung.	brauchen
Herr Wong ____________ eine Anzeige in die „Leipziger	setzen
Volkszeitung“. Ein Maklerbüro ____________ _____ bei ihm.	sich melden
Herr Wong ____________ zu dem Büro des Maklers. Über	gehen
die Höhe der Vermittlungsgebühr ____________ er _____.	sich wundern
Der Makler ________________ eine Monatsmiete. Man	verlangen
____________ ihm eine Adresse in einem Vorort. Leider	geben
____________ er eine Enttäuschung. Die Vermieterin	erleben
____________ die Wohnung nicht an Ausländer ver-	wollen
mieten. Aber beim zweiten Angebot ____________ er	haben
Glück. Er ____________ eine Dreizimmerwohnung für sei-	können
nen Freund mieten. Leider __________ die Miete sehr hoch,	sein
aber die Wohnung __________ hell und komfortabel.	sein
Herr Wong ____________ noch zwei Monatsmieten als Kaution	müssen
bezahlen. Sofort __________ er seinen Freund _____ und	anrufen
____________ ihm seinen Erfolg _____. Zwei Wochen spä-	mitteilen
ter ______________ Herr Kim mit seiner Familie ______.	ankommen
Alle ____________ _____ über die Wohnung. An der Tür	sich freuen
____________ schon ein Schild mit dem Namen KIM. Drei	hängen
Tage später ____________ sie den Einzug.	feiern

27. Setzen Sie die Prädikate im Präteritum ein.

Wie die Schildbürger ihr Rathaus bauten

Die Bürger von Schilda* _wollten_ ein neues Rathaus bauen. Sie	wollen
__________ gemeinsam in den Wald, um Bäume für den Bau	ziehen
zu fällen. Der Wald __________ ein gutes Stück von der Stadt	liegen
entfernt, oben auf einem Berg. Mit viel Mühe _________ sie	hinunter-
die schweren Baumstämme den Berg ________. Aber beim letz-	schleppen
ten Baumstamm ________ einer der Männer, ________ den	stolpern
Baum ______ ,und das Holz __________ von selbst den Berg	loslassen; hinunterrollen
__________. Da __________ _____ die Bürger, wie leicht	sich wundern
und bequem das ____________. Deshalb __________ sie	gehen
alle anderen Baumstämme wieder den Berg _________, da-	hinauftragen
mit sie allein hinunterrollen ____________, und die Bürger	können
____________ ______ über ihre Klugheit.	sich freuen
Die Schildbürger __________ fleißig am Bau ihres Rathau-	arbeiten
ses, und das Haus __________ schnell fertig. Als sie aber das	werden
Gebäude zur ersten Ratsversammlung _________, _________	betreten; sehen
sie, dass es darin ganz dunkel _________, denn die Schildbür-	sein
ger hatten die Fenster vergessen. Sie __________ aber nicht,	erkennen
dass die fehlenden Fenster der Grund der Dunkelheit _______.	sein
__________ sie ihr neues Rathaus wieder abbrechen und neu	müssen
bauen? Da ____________ einer einen guten Gedanken.	haben
Als mittags die Sonne recht hell ____________,	scheinen
______________ sie mit Säcken, Kisten und Körben auf die	gehen
Straße, um das Sonnenlicht einzufangen und in das Rathaus zu	
bringen. Bevor sie die Säcke ins Haus _________, _________	tragen; zubinden
sie sie fest ____, und die Kisten und Körbe ____________ sie	bedecken
mit Tüchern. Erst im Rathaus ____________ sie die Gefäße	öffnen
wieder und ____________ das Sonnenlicht ______. Aber es	ausschütten
____________ dort so finster wie vorher …	bleiben

* Schilda ist ein Fantasie-Ort, über dessen Bürger, die „Schildbürger", man sich viele lustige Geschichten erzählt.

28. Erzählen Sie die folgende Geschichte in der Vergangenheit.

Nasreddin Hodscha* besitzt einen Esel. Eines Tages kommt sein Nachbar und sagt: „Nasreddin, leih mir deinen Esel! Ich will mein Heu von der Wiese holen.“ Der Hodscha gibt ihm den Esel. Bald steht der Nachbar wieder vor der Tür. „Nasreddin, ich muss einen Sack Zwiebeln zum Markt bringen; kann ich den Esel haben?“ Der Hodscha gibt ihn ihm.

In der nächsten Woche will der Nachbar schon wieder den Esel leihen. Aber Nasreddin möchte ihn ihm nicht geben; er sagt: „Der Esel ist nicht hier.“ Da schreit der Esel im Stall. „Er ist doch hier“, sagt der Nachbar, „ich höre ihn ja!“ Der Hodscha schaut ihn nachdenklich an, dann sagt er: „Ich wundere mich über dich; mir glaubst du nicht – aber einem Esel glaubst du!“

* Von Ägypten bis Afghanistan sind die lustigen Geschichten von Nasreddin Hodscha bekannt. Er war Religionslehrer und lebte in einem Dorf.

→ *Nasreddin Hodscha besaß einen Esel. Eines Tages* ....

....

....

....

....

....

....

....

....

....

29. Verwenden Sie das Präteritum.

1. Der Nachbar will Nasreddins Esel leihen.
   → *Der Nachbar wollte Nasreddins Esel leihen.*
2. Er möchte sein Heu nach Hause holen. →
3. Einen Sack Zwiebeln muss er zum Markt bringen. →
4. Kann er den Esel haben? →
5. Angeblich ist der Esel nicht da. →
6. Der Nachbar hört den Esel. →
7. Er glaubt dem Hodscha nicht. →
8. Nasreddin wundert sich über ihn. →

1.6 Das Perfekt

Hast du das Perfekt *gelernt*? ***Ist*** Peter *angekommen*?

Zum Perfekt gehören zwei Verbformen:
1. eine Präsensform von „haben“ oder „sein“,
2. das *Partizip II* des Hauptverbs.

lernen (ein „*schwaches*“ Verb)				sehen (ein „*starkes*“ Verb)			
ich	*habe*	das Perfekt	***gelernt***	ich	*habe*	den Film	***gesehen***
du	*hast*	das Perfekt	***gelernt***	du	*hast*	den Film	***gesehen***
er/sie/es	*hat*	das Perfekt	***gelernt***	er/sie/es	*hat*	den Film	***gesehen***
wir	*haben*	das Perfekt	***gelernt***	wir	*haben*	den Film	***gesehen***
ihr	*habt*	das Perfekt	***gelernt***	ihr	*habt*	den Film	***gesehen***
sie	*haben*	das Perfekt	***gelernt***	sie	*haben*	den Film	***gesehen***

Die Endung des Partizips II ist bei schwachen Verben ***-(e)t***.

Die Endung des Partizips II ist bei starken Verben ***-en***.

①	Ich	bin	nach Hause	***ge***rannt.	Ich	bin	zu Hause	***ge***blieben.
	Ich	habe	das Radio	an***ge***stellt.	Sie	hat	ein Kilo	ab***ge***nommen.
②	Man	hat	das Haus	verkauft.	Sie	hat	ihr Konto	überzogen.
	Es	ist	nichts	passiert.	Alles	ist	ihnen	misslungen.

① Das Partizip II der einfachen und trennbaren Verben hat die Vorsilbe ***ge-***, sie steht bei einfachen Verben ***vor dem Stamm***, sie steht bei trennbaren Verben ***zwischen Präfix und Stamm***.

② Das Partizip II der untrennbaren Verben und der Verben auf „-ieren“ hat ***kein ge-***!

30. Bilden Sie das Partizip II.

lernen:	*gelernt*	sprechen:	*gesprochen*
arbeiten:		nehmen:	
öffnen:		beginnen:	
ändern:		wegschwimmen:	
sammeln:		erfinden:	
abholen:		singen:	
anstellen:		einschlafen:	
bezahlen:		erhalten:	
übersetzen:		fahren:	
studieren:		wachsen:	
probieren:		abfliegen:	
wollen:		erziehen:	
können:		entscheiden:	
wissen:		sein:	
verbringen:		werden:	

Die Bildung des Perfekts mit „haben“ bzw. „sein“

① Ich ***habe*** mein Fahrrad in die Garage *gestellt*.
Dann ***habe*** ich das Auto in die Garage *gefahren*.
Iris ***hat*** sich in letzter Zeit sehr *verändert*.
Das ***habe*** ich nicht *gewollt*!
Gestern ***hat*** es *geregnet*.

② ***Bist*** du mit dem Zug nach Hamburg *gefahren*?
Ich ***bin*** zu spät *aufgewacht*.
Warum ***ist*** Peter zu Hause *geblieben*?
Wann ***ist*** der Unfall *geschehen*?
Es ***ist*** mir *gelungen*, die Aufgabe zu lösen.

„*haben*“ oder **„*sein*“**?

① Perfekt mit **„*haben*“**:
- Verben mit Akkusativ-Ergänzung
- alle reflexiven Verben
- alle Modalverben
- die meisten anderen Verben

② Perfekt mit **„*sein*“**:
- Verben der Ortsveränderung: *gehen, kommen, fahren, steigen, sinken, gelangen, …*
- Verben der Zustandsveränderung: *aufwachen, einschlafen, wachsen, platzen, sterben, …*
- die Verben: *sein, bleiben, werden; geschehen, passieren, vorkommen; gelingen, misslingen, …*

31. Formen Sie die Sätze ins Perfekt um.

① Ich lese die Zeitung. → *Ich habe die Zeitung gelesen.*

Der Bus fährt eine alte Frau an. →

Kadir schneidet sich beim Rasieren. →

Eva will keinen Tee. →

Der Film gefällt mir nicht. →

② Wir stiegen in den Zug ein. →

Mein Bruder wird Informatiker. →

Der Raketentest misslang. →

Die Rakete explodierte kurz nach dem Start. →

Was passierte dann? →

32. *Formen Sie die Sätze ins Perfekt um.*

1. Eva sitzt im Wartezimmer. → *Eva hat im Wartezimmer gesessen.*
2. Herr Mai starb mit 92 Jahren. →
3. Du vergisst meinen Geburtstag. →
4. Mein Bruder studiert in Bonn. →
5. Sie steigt in den Bus ein. →
6. Julia arbeitet bei der Stadtverwaltung. →
7. Ich wurde müde. →
8. Wir frühstücken um 7 Uhr. →
9. Flugkapitän Rall fliegt den Airbus nach London. →
10. Die Schlange bewegt sich nicht. →
11. Es gelingt mir nicht, eine Arbeit zu finden. →
12. Schließt ihr die Tür zu? →
13. Die Temperatur sinkt in der Nacht unter null Grad. →
14. Der Zug hielt nur fünf Minuten. →
15. Du missverstehst mich. →
16. Wann ereignen sich viele Unfälle? →
17. Im Nebel passieren viele Unfälle. →
18. Ich lege das Buch auf den Tisch. →
19. Es liegt auf dem Tisch. →
20. Warum bleibst du zu Hause? →

33. *Perfekt mit „haben“ oder „sein“?*

1. Peter zieht nach Köln um. →
2. Peter zieht sich warm an. →
3. Eva zerbrach sich den Kopf über ein passendes Geschenk. →
4. Das Glas fiel auf den Boden und zerbrach. →
5. Ich stoße mir immer den Kopf an dieser Tür. →
6. Zwei Züge stießen zusammen. →
7. Eine Kundin betritt den Laden. →
8. Eine Kundin tritt ein. →

34. Gestern war alles anders!

1. Meistens höre ich den Wecker.

   → *Aber gestern habe ich den Wecker nicht gehört.*

2. Meistens stehe ich früh auf.

   → *Aber gestern …*

3. Meistens frühstücke ich zu Hause.

   → *Aber gestern …*

4. Meistens fahre ich mit dem Fahrrad zur Arbeit.

   → *Aber gestern …*

5. Meistens komme ich rechtzeitig in der Firma an.

   → *Aber gestern …*

6. Meistens habe ich mittags Hunger.

   → *Aber gestern … (kein_ !)*

7. Meistens esse ich in der Kantine unserer Firma.

   → *Aber gestern …*

8. Meistens macht mir die Arbeit Spaß.

   → *Aber gestern … (kein_ !)*

9. Meistens fahre ich um 17 Uhr nach Hause zurück.

   → *Aber gestern …*

10. Meistens setze ich mich nach dem Abendessen an den Computer.

    → *Aber gestern …*

11. Meistens gehe ich spät zu Bett.

    → *Aber gestern …*

12. Meistens schlafe ich sofort ein.

    → *Aber gestern …*

13. Meistens schlafe ich gut.

    → *Aber gestern …*

14. Meistens träume ich nicht.

    → *Aber gestern …*

1.6.1 Das Perfekt der Modalverben

① Ich kann nicht kommen. → Ich *habe* nicht *kommen* ***können***.
Sie will die Prüfung machen. → Sie *hat* die Prüfung *machen* ***wollen***.
Wir brauchen nicht (zu) arbeiten. → Wir *haben* nicht *(zu) arbeiten* ***brauchen***.*

② Ich kann das nicht. → Ich *habe* das nicht *gekonnt*.
Sie will / möchte keinen Tee. → Sie *hat* keinen Tee *gewollt*. (!)
Wir brauchen Hilfe. → Wir *haben* Hilfe *gebraucht*.

- Wenn die Modalverben mit einem Infinitiv verwendet werden, bildet man das Perfekt mit „haben“ + Infinitiv (sog. ***Ersatzinfinitiv***). ①
- Wenn die Modalverben als Vollverben verwendet werden, bildet man das Perfekt mit „haben“ + Partizip II. ②
- Man verwendet das Perfekt der Modalverben nur selten. Meistens wird das Präteritum benutzt.

* nicht brauchen ≙ nicht müssen (nur mit Negation oder „nur“ möglich)

1.6.2 Das Perfekt von „*lassen*“, „*sehen*“ und „*hören*“

Ich lasse mir die Haare schneiden. Ich *habe* mir die Haare *schneiden* ***lassen***.
Siehst du den Bus kommen? *Hast* du den Bus *kommen* ***sehen***?

Wenn die Verben „lassen“, „sehen“ und „hören“ mit einem Infinitiv verwendet werden, bildet man das Perfekt mit dem ***Ersatzinfinitiv***.
Bei diesen Verben benutzt man, anders als bei den Modalverben, für die Vergangenheit meistens das Perfekt.

35. Bilden Sie das Perfekt. (Partizip II oder Ersatzinfinitiv?)

1. Ich kann das nicht. → *Ich habe das nicht gekonnt.*
2. Ich kann nicht zu Ihnen kommen. →
3. Ich darf es ihm nicht sagen. →
4. Er lässt seine kleine Tochter ungern allein. →
5. Er mag diesen Kuchen nicht. →
6. Ich lasse meine Hose reinigen. →
7. Ich sehe meinen Freund kommen. →
8. Wir brauchen viel Geld. →
9. Sie wollen nach Rom fliegen. →
10. Diese Touristen können kein Italienisch. →
11. Hörst du den Hund bellen? →
12. Siehst du das Verkehrsschild nicht? →
13. Ich muss meiner Schwester nicht helfen. →
14. Wir müssen schnell nach Hause. →
15. Sie will nichts von dir. →

1.7 Die Tempora im Deutschen

Tempus				
Präsens:	(er/sie/es)	spielt	(er/sie/es)	kommt
Präteritum:		spielte		kam
Perfekt:		hat gespielt		ist gekommen
Plusquamperfekt:		hatte gespielt		war gekommen
Futur I:		wird spielen		wird kommen
Futur II:		wird gespielt haben		wird gekommen sein

Mit Modalverben				
Präsens:	(er/sie/es)	will spielen	(er/sie/es)	kann kommen
Präteritum:		wollte spielen		konnte kommen
Perfekt:		hat spielen wollen		hat kommen können
Plusquamperfekt:		hatte spielen wollen		hatte kommen können
Futur I:		wird spielen wollen		wird kommen können
Futur II:	ungebräuchlich			

Zeitstufe:	*Vergangenheit*		→ *Gegenwart*	→ *Zukunft*
Tempus:	**Plusquamperfekt** → (in der Vergangenheit abgeschlossen)	**Perfekt** **Präteritum**	→ **Präsens**	→ **Präsens** **Futur**

Tempus	Gebrauch der Tempora	Beispielsätze
Präsens:	– für die Gegenwart – für die „Ewigkeit" – für die Zukunft	Ich ***studiere*** zurzeit in Wien. Die Erde ***hat*** nur einen Mond. Er ***fährt*** morgen nach Berlin.
Präteritum:	– für das Erzählen von Vergangenem (Geschichten, Märchen, Anekdoten usw.) – für das Schreiben von wissenschaftlichen sowie literarischen Texten (Romane, Novellen, Bibel usw.)	Es ***war*** einmal ein König, der ***herrschte*** über ein großes Land und ***besaß*** viele Schlösser. Am Anfang ***schuf*** Gott Himmel und Erde. Und die Erde ***war*** wüst und leer.
Perfekt:	– für Gespräche und Unterhaltungen über Vergangegenes (*Ausnahmen*: „sein", „haben" und Modalverben)	Was ***hast*** du gestern ***gemacht***? Wo ***warst*** du gestern? ***Konntest*** du nicht kommen?
Plusquamperfekt:	– für die Vorzeitigkeit in der Vergangenheit	Mein Vater hat mir Geld überwiesen; ich ***hatte*** ihn darum ***gebeten***.
Futur I:	– für Voraussagen und Erwartungen in der Zukunft – für Vermutungen in der Gegenwart (*modaler Gebrauch*)	Nächste Woche ***werde*** ich nicht mehr hier ***sein***. Peter ist nicht gekommen. Er ***wird*** (wohl) krank ***sein***.
Futur II:	– meistens für Vermutungen über die Vergangenheit (!) (*modaler Gebrauch*)	Der Dieb ***wird*** durch die offene Terrassentür ins Haus ***gekommen sein***.

36. *Setzen Sie das Prädikat im Plusquamperfekt ein.*

1. Herr Schmidt konnte sich ein teures Segelboot kaufen, weil er im Lotto ___*gewonnen hatte*___. (gewinnen)
2. Sie schrieb den Brief mit einer alten Schreibmaschine, die sie von ihrer Großmutter ____________________. (erben)
3. Die Frau war sehr traurig, weil ihr Hund ____________________. (weglaufen)
4. Er fuhr nicht zur Arbeit, weil er über Nacht krank ______________. (werden)
5. Sie fand endlich den Hausschlüssel wieder, den sie vor sehr langer Zeit ____________________. (verlegen)
6. Sie kam zu spät zum Unterricht, weil ihr unterwegs ein Hund ins Fahrrad ____________________. (laufen)
7. Peter hat sich den Film angesehen, den sein Freund ihm ____________________. (empfehlen)
8. Julia war sehr glücklich, weil sie die Prüfung ____________________. (bestehen)
9. Nachdem OTTO HAHN die Kernspaltung ____________________ (entdecken), wurde bald die erste Atombombe gebaut.

\- -

10. Frau Thier machte eine Reise nach Niedersachsen, wo sie als kleines Kind ____________________. (leben)
11. Aus Hannover rief sie ihre Kinder an, die zu Hause ____________________. (bleiben)
12. Nach vielen Jahren sah sie die Stadt wieder, in der sie aufs Gymnasium ____________________. (gehen)
13. Sie traf vor dem Bahnhof einen alten Mann, der ein Kollege ihres Vaters ____________________. (sein)
14. Dieser konnte sich an sie erinnern, nachdem sie ihm ihren Familiennamen ____________________. (nennen)
15. Nach der Rückkehr zeigte Frau Thier ihrer Familie die Fotos, die sie auf ihrer Reise ____________________. (machen)

37. *Im nächsten Urlaub werden Kramers alles anders machen.*

Benutzen Sie das Futur I. Damit wird ausgedrückt, dass es wahrscheinlich so sein wird; oft mit zusätzlichen Hinweisen wie *vielleicht, sicherlich, wohl, möglicherweise, vermutlich.*

1. Kramers fahren im Urlaub immer nach Frankreich, aber in diesem Jahr ____*werden sie wohl nach Nordfriesland fahren*____. (Nordfriesland)
2. Sie fahren sonst immer mit dem Auto, aber diesmal ____________________ ____________________. (Zug)
3. Sie können im Auto viel Gepäck mitnehmen, aber im Zug ____________________ ____________________. (nur wenig Gepäck)
4. In Frankreich wohnen sie in einer Ferienwohnung, aber in Nordfriesland ____________________. (Verwandte)
5. In Frankreich essen sie oft im Restaurant, aber in diesen Ferien __________ ____________________. (ihre Verwandten)
6. In Frankreich essen sie immer Weißbrot, aber in Nordfriesland __________ ____________________. (Schwarzbrot)
7. In Frankreich trinken die Kramers abends gerne Rotwein, aber in Nordfriesland ____________________. (oft Teepunsch)
8. Meistens machen sie drei Wochen Urlaub, aber diesmal ____________________ ____________________. (nur zwei Wochen)
9. In Frankreich müssen Kramers Französisch sprechen, aber in Nordfriesland ____________________. (Deutsch)
10. In Frankreich ist es im Sommer heiß, aber in Nordfriesland __________ ____________________. (kälter)
11. Im Mittelmeer kann Herr Kramer jeden Tag baden, aber in der Nordsee ____________________. (nur an warmen Tagen)
12. In Frankreich besucht Frau Kramer jedes Jahr das Picasso-Museum, aber in Nordfriesland ____________________. (Nolde-Museum)

38. *Setzen Sie die vorgegebenen Verben im passenden Tempus an die passenden Stellen.*

1. Früher jeden Winter mehrere Wochen lang Schnee. (liegen)

   →

2. In der nächsten oder übernächsten Generation es vermutlich noch seltener. (schneien)

   →

3. Die Lehrerin sieht müde aus. Sie wohl nicht genug. (schlafen)

   →

4. Als ich letztes Jahr in meine jetzige Wohnung, ich nicht, weil die Vormieter alle Wände nach ihrem Auszug. (einziehen, renovieren müssen, streichen)

   →

5. Letzte Woche wir uns mit den Tempora der Vergangenheit. (beschäftigen)

   →

6. Womit wir uns nächste Woche, wir noch nicht genau. (beschäftigen, wissen)

   →

7. Immer wenn ich mittags lange, ich mir einen starken Kaffee. (schlafen, machen)

   →

8. Als ich zur Grundschule, ich jeden Tag auf meine Mitschülerinnen. (gehen, sich freuen)

   →

9. Weil wir die Hausaufgaben, wir gestern die Aufgaben im Unterricht. (vergessen, bearbeiten)

   →

10. Ich habe einen Plan: Wenn ich die DSH, ich ganz bestimmt trotzdem weiter regelmäßig Deutsch. (bestehen, lernen)

    →

1.8 Das Passiv

Verben mit „sein"-Perfekt bilden kein Passiv. (nur sehr wenige Ausnahmen)

1.8.1 Das Passiv bei Verben mit Akkusativ-Ergänzung

Ein Student wird plötzlich sehr krank. Er selbst kann nichts tun.

Was geschieht mit ihm?

Der Student *wird* ins Krankenhaus *gebracht*.
Er *wird* sofort von einem Arzt *untersucht*.
Der Student *wird operiert*.
Fünf Tage später *wird* er von seiner Familie *abgeholt*.

Präsens:	Der Student ***wird*** *operiert*.
Präteritum:	Der Student ***wurde*** *operiert*.
Perfekt:	Der Student ***ist*** *operiert* ***worden***.
Plusquamperfekt:	Der Student ***war*** *operiert* ***worden***.
Futur I:	Der Student ***wird*** *operiert* ***werden***.
(Futur II:	Der Student ***wird*** *operiert* ***worden sein***.)

Aktiv ⟶ Passiv

Aktiv		Passiv
Ein Arzt untersucht den Studenten.	⟶	*Der Student wird von einem Arzt untersucht.*
Man operierte den Studenten.	⟶	*Der Student wurde (Ø) operiert.*
Zwei Krankenpfleger haben ihn in sein Zimmer gebracht.	⟶	*Er ist von zwei Krankenpflegern in sein Zimmer gebracht worden.*

- Fast alle Verben mit Akkusativ-Ergänzung können das Passiv bilden.
- Das Passiv-Prädikat wird mit einer Form von „werden" + Partizip II gebildet. (Im Passiv benutzt man „worden" statt „geworden"!)
- Veränderungen:

Aktiv	⟷	**Passiv**
• Akkusativ-Ergänzung	⟷	*Subjekt (Nominativ-Ergänzung)*
• Subjekt	⟷	*Täter-Nennung* mit „von" (seltener „durch")
• „man" o.ä. als Subjekt	⟷	*keine Täter-Nennung* (Ø)

- Unverändert bleiben:
  - alle übrigen Satzglieder, z.B. *DatErg*, *PräpErg**, Angaben
  - das Tempus

* Dativ-Ergänzung, Präpositional-Ergänzung, die Abkürzungen stehen auf S. 90

Regeln zur Verwendung des Passivs

Das Passiv verwendet man, wenn die Handlung im Vordergrund steht, nicht die handelnde(n) Person(en). Die Nennung des Täters ist grammatisch nicht notwendig. Man verwendet das Passiv also häufig dann,
- wenn der Täter nicht bekannt ist, ①
- wenn man den Täter nicht nennen will bzw. für die Aussage unwichtig oder überflüssig ist, ②
- wenn ein bestimmter Täter keine Rolle spielt. ③

Beispiele: ① *Das Auto ist gestohlen worden.*
② *Ihr Antrag wurde abgelehnt.*
1492 ist Amerika entdeckt worden.
Die Pakete werden vormittags ausgeliefert.
③ *Im Büro darf nicht geraucht werden.*

Einen **Aktivsatz** kann man immer dann **in einen Passivsatz umformen**,
1. wenn im Aktivsatz das Subjekt zugleich Täter ist, d.h. aktiv Handelnder,
2. wenn das Verb das Perfekt mit „haben“ bildet,
3. wenn das Verb nicht reflexiv gebraucht wird.

Die folgenden Sätze können also **nicht ins Passiv** umgeformt werden:
Das Taxi hat 10 Euro gekostet.
Ich habe letzte Woche einen Brief bekommen.
Gestern bin ich um 8 Uhr aufgewacht.
Ich habe mich schnell gekämmt.
Darüber ärgert sie sich sehr.
Wir haben im Moment keine Zeit.

In einem Passivsatz sind **Subjekt und Täter** verschieden:
Das Buch *wird von einem Studenten ausgeliehen.*
Subjekt Täter

Im entsprechenden Aktivsatz sind Subjekt und Täter identisch:
Ein Student *leiht das Buch aus.*
Subjekt / Täter

Taternennung mit „von“ oder „durch“

von: direkter Täter/Verursacher; meistens Personen
Er wurde von dem Arzt Dr. Hahnemann geheilt.
Das Zeugnis wurde von Experten geprüft.
Ich bin von der Prüfungskommission abgelehnt worden.

durch: indirekter Täter/Mittler/Vermittler; häufig Institution, Naturgewalt
Er wurde durch ein gutes Medikament geheilt.
Das Zeugnis wurde durch das Institut „X“ geprüft.
Das Dach wurde durch den Sturm / einen herabfallenden Ast beschädigt.

39. *Formen Sie die folgenden Sätze ins Passiv um. Bilden Sie anschließend Präteritum und Perfekt dieses Passivsatzes.*

1. Zwei Freunde besuchen den Studenten.
   → *Der Student wird von zwei Freunden besucht.*
   → *Der Student wurde von zwei Freunden besucht.*
   → *Der Student ist von zwei Freunden besucht worden.*
2. Ich übersetze den Brief ins Englische.
   →
   →
   →
3. Die Lehrerin erklärt den Studierenden die DaF-Grammatik.
   →
   →
   →
4. Wir laden unsere Freunde zum Essen ein.
   →
   →
   →
5. In Frankreich trinkt man viel Wein.
   →
   →
   →
6. Man bezahlt die Rechnung sofort.
   →
   →
   →
7. Jemand bringt die Bücher wieder zurück.
   →
   →
   →
8. Der Wissenschaftler führt Versuche durch.
   →
   →
   →

40. *Formen Sie die Passiv-Sätze in Aktiv-Sätze um.*

1. Die Geschwindigkeit wird von der Polizei kontrolliert.

   →

2. Das Verbotsschild wurde von vielen Verkehrsteilnehmern nicht beachtet.

   →

3. Mein Fahrrad ist vom Mechaniker repariert worden.

   →

4. Die Klimaanlage wird von einer Fachfirma eingebaut werden.

   →

5. Die Heizung war nicht abgestellt worden.

   →

41. *Bilden Sie das Passiv bzw. das Aktiv.*

1. Der Student füllt das Formular aus.

   →

2. Marie Curie hat radioaktive Stoffe analysiert.

   →

3. Die Glühbirne wurde von Edison erfunden.

   →

4. Der Glaser wird neue Fensterscheiben einsetzen.

   →

5. Ich werde oft von unserer Sekretärin angerufen.

   →

6. Der Schüler berichtigte die Fehler.

   →

7. Peter hat die Tür geöffnet.

   →

8. Der Verkehrsunfall ist durch ein Kind verursacht worden.

   →

9. Die Schlüssel wird man sicher wiederfinden.

   →

10. Waren Sie rechtzeitig informiert worden?

    →

1.8.2 Das Passiv bei Modalverben

Wir ***müssen*** die Rechnung bezahlen.
→ Die Rechnung ***muss*** von uns *bezahlt werden*.
Sie ***durfte*** die Briefe nicht öffnen.
→ Die Briefe ***durften*** von ihr nicht *geöffnet werden*.
Man ***hat*** den Studenten operieren ***müssen***.
→ Der Student ***hat*** *operiert werden* ***müssen***.

– Die Modalverben selbst bilden keine Passivformen.
– Man benutzt den *Infinitiv Passiv* des Hauptverbs (Part. II + *werden*).

Präsens:	Der Student ***muss***	*operiert werden*.
Präteritum:	Der Student ***musste***	*operiert werden*.
Perfekt:	Der Student ***hat***	*operiert werden* ***müssen***.
Plusquamperfekt:	Der Student ***hatte***	*operiert werden* ***müssen***.
Futur I:	Der Student ***wird***	*operiert werden* ***müssen***.

42. Bilden Sie das Passiv.
1. Er kann die Fragen nicht beantworten.
→
2. Unsere Freunde konnten das Haus günstig kaufen.
→
3. Man muss das Eis sofort essen.
→
4. Sie hat eine hohe Strafe zahlen müssen.
→
5. Man darf Kinder nicht schlagen.
→

43. Bilden Sie das Aktiv.
1. Die Blumen müssen abends gegossen werden.
→
2. Die Tür muss morgens vom Hausmeister geöffnet werden.
→
3. Das Computer-Programm konnte nicht installiert werden.
→
4. Das Spielzeug hat nicht mehr repariert werden können.
→
5. Der Schaden wird von der Versicherung ersetzt werden müssen.
→

1.8.3 Das subjektlose Passiv bei Verben ohne Akkusativ-Ergänzung

Der Lehrer hilft dem Schüler. → Dem Schüler ***wird*** vom Lehrer *geholfen.*
Man half den Kindern. → Den Kindern ***wurde*** *geholfen.*
Hat man für alle Gäste gut gesorgt? → ***Ist*** für alle Gäste gut *gesorgt* ***worden***?

– Verben ohne Akkusativ-Ergänzung bilden ein ***subjektloses Passiv***.
– Man benutzt die ***3. Person Singular*** des Verbs.
– Das Verb muss eine „aktive Tätigkeit" ausdrücken.

44. Bilden Sie das Passiv.

1. Im Institut diskutierten die Mitarbeiter nur noch über den Stellenabbau.
   → *Im Institut ...*
2. Der Behördenleiter gratulierte der Beamtin zur Beförderung.
   → *Der Beamtin ...*
3. Über diesen Vorfall hat man tagelang geredet.
   →
4. Kann man auf die Verlesung des Protokolls verzichten?
   →
5. Die meisten Abgeordneten stimmten dem Gesetz zu.
   →
6. Musste man nicht mit solchen Schwierigkeiten rechnen?
   →
7. Man wird den Opfern der Katastrophe helfen müssen.
   →
8. Nur wenige Lkw-Fahrer hatten auf die Verkehrsnachrichten geachtet.
   →

45. Bilden Sie das Aktiv.

1. In Großbritannien wird links gefahren.
   →
2. Von der Gewerkschaft ist gegen die Schließung der Fabrik protestiert worden.
   →
3. Den Verletzten wurde schnell geholfen.
   →
4. Vor den Folgen des Rauchens wird überall gewarnt.
   →
5. Von der Presse wurde ausführlich über die Konferenz berichtet.
   →
6. Mit der Sanierung der Altstadt ist bereits begonnen worden.
   →

1.8.4 Das „Erststellen-*es*"

Ⓘ	II	III	IV
Es	kommen	Tausende	zum Oktoberfest
Tausende	kommen	zum Oktoberfest.	
Zum Oktoberfest	kommen	Tausende.	
Es	wird	viel Bier	getrunken.
Viel Bier	wird	getrunken.	

- Das „Erststellen-*es*" kann in Aussagesätzen stehen, und zwar sowohl in Aktiv- als auch in Passivsätzen, aber nicht in Frage- oder Imperativsätzen, niemals in Nebensätzen.
- Das „Erststellen-*es*" wird benutzt, wenn auf Position I, also vor der Personalform des Prädikats, kein anderes Satzglied stehen kann (oder soll, weil man z.B. das Subjekt durch Endstellung besonders betonen möchte).
- **Das „Erststellen-*es*" ist kein Satzglied**, sondern ein sogenannter „Platzhalter". Bei Umstellung der Satzglieder verschwindet das „Erststellen-*es*".
- Das „Erststellen-*es*" steht häufig in Passivsätzen, in denen der Täter nicht genannt wird.

Beispiele: Es wird zu schnell gefahren.
Es durften keine Aufnahmen gemacht werden.
Es müssen noch einige Fragen geklärt werden.
Es muss unbedingt in der nächsten Zeit ein neuer Hausmeister eingestellt werden.

46. Bilden Sie Passivsätze mit „Erststellen-es", wenn es möglich ist.
(Lassen Sie den Täter weg.)

1. Eine Bombe zerstörte mehrere Häuser.
   → *Es wurden mehrere Häuser zerstört.*
2. Unsere Politiker machen leider oft Fehler.
   → *Es …*
3. Die Regierung stellt zu wenig neue Lehrkräfte ein.
   →
4. Die Polizei durchsuchte mehrere Räume. Sie hat Falschgeld gefunden.
   →
5. (Mein Fahrrad ist kaputt.) Kannst du es reparieren?
   →
6. Statt Batterien benutzt man immer häufiger Akkus.
   →

47. Bilden Sie jetzt Passivsätze ohne „Erststellen-es".

1. *Mehrere Häuser wurden zerstört.*
2. …

48. Bilden Sie Passivsätze. (Ist „es“ möglich?)

1. Man musste viele Bäume fällen.

   →

2. Musste man damit rechnen?

   →

3. Fährt man in Nigeria links?

   →

4. Wenn Kinder anwesend sind, darf man nicht rauchen.

   →

4. Man darf nicht rauchen, wenn Kinder anwesend sind.

   →

49. Was ist im Flugzeug verboten?

(~~tanzen~~, Waffen mitbringen, zu viel Alkohol trinken, Feuer machen, den Piloten stören)

1. *Es darf nicht getanzt werden.*
2. *Es …*
3. *Es …*
4. *Es …*
5. *Der Pilot …*

50. Was empfehlen Umweltschützer?

(Müll möglichst vermeiden, den Müll sortieren, nur Mehrwegflaschen verwenden, keine Getränke in Dosen kaufen, weniger Kunstdünger verwenden, sparsamer mit Rohstoffen umgehen, viel Rad fahren, auf das Auto verzichten)

1. *Müll sollte möglichst vermieden werden.*
2. *Der Müll …*
3. *Es …*
4. *Es …*
5. *Es …*
6. *Mit Rohstoffen …*
7. *Es …*
8. *Auf das Auto …*

51. Bilden Sie Passiv- bzw. Aktivsätze.

1. Man muss Milch und Butter im Kühlschrank aufbewahren.
   →
2. Von Touristen darf nur eine Stange Zigaretten eingeführt werden.
   →
3. Die Freundinnen diskutieren über den Zeitungsartikel.
   →
4. Man begann um 8 Uhr mit dem Unterricht.
   →
5. Die Luft wird durch Autoabgase verschmutzt.
   →
6. Wir konnten den Namen nicht im Telefonbuch finden.
   →
7. Es ist gegen diesen Beschluss der Regierung protestiert worden.
   →
8. Diese hässlichen Pullover wird sicher niemand kaufen.
   →
9. Hat die Presse auf die Veranstaltung hingewiesen?
   →
10. Das Schiff ist durch zwei Raketen zerstört worden.
    →
11. Die Dolmetscherin übersetzte die Ansprache ins Deutsche.
    →
12. Es konnten von der Zeugin keine weiteren Namen genannt werden.
    →
13. Die Kinder hatten den Ball wiedergefunden.
    →
14. Die Prüfung hat von jedem gemacht werden müssen.
    →
15. Der Staat muss den Arbeitslosen helfen.
    →
16. Man hat den Code leider nicht entziffern können.
    →
17. Ihm müsste von uns allen gedankt werden.
    →

1.9 Modalverben

können:	Ich ***kann*** *schwimmen.*	(Fähigkeit)
	Sonntags ***kann*** man hier kein Brot *kaufen.*	(Möglichkeit)
	Du ***kannst*** *hereinkommen!*	(Erlaubnis)
dürfen:	Du ***darfst*** hier *parken.*	(Erlaubnis)
wollen:	Ich ***will*** morgen nach Hamburg *fahren.*	(Wille, Absicht)
„möchte“ *:	***Möchtest*** du nach Hause *gehen?*	(Wunsch)
müssen:	Du ***musst***** mir *helfen.*	(Notwendigkeit)
sollen:	Ich ***soll*** dir von Udo *sagen*, dass er kommt.	(Auftrag)
	Du ***solltest*** weniger *rauchen.* (immer Konj. II)	(Empfehlung)

* Konjunktiv II von *mögen*: modaler Gebrauch;
mögen als Vollverb bedeutet: *eine Vorliebe haben, etwas gerne tun / haben*
vgl.: ① *Ich **möchte** jetzt einen Kaffee (trinken).* ② *Ich **mag** lieber Kaffee als Tee.*
** *nicht müssen = nicht brauchen: Du **musst** mir **nicht** helfen = Du **brauchst** mir **nicht** zu helfen* (regional und umgangssprachlich auch ohne *zu*). Perf.: *Du hast mir nicht (zu) helfen brauchen.*

Präsensformen der Modalverben: s. S. 11 (5)
Präteritumformen der Modalverben: s. S. 27 (2)
Perfektformen der Modalverben: s. S. 40 (1)

52. Bilden Sie verschiedene Tempora mit Modalverben.

Beispiel:

Präs.:	*Man muss arbeiten.*	*Sie kann nicht kommen.*
Prät.:	*Man musste arbeiten.*	*Sie …*
Perf.:	*Man hat arbeiten müssen.*	*Sie …*
Plusqu.:	*Man hatte arbeiten müssen.*	*Sie …*
Fut. I:	*Man wird arbeiten müssen.*	*Sie …*

Ebenso:
1. Ich muss zu Hause bleiben.
2. Willst du auch verreisen?
3. Wir brauchen nicht zu arbeiten.
4. Ihr dürft so etwas nicht sagen!
5. Die Tür kann leicht geöffnet werden.
6. Die Bücher müssen liegen bleiben.

Verbinden Sie die Sätze a) – f) mit 1. – 6.

a) Ich bin traurig, *weil ich zu Hause bleiben muss.*

b) Hast du dir schon überlegt, …

c) Es ist schön, …

d) Wisst ihr nicht, …

e) Weiß jemand, …

f) Er meint, …

(zur Satzbildung vgl. S. 95, 172 ff.)

53. *Beantworten Sie die Fragen negativ.*

1. Muss ich den Text übersetzen?
   → *Nein, Sie müssen den Text nicht übersetzen*
   Nein, Sie brauchen den Text nicht zu übersetzen.
2. Müssen deutsche Schüler eine Uniform tragen?
   → *Nein, ...*
3. Musste Peter allein zum Bahnhof gehen?
   → *Nein, ...*
4. Mussten die Straßen während des Papstbesuchs gesperrt werden?
   → *Nein, ...*
5. Hat Peter lange warten müssen?
   → *Nein, ...*

54. *Setzen Sie passende Modalverben ein.*

1. Drogendealer ____________ mit einer harten Bestrafung rechnen.
2. Ich __________ dich gestern Abend anrufen, aber dann habe ich es vergessen.
3. Wie kommst du zur Party? ____________ ich dich mit dem Auto abholen, oder fährst du lieber mit dem Fahrrad? – Du ____________ mich nicht ab(zu)holen.
4. Für das Fach Medizin gelten Zulassungsbeschränkungen. Wer Medizin studieren ____________, ____________ ein gutes Abitur haben.
5. Meine Eltern waren sehr streng. Als Schülerin ____________ ich nie eine Diskothek besuchen und ____________ immer vor 23 Uhr zu Hause sein.
6. Wenn die Ampel Rot zeigt, ____________ alle Fahrzeuge anhalten. Erst bei Grün ____________ sie weiterfahren.
7. Ich habe gestern deine Tante getroffen. Ich ____________ dich von ihr grüßen.
8. Es gibt noch viele freie Plätze im Kino. Wo ____________ du gerne sitzen, weiter vorn oder weiter hinten?
9. Ich _________ diese kleine Schrift nicht lesen. Ich _________ meine Brille aufsetzen.
10. Seid ihr durstig? ______ ihr Wasser, oder ______ ich euch ein Bier holen?
11. Ich hoffe, dass wir Vaters Auto benutzen ________ und nicht mit dem Zug fahren _________. So kommen wir bequemer nach Oberammergau.
12. Da wir alle Deutsch verstehen, ____________ dieser Text nicht übersetzt zu werden.

55. Setzen Sie passende Modalverben ein.

1. Die Schülerin ________ nicht zum Unterricht gehen. Sie ________ im Bett bleiben, denn sie war krank. Nach drei Tagen ________ sie wieder aufstehen.
2. Der Fußgänger, der die Straße überqueren ________ , ________ vorsichtig sein, weil die Ampel außer Betrieb war.
3. Nach der Wettervorhersage ______ das Wetter morgen wieder schön werden.
4. Als ich 17 war, ________ ich das erste Mal alleine in die Ferien fahren.
5. ________ du den Satz noch einmal wiederholen? Ich habe ihn nicht richtig verstanden.
6. Wie hieß der Mensch, der als erster die Oberfläche des Mondes betreten _____?
7. In der nächsten Zeit ________ Autobahngebühren eingeführt werden.
8. Ich ________ dich gestern anrufen, aber dann habe ich es vergessen.
9. Bevor ausländische Studienbewerber ihr Fachstudium beginnen ________ , ________ sie die Sprachprüfung bestehen.
10. Guten Tag, mein Name ist Hoppenstedt. Ich ________ gern Herrn Dr. Bülow sprechen.
11. Die Sportler ________ an den Olympischen Spielen teilnehmen, aber sie ________ es nicht, weil ihr Land die Spiele boykottierte.
12. Ich ________ das Studienfach wechseln; ist das möglich?
13. Ihr ________ an der Besprechung teilnehmen; es ist sehr wichtig.
14. Der kleine Tim ________ heute am späten Abend mit seinen Eltern das Fußball-Länderspiel im Fernsehen ansehen.
15. Wer mit dem Fahrrad zum Sprachkurs fahren ________ , ________ nicht den Bus zu nehmen.

56. Setzen Sie passende Modalverben ein.

Im Studierendensekretariat

Student: Guten Tag!
Angestellte: Guten Tag! Was ________ ich für Sie tun?

St: Ich ________ Ihnen mein Abiturzeugnis bringen.

A: Gut. Aber warum ________ Sie mir das Original geben? Sie ________ niemals das Original aus der Hand geben. Das ________ bei uns verloren gehen. Es reicht, wenn Sie uns eine Fotokopie geben.

St: Aber Ihr Kollege hat gestern gesagt, dass ich das Original abgeben ________.

A: Nein, das ist ein Missverständnis. Er hat sicherlich gesagt: „Sie ________ eine Kopie abgeben und das Original zur Kontrolle vorlegen.“

St: Aha! Dann ____________ ich also noch eine Fotokopie besorgen?

A: Ja, das ____________ Sie! — *St:* Ist sonst alles in Ordnung?

A: Ich ____________ mir kurz Ihre Akte ansehen. Oh ja, es fehlt noch eine Fotokopie der Aufenthaltserlaubnis. Sie ____________ uns bis zum Ende des Monats die Aufenthaltserlaubnis vorlegen.

St: Die ___________ ich Ihnen morgen auch mitbringen. Bis morgen! Auf Wiedersehen! — *A:* Auf Wiedersehen!

57. Setzen Sie passende Modalverben im richtigen Tempus ein.

E-Mail:

Sehr geehrter Frau Professorin Lenz,

ich _________1 mich entschuldigen, dass ich in der vergangenen Woche nicht an Ihrem Seminar teilnehmen _________2. Wegen meines Stipendiums ________3 ich nach Bonn fahren. Eigentlich ________4 ich schon eine Woche früher fahren, aber wegen der Erkrankung eines Sachbearbeiters ___________5 der Termin verschoben werden.

Im Gespräch mit dem Sachbearbeiter _______6 ich nun leider erfahren, dass über meinen Antrag noch nicht entschieden werden __________7, weil ein wichtiges Dokument fehlte. Der Sachbearbeiter erklärte mir: „Wir __________8 Gutachten von zwei Professoren haben. Wir ________9 kein Stipendium vergeben, wenn diese Bedingung nicht erfüllt ist.“ Warum ___________10 mir der Sachbearbeiter nicht telefonisch oder per E-Mail mitteilen, dass etwas Wichtiges fehlte? Warum _________11 ich deswegen extra nach Bonn fahren? Das ist sehr ärgerlich.

Ich ________12 jetzt natürlich schnell dafür sorgen, dass mein Stipendien-Antrag alle Bedingungen erfüllt.

_________13 ich Sie um Folgendes bitten: ________14 Sie dem Stipendiengeber ein kurzes Gutachten über meine bisherigen Leistungen übersenden? Das Gutachten _______15 bis Mitte nächsten Monats in Bonn vorliegen. Haben Sie die Daten zu meiner Person, oder ________16 ich sie Ihnen noch mailen?

Mit bestem Dank im Voraus

und freundlichen Grüßen

Catalina Maria Alba Vasquez

1.10 „lassen“

① Reparierst du die Waschmaschine selbst?
Nein, ich ***lasse*** die Waschmaschine vom Elektriker *reparieren.*
② Hat die Mutter ihren Kindern erlaubt, ins Kino zu gehen?
Ja, die Mutter *hat* ihre Kinder ins Kino *gehen* ***lassen****.**
② Konnte das Programm leicht installiert werden?
Ja, das Programm ***ließ sich*** leicht *installieren.*

* Zur Bildung der Perfektformen s. 1.6.2, S. 40

> „lassen“ + Infinitiv hat die Bedeutung:
> ① veranlassen, bitten, beauftragen
> ② zulassen, erlauben
> ③ (+ Reflexivpronomen): ‚gemacht‘ werden können

58. Beantworten Sie die Fragen mit „lassen“.

1. Schneidest du dir die Haare selbst? (Frisör)
Nein, ich lasse mir die Haare vom Frisör schneiden.
2. Hast du deinen Text selbst korrigiert? (Lehrer)
Nein, ...
3. Konntet ihr euren PC selbst konfigurieren? (Computerfachmann)
Nein, wir ...
4. Schreibst du deine Bewerbungen selbst? (deutscher Freund)
Nein, ...
5. Untersuchst du dich selbst? (Arzt)
Natürlich nicht! Ich ...
6. Erlaubte der Vater seiner Tochter, mit dem neuen Auto zu fahren?
Ja, er ließ sie mit dem neuen Auto fahren.
7. Erlaubt der Lehrer den Schülern, ein Wörterbuch zu benutzen?
Ja, ...
8. Erlaubt der Grenzpolizist, dass der Tourist ohne Kontrolle durchfährt?
Ja, ...
9. Kann man diesen Artikel gut verkaufen?
Ja, er lässt sich gut verkaufen.
10. Kann man diesen Text mühelos übersetzen?
Ja, ...
11. Kann man den Schrank leicht transportieren?
Ja, ...
12. Konnte man diese Schwierigkeiten nicht vermeiden?
Nein, ...

2 Die Nominalgruppe

2.1 Deklination des Nomens

	maskulin	neutral	feminin
Singular:			
Nominativ:	der Vater	das Kind	die Mutter
Akkusativ:	den Vater	das Kind	die Mutter
Dativ:	dem Vater	dem Kind	der Mutter
Genitiv:	des Vater***s***	des Kind(e)***s****	der Mutter
Plural:			
N	die Väter	die Kinder	die Mütter
A	die Väter	die Kinder	die Mütter
D	den Väter***n***	den Kinder***n***	den Mütter***n***
G	der Väter	der Kinder	der Mütter

*Viele einsilbige Nomen und Nomen auf *-s*, *-ß* und *-z* haben die Genitivendung *-es*.

n-Deklination
(maskulin)
der Student
den Student***en***
dem Student***en***
des Student***en***

die Student***en***
die Student***en***
den Student***en***
der Student***en***

Nomen nach der n-Deklination:

- Nomen mit bestimmten Endungen:
  - -ent: Student, Präsident, Assistent usw.
  - -ant: Demonstrant, Praktikant, Musikant usw.
  - -ist: Polizist, Sozialist, Jurist usw.
  - -oge: Biologe, Geologe, Soziologe usw.
  - -at: Demokrat, Diplomat, Soldat usw.
- Nationalitätenbezeichnungen (auf *-e*):
  Franzose, Pole, Tscheche, Grieche, Türke, Russe usw.
- Andere Nomen:
  Bauer (Bauern), Herr (Sg: Herrn / Pl: Herren), Junge, Kamerad, Kollege, Kunde, Mensch, Nachbar (Nachbarn), Löwe, Affe usw.

Pluralbildung:

	Singular		Plural		
1.	die Frau	–	die Frau*en*	-(e)n	55%
	der Student	–	die Student*en*		
2.	der Tag	–	die Tag*e*	-e	27%
	die Nacht	–	die N*ä*cht*e*	¨-e	
4.	das Kind	–	die Kind*er*	-er	15%
	der Mann	–	die M*ä*nn*er*	¨-er	
3.	das Fenster	–	die Fenster	-	2%
	der Vater	–	die V*ä*ter	¨	
5.	das Hotel	–	die Hotel*s*	-s	1%
	das Foto	–	die Foto*s*		

2.2 Deklination des Artikels

Artikel im Singular:

- bestimmter Artikel:

N	***der***	Vater	***das***	Kind	***die***	Mutter
A	***den***	Vater	***das***	Kind	***die***	Mutter
D	***dem***	Vater	***dem***	Kind	***der***	Mutter
G	***des***	Vaters	***des***	Kind(e)s	***der***	Mutter

Ebenso werden folgende Artikelwörter dekliniert:

dieser (dieses, diese)
jener
jeder
mancher
welcher?

- unbestimmter Artikel:

N	***ein***	Vater	***ein***	Kind	***eine***	Mutter
A	***einen***	Vater	***ein***	Kind	***eine***	Mutter
D	***einem***	Vater	***einem***	Kind	***einer***	Mutter
G	***eines***	Vaters	***eines***	Kind(e)s	***einer***	Mutter

Ebenso werden folgende Artikelwörter dekliniert:

kein (kein, keine)
mein, (dein, sein, ihr, unser, euer, ihr)
irgendein
was für ein?

Artikel im Plural:

N	***die***	Eltern
A	***die***	Eltern
D	***den***	Eltern
G	***der***	Eltern

Ebenso werden die übrigen Artikelwörter dekliniert:

diese	keine
jene	meine (deine, seine ihre, unsere, eure, ihre)
alle	viele, wenige
manche	einige, mehrere
solche	irgendwelche
welche?	

Besonderheit:

Die bestimmten Artikel ***das, dem*** und ***der*** werden mit einigen Präpositionen häufig zu einem Wort zusammengezogen:

an + das → ***ans***	in + das → ***ins***		
an + dem → ***am***	in + dem → ***im***	bei + dem → ***beim***	von + dem → ***vom***
zu + dem → ***zum***	zu + der → ***zur***		

59. Ergänzen Sie.
Singular:

1. **Hier ist** d*er*__ Teller, d____ Tasse, d_____ Glas, ein_____ Messer, ein_____ Gabel, ein_____ Löffel; mein_____ Buch, ihr_____ Kugelschreiber, sein_____ Brille, euer_____ Motorrad, Ihr_____ Garage, kein_____ Taxi, kein_____ Auskunft. (N)
2. **Wir kennen** d*en*__ Arzt, d_____ Ärztin, d_____ Personal, d_____ Engländer_____, ein_____ Franzose_____, ein_____ Polin, ein_____ Mädchen, jed_____ Schüler_______, jed_______ Kollegin, dies_______ Autor_______, kein_______ Mensch_____, Ihr_____ Assistent_____, sein_____ Nachbarin. (A)
3. **Das Auto gehört** d*em*__ Bäcker, d_____ Polizist_____, d_____ Lehrerin, ein_____ Türke_____, ein_____ Französin, dies_____ Herr_____, dies_____ Frau, kein_____ Kollege_____, kein_____ Nachbarin, mein_____ Vater, sein_____ Patient_____, eur_____ Nachbar_____, unser_____ Großvater. (D)
4. **Hier ist das Haus** d*es*__ Präsidenten, d_____ Bürgermeisterin, d_____ Ingenieur_____, ein_____ Amerikaner_____, ein_____ Grieche_____, dies_____ Sportler_____, dies_____ Sängerin, irgendein_____ Soldat_____, ein_____ Professor______, ihr______ Nachbar______, eur_____ Kunde_____, sein_____ Sohn_____, ein_____ Geologe_____. Hier ist die Höhle d_____ Löwe_____! (G)

Plural:

1. (N)

der Mantel	→ *die Mäntel*	der Sohn	→
die Stadt	→	die Wand	→
das Dorf	→	das Mädchen	→
der Arbeiter	→	der Brief	→
die Krankheit	→	die Uhr	→
das Zeugnis	→	das Kleid	→
der Staat	→	der Jurist	→
die Studentin	→	der Spanier	→
das Kino	→	das Buch	→
der Pole	→	der Autor	→

2. **Er spricht mit** d*en*__ Student*en*__, d____ Assistentin____, d____ Techniker____, all____ Leute____, mein____ Geschwister____, dies____ Krankenschwester____, beid____ Chef____, dein____ Brüder_____, sein_____ Kollege_____, solch_____ Mensch_____, d_____ Clown_____, eur_____ Gäst_____. (D)

60. *Ergänzen Sie – wo nötig – die Endungen.*

1. Auf dem Tisch steht ein*e*____ Lampe.
2. Im Portemonnaie ist kein_____ Geld mehr.
3. Welch_____ Fahrrad gehört dir?

N

4. Hat euer_____ Haus einen Garten?
5. Mein_____ Bekannten wollen nach Köln ziehen.
6. Was für ein_____ Gemüse ist Kohlrabi?
7. Dies_____ Handschuhe gehören mir nicht.
8. Im Kino sind noch einig_____ Plätze frei.

9. Hast du dein_____ Familie schon angerufen?
10. Welch_____ Film habt ihr gestern Abend gesehen?
11. Er spricht sehr gut Deutsch; er macht fast kein_____ Fehler mehr.

A

12. Ich habe mein_____ Zimmer selbst renoviert.
13. Vergesst nicht, eur_____ Tür abzuschließen!
14. Ich kann nicht all_____ Rechnungen für dich bezahlen.
15. Bilden Sie bitte ein_____ Satz im Präsens!
16. Der Makler hat mir mehrer_____ Zimmer im Stadtzentrum gezeigt.

17. Mein Bruder trinkt das Bier am liebsten aus d_____ Flasche.
18. Die Mutter hilft ihr_____ Kinder_____ bei d_____ Hausaufgaben.

D

19. In d_____ Wald bin ich kein_____ Mensch_____ begegnet.
20. Der Schrank steht zwischen d_____ Tür und d_____ Fenster.
21. Mit welch_____ Kollege_____ triffst du dich heute Abend?
22. Bei dies____ Kälte gefällt es d____ Leute___, vor d___ Kamin zu sitzen.

23. Wie findest du das Foto mein_____ Freundin Eva?
24. Die Arbeit d_____ Bauer_____ ist sehr schwer.
25. Wir haben erst Ende d_____ Monat_____ Zeit, euch zu besuchen.

G

26. Kennst du den Namen dies_____ Frau?
27. Nennen Sie mir bitte die Geburtsdaten Ihr_____ Vaters und die Ihr_____ Mutter!
28. Hat sich die Adresse Ihr_____ Eltern geändert?

2.3 Possessiv-Artikel

Person	Vater, Kind und Mutter dieser Person(en)			Eltern dieser Person(en)
1. ich:	***mein*** (Vater)	***mein*** (Kind)	***meine*** (Mutter)	***meine*** (Eltern)
2. du:	***dein***	***dein***	***deine***	***deine***
3. man:	***sein***	***sein***	***seine***	***seine***
er:	***sein***	***sein***	***seine***	***seine***
es:	***sein***	***sein***	***seine***	***seine***
sie:	***ihr***	***ihr***	***ihre***	***ihre***
1. wir	***unser***	***unser***	***unsere***	***unsere***
2. ihr:	***euer***	***euer***	***eure***	***eure***
3. sie (Sie):	***ihr (Ihr)***	***ihr (Ihr)***	***ihre (Ihre)***	***ihre (Ihre)***

61. Setzen Sie die passenden Possessiv-Artikel ein.

1. Peter ist mit dem Auto gekommen. Wo hat er *sein* Auto geparkt?
2. Maria hat viele Bücher. Wo stehen __________ Bücher?
3. Du wolltest doch fotografieren. Wo ist __________ Kamera?
4. Meine Großeltern ziehen in ein Seniorenheim um. Sie haben __________ Haus verkauft.
5. Ihr habt eine Waschmaschine gekauft? Wo steht __________ Waschmaschine?
6. Wir haben Freunde in Hamburg. Am Wochenende besuchen wir __________ Freunde.
7. Ruf mich morgen an! Hast du __________ Telefonnummer?
8. Das Kind spielt in der Sandkiste. __________ Hände sind schmutzig.
9. Frau Müller, Sie haben doch ein Fahrrad. Wo steht denn __________ Fahrrad?
10. Wo wohnt Frau Nolden? Kennst du __________ Adressse?
11. Er holt die Wasserflasche aus __________ Rucksack.
12. Herr Braun ist zufrieden mit __________ Beruf, __________ Chefin und __________ Kollegen.
13. Eva macht __________ Hausaufgaben, räumt __________ Zimmer auf und ruft dann __________ Freundin an.
14. Familie Kramer verbringt __________ Ferien in __________ Ferienhaus.
15. Erzählt doch mal von __________ Erlebnissen!

62. *Setzen Sie die passenden Possessiv-Artikel ein.*

1. Frau Braun kümmert sich um _________ Kinder, _________ Mann und _________ Haus.
2. Herr Braun, Sie haben _________ Mantel, _________ Tasche und _________ Portemonnaie bei uns vergessen.
3. Ich hole jetzt _________ Wörterbuch, _________ Papiere und _________ Kugelschreiber.
4. Könntest du mir bitte die Adresse _________ Eltern, _________ Bruders und _________ Schwester geben?
5. Wir haben von _________ Arbeit, _________ Plänen und von _________ Unfall erzählt.
6. Das kleine Mädchen spielt mit _________ Ball, _________ Puppen und _________ Hündchen.

63. *Setzen Sie die zum Subjekt des Satzes passenden Possessiv-Artikel ein.*

1. Maria ist am Wochenende bei _________ Familie gewesen und hat lange mit _________ Eltern über _________ Pläne gesprochen.
2. Peter, wo hast du denn _________ Tasche mit _________ Notizbuch?
3. Frau Braun, können Sie sich noch gut an _________ Kindheit und an _________ Elternhaus erinnern?
4. Das Kind ging mit _________ Geschwistern in den Zirkus.
5. Ich habe eine Fotokopie _________ Abiturzeugnisses und _________ Zulassung vorlegen müssen.
6. Wir beabsichtigen, _________ Ferien gemeinsam mit _________ Freunden zu verbringen.
7. Unsere Nachbarn haben _________ Motorrad und _________ Gartenmöbel in _________ Garage gestellt.
8. Warum erzählt ihr nichts von _________ Reise, die ihr zusammen mit _________ Kollegen gemacht habt?
9. Der Gärtner ist stolz auf _________ Gemüse, _________ Obst und _________ Blumen.

2.4 Frage-Artikel: was für (ein-)? welch-?

Was *für ein* E-Bike hast du dir gekauft? (Wie sieht es aus? Wie teuer war es?)
Was *für* Leute sind deine Nachbarn? (alt? jung? sympathisch? arm? reich? klug?)

Mit ***welchem*** Rad bist du gekommen? (Mit deinem eigenen, dem deiner Frau?)
Welche Kolleginnen sind netter? (Die aus dem Labor? Die aus dem Büro?)

was für (ein-)?	ist eine offene Frage, die nach allem fragt. Es gibt keine Vorinformation.
welch-?	ist eine eingegrenzte Frage, die eine Auswahl aus wenigen (schon bekannten) Möglichkeiten verlangt.

64. Setzen Sie die passenden Frage-Artikel ein.

1. *Welcher* Maler gefällt Ihnen besser, Manet oder Monet?
2. ________ Mensch ist Ihr Chef?
3. An ________ deutschen Universität haben Sie studiert?
4. ________ Buch ist das blaue dort links im Regal?
5. Mit ________ Schwierigkeiten muss man im Ausland rechnen?
6. An ________ Ferienreisen erinnern Sie sich besonders gerne?
7. ________ Tier ist der Fuchs?
8. Auf ________ griechischen Inseln sind Sie schon einmal gewesen?
9. Mit ________ Farben haben früher die Perser ihre Teppiche gefärbt?
10. ________ Farbe ist deine Lieblingsfarbe?

2.5 Negativ-Artikel: kein-

(Hast du ein Fahrrad?)	Nein, ich habe ***kein*** Fahrrad.
(Hast du Ø Schwierigkeiten?)	Nein, ich habe ***keine*** Schwierigkeiten.

65. Beantworten Sie die Fragen negativ.

1. Hast du einen Fernseher? – *Nein, ich habe keinen Fernseher.*
2. Hast du Hunger? – *Nein, ich ...*
3. Haben Sie Geld bei sich? – *Nein, ich ...*
4. Hat deine Schwester Kinder? – *Nein, sie ...*
5. Hast du letztes Jahr an einer Prüfung teilgenommen? – *Nein, ich ...*
6. Bekommt Peter ein Stipendium? – *Nein, er ...*
7. Habt ihr Interesse an der Wohnung? – *Nein, wir ...*
8. Macht sie Fehler beim Schreiben? – *Nein, sie ...*
9. Haben Sie Zigaretten im Gepäck? – *Nein, ich ...*
10. Ist Ihre Frau Deutsche? – *Nein, sie ...*

3 Das Adjektiv

3.1 Deklination der Adjektive als Attribute

A Singular

1. ***Adjektive nach bestimmtem Artikel:***

	Maskulinum	Neutrum	Femininum
N	der jung***e*** Mann	das klein***e*** Kind	die alt***e*** Frau
A	den jung***en*** Mann	das klein***e*** Kind	die alt***e*** Frau
D	dem jung***en*** Mann	dem klein***en*** Kind	der alt***en*** Frau
G	des jung***en*** Mann(e)s	des klein***en*** Kind(e)s	der alt***en*** Frau

-e / ***-en***

Ebenso nach: dieser, jener, jeder, mancher, welcher?

2. ***Adjektive nach unbestimmtem Artikel:***

	Maskulinum	Neutrum	Femininum
N	ein jung***er*** Mann	ein klein***es*** Kind	eine alt***e*** Frau
A	einen jung***en*** Mann	ein klein***es*** Kind	eine alt***e*** Frau
D	einem jung***en*** Mann	einem klein***en*** Kind	einer alt***en*** Frau
G	eines jung***en*** Mann(e)s	eines klein***en*** Kind(e)s	einer alt***en*** Frau

-er / ***-es*** / ***-e*** / ***-en***

Ebenso nach: kein, mein (dein, sein, ihr, unser, euer), irgendein

3. ***Adjektive nach Ø-Artikel:***

	Maskulinum	Neutrum	Femininum
N	rot***er*** Wein	frisch***es*** Brot	kalt***e*** Milch
A	rot***en*** Wein	frisch***es*** Brot	kalt***e*** Milch
D	rot***em*** Wein	frisch***em*** Brot	kalt***er*** Milch
G	rot***en***** Wein(e)s	frisch***en***** Brot(e)s	kalt***er*** Milch

Artikelendungen
* 2 Ausnahmen

B Plural

1. ***Adjektive nach bestimmtem Artikel:***

N	die gut***en*** Freunde
A	die gut***en*** Freunde
D	den gut***en*** Freunden
G	der gut***en*** Freunde

-en

Ebenso nach: diese, jene, manche, solche, welche? alle, keine, meine (deine …)

2. ***Adjektive nach Ø -Artikel:***

N	gut***e*** Freunde
A	gut***e*** Freunde
D	gut***en*** Freunden
G	gut***er*** Freunde

Artikelendungen

Ebenso nach: einige, mehrere, viele, wenige; Zahlen

C Besondere Formen:

Endung *-el*: dunkel: die dunkle Nacht; sensibel: ein sensibler Mensch; usw.
Ebenso: sauer: saure Gurken; teuer: ein teures Haus
hoch: ein hoher Turm

1. Die Endung des Adjektivs nach dem **bestimmten** Artikel ist -***en***.
   Ausnahmen:
   Nach dem bestimmten Artikel { ***der*** (N. Sg. mask.), ***das*** (N./A. Sg. neutr.), ***die*** (N./A. Sg. fem.) } steht -***e***.
2. Die Endung des Adjektivs nach dem **unbestimmten** Artikel ist -***en***.
   Ausnahmen:
   Nach dem unbestimmten Artikel { ***ein*** (N. Sg. mask.), ***ein*** (N./A. Sg. neutr.), ***eine*** (N./A. Sg. fem.) } steht { -***er***, -***es***, -***e*** }.
3. Adjektive nach Ø-Artikel haben die Endung des bestimmten Artikels.
   Ausnahme: Im G. Sg. mask./neutr. ist die Endung nicht -***es***, sondern -***en***.

66. Adjektive nach Artikeln im Singular

1. **Hier ist** ein interessant*es* Buch, das interessant____ Buch, der neu____ Kugelschreiber, ein neu____ Kugelschreiber, eine teur____ Brille, die teur____ Brille, ein gut____ Beispiel, unser ehemalig____ Kursraum.
2. **Ich kaufe** einen warm____ Mantel, den warm____ Mantel, diese dunkl____ Hose, keine dunkl____ Hose, das koreanisch____ Fernsehgerät, kein koreanisch____ Fernsehgerät, kein gebraucht____ Fahrrad, diesen bequem____ Schreibtischstuhl.
3. **Ich bin zufrieden mit** dem alt____ Pullover, meinem alt____ Pullover, der gemütlich____ Wohnung, meiner gemütlich____ Wohnung, dem neu____ deutsch____ Wörterbuch, meinem neu____ deutsch____ Wörterbuch, unserem gut____ Diskussionsergebnis.
4. **Er ist der Besitzer** eines groß____ Hauses, des groß____ Hauses, einer gut gehend____ Buchhandlung, der gut gehend____ Buchhandlung, eines klein____ Wagens, dieses klein____ Wagens, dieser wertvoll____ chinesisch____ Vase.

67. *Adjektive nach Ø-Artikel im Singular*

1. **Hier ist** kühl____ Bier, frisch____ Milch, heiß____ Kaffee.
2. **Ich kaufe** bitter____ Schokolade, frisch____ Brot, holländisch____ Käse.
3. **Was hältst du von** frisch____ Luft, kalt____ Wasser, stark____ Wind?
4. **Er ist ein Liebhaber** italienisch____ Weins, griechisch____ Olivenöls, modern____ Kunst.

68. *Adjektive vor Nomen im Plural*

1. **Hier sind** süß____ Kirschen, saftig____ Pflaumen, sehr schön____ Pfirsiche, gelb____ Bananen, die best____ Äpfel.
2. **Ich kaufe** grün____ Bohnen, jung____ Karotten, aber keine alt____ Kartoffeln, sondern die neu____ Kartoffeln dieses Jahres.
3. **Ich unterhalte mich gerne mit** gut____ Bekannten, meinen nah____ Verwandten, den verschieden____ Bewohnern unseres Hauses.
4. **Im botanischen Garten gibt es eine Sammlung** tropisch____ Pflanzen, mexikanisch____ Kakteen, der schönst____ afrikanisch____ Orchideen.

69. *Ergänzen Sie die Endungen.*

Ali ist aus dem International____ Studierendenheim ausgezogen. Er wohnte dort im zweit____ Stock. Seine link____ Nachbarin war eine Griechin, die entweder mit viel____ Bekannten lang____ Diskussionen führte oder, wenn sie allein war, sehr laut____ griechisch____ Musik hörte. Sein recht____ Nachbar war ein unruhig____Student aus dem Libanon, der fast jed____ Nacht seinen Fernseher mit voll____ Lautstärke laufen ließ. Auch auf der ober____ und der unter____ Etage gab es nur wenig____ ruhig____ Leute. Wegen dieses dauernd____ Krachs ist Ali ausgezogen. Er hat jetzt ein schön____ Zimmer in einer ruhig____ WG („Wohngemeinschaft“) gefunden.

70. Ergänzen Sie die Endungen (wenn nötig).

Die WG, in die Ali vor wenig____ Tagen eingezogen ist, ist eine 3-er WG. Der ehemalig____ Bewohner hat den größt____ Teil seiner neuwertig____ Möbel nicht mitgenommen. So kann Ali den praktisch____ Computertisch, den leider etwas beschädigt____ Schreibtischstuhl und das sehr groß____ Wandregal weiter benutzen. Das blau-schwarz gestreift____ Sofa sieht zwar etwas seltsam____ aus, aber wenn er es abends auszieht, wird es zu einem sehr bequem____ Bett.

Die beid____ ander____ Mitbewohner sind ein 22-jährig____ Deutscher, der nach einem abgebrochen____ Studium seit einem halb____ Jahr bei einer bekannt____ Versicherung eine zweijährig____ Ausbildung macht, und ein spanisch____ Student, der für seine Dissertation im Bereich „International____ Recht" in mehrer____ europäisch____ Ländern ausführlich____ Untersuchungen durchgeführt hat und als letzt____ Station Deutschland besucht. Jed____ Bewohner hat sein eigen____ Zimmer, aber oft treffen sie sich zum gemeinsam____ Kochen in der gut____ ausgestattet____ Küche oder im groß____ Wohnzimmer, wo es bequem____ Sessel und einen riesig____ Fernseher gibt, auf dem sie meistens wichtig____ Sportveranstaltungen und die aktuell____ Nachrichten sehen. Ali hat das groß____ Glück, dass auch der Spanier ein fast perfekt____ Deutsch spricht, und so kann er seine schon relativ____ gut____ Sprachkenntnisse noch weiter verbessern, wenn sie intensiv____ über international____ Politik oder deutsch____ Fußballvereine diskutieren.

Wegen der zentral____ Lage der Wohnung ist er nicht auf öffentlich____ Verkehrsmittel angewiesen; die meist____ Besorgungen kann er zu Fuß erledigen. Für länger____ Wege benutzt er ein alt____ Fahrrad, das ihm ein gut____ Freund, der vor kurz____ Zeit in seine Heimat zurückgekehrt ist, geschenkt hat. Ali ist sich sicher, dass er mit dieser ungewöhnlich____ WG eine wirklich____ gut____ Entscheidung getroffen hat.

71. *Ergänzen Sie die Adjektiv-Endungen.*

1. Der deutsch____ Student fuhr mit seinem spanisch___ Freund nach Madrid.
2. Ein unfreundlich____ Polizist hat mir eine falsch____ Auskunft gegeben.
3. Ich möchte ein klein____, nicht zu teur____ Zimmer in zentral____ Lage.
4. Mein alt____ Drucker braucht schon wieder neu____ Tinte, aber
5. für diesen alt___ Drucker gibt es kaum noch passend___ Tintenpatronen.
6. Ich habe seit lang____ Zeit kein interessant____ Buch mehr gelesen.
7. Welcher klassisch____ Komponist hat „Eine klein____ Nachtmusik" geschrieben?
8. Er hat zu viel kalt____ Wasser getrunken.
9. In dem vegetarisch____ Restaurant gibt es leider nur wenig____ vegan____ Gerichte.
10. Ich war gestern mit einem alt____ Schulfreund und seinem jünger____ Bruder im Kino.
11. Ich esse gerne frisch____ Brot mit gesalzen____ Butter.
12. Ich trinke nur rot____ Wein; weiß____ Wein schmeckt mir nicht.
13. Unser link___ Nachbar hat sein alt____ Haus neu gestrichen.
14. Am spät____ Nachmittag ereignete sich ein schwer____ Unwetter.
15. Ein voll besetzt___ Bus raste mit hoh___ Geschwindigkeit gegen einen Baum.
16. Klein____ Kinder spielen gerne mit bunt____ Spielsachen.
17. Ich habe keine gut____ Neuigkeiten für Sie!
18. Ich höre gerne den interessant____ Erzählungen alt____ Leute zu.
19. In Münster studieren viele bulgarisch____ Studenten.
20. Welche deutsch____ Städte haben Sie im vergangen____ Jahr besucht?
21. Mein türkisch____ Freund kümmert sich sehr gut um seine alt____ Eltern.
22. Ich habe einige interessant____ Artikel in der heutig____ Zeitung gelesen.
23. Fast alle ausländisch____ Studierenden müssen eine schwierig____ Aufnahmeprüfung machen.
24. Zwei neu____ Studentinnen sind in den Kurs gekommen.
25. Das Zweit____ Deutsch____ Fernsehen (ZDF) hat in den letzt____ Wochen mehrere spannend____ alte____ englisch____ Kriminalfilme gezeigt.

72. *Setzen Sie die fehlenden Adjektivendungen ein.*

1. In den Ferien hatte ich einige spannend<u>e</u>___ Erlebnisse.
2. Alle leer____ Batterien müssen entsorgt werden.
3. Ich habe mit mehreren deutsch____ Studierenden über ihre Berufschancen gesprochen.
4. Ich verstehe die Bedeutung dieser schwierig____ Sätze nicht.
5. Welche neuer____ deutsch____ Romane hast du schon gelesen?

73. *Setzen Sie jetzt auch die Endungen der Artikelwörter ein.*

1. Die Arbeitslosigkeit viel____ jung____ Menschen ist ein großes Problem.
2. Im Sommer bin ich durch mehrer____ europäisch____ Länder gereist.
3. Ich habe mir für dies____ schön____ Bilder viel Zeit genommen.
4. Ich habe all____ wichtig____ Regeln gelernt.
5. Einig____ unwichtig____ Regeln darf man wieder vergessen.
6. Das Gedächtnis viel____ alt____ Leute ist nicht mehr sehr gut.
7. Sie kann sich solch____ teur____ Kleidung gar nicht leisten.
8. Mit wenig____ schnell____ Schritten erreichte er die Haustür.
9. Viel____ deutsch____ Studierende wohnen bei ihren Eltern.
10. Er hat einig____ selten____ Bücher im Antiquariat gekauft.
11. Ich kaufe überhaupt kein____ neu____ Geräte mehr; sie sind mir zu teuer.
12. Welch____ ausländisch____ Zeitungen liest du gerne? – Es gibt da mehrer____ englisch____ Zeitungen, die ich im Internet lese.
13. Es gibt leider mehr schlecht____ Zeitungen als gut____.
14. Die beid____ teur____ Fahrräder unser____ neu____ Mitbewohner sind heute Nacht gestohlen worden.
15. Auch die Räder viel____ ausländisch____ Studenten sind gestohlen worden.
16. Fast all____ falsch geparkt____ Autos behindern den Verkehr.
17. Die Polizei hat drei falsch geparkt____ Autos abschleppen lassen.
18. Ich habe mir gestern sein____ neuest____ Fotos angesehen.
19. Hast du schon einmal solch____ toll____ Fotos gesehen?
20. Ich habe nur einige____ gut____ Aufnahmen aus unser____ letzt____ Ferien hochgeladen; die meisten habe ich aber gleich gelöscht.

74. *Setzen Sie in die Lücken die fehlenden Wortteile ein.*

Die Romanfabrik

1. Alexandre Dumas war ein_ø_ erfolgreich_er_ französisch_er_ Schriftsteller.
2. Ein____ bekannt____ Roman von ihm heißt „D____ drei Musketiere".
3. Man hat aus dies____ Roman auch ein____ beliebt____ Film gemacht.
4. Dumas hatte schon 250 spannend____ Abenteuerromane geschrieben.
5. Immer wieder verlangten die Zeitungen neu____ Fortsetzungsromane von ihm.
6. Aber Alexandre Dumas hatte kein____ gut____ Ideen mehr;
7. deshalb bat er ein____ ander____ Schriftsteller,
8. ein____ Roman unter dem Namen Dumas zu schreiben.
9. Dumas bezahlte sein____ Helfer natürlich gut.
10. Der zweit____ Schriftsteller schrieb nicht schlecht, aber langsam;
11. jeden Tag schickte er nur eine Fortsetzung an ein__ französisch____ Zeitung.
12. Der Roman hieß „D____ schön____ Gabriele".
13. Da bekam Dumas d___ traurig____ Nachricht vom plötzlich____ Tod d____ Helfers.
14. Dumas erschrak, denn der Roman erschien ja unter sein___ eigen___ Namen!
15. Obwohl er kein____ einzig____ Wort des Romans gelesen hatte, musste er ihn zu Ende schreiben.
16. Aber als er d____ früher____ Fortsetzungen durchlas,
17. verstand er d____ kompliziert____ Handlung nicht; deswegen teilte er der Zeitung mit:
18. „Ich bin krank und kann kein____ neu____ Fortsetzungen mehr schreiben!"
19. D____ unerwartet____ Antwort war:
20. „Die Post hat schon d____ nächst____ Fortsetzung gebracht!"
21. Dumas konnte sich d____ merkwürdig____ Sache zuerst nicht erklären,
22. doch dann entdeckte er d____ einfach____ Lösung des Rätsels.
23. Sein____ gestorben____ Helfer hatte schon lange nichts mehr geschrieben;
24. wahrscheinlich hatte er ein____ schwer____ Krankheit gehabt.
25. Der Roman war d____ Arbeit ein___ dritt____ Autors,
26. dem er d___ Hälfte d___ Honorars gegeben hatte, das er von Dumas bekam.
27. Der dritt____ Schriftsteller schickte täglich ein____ neu____ Fortsetzung
28. an d____ Zeitung, und zwar bis zu d____ glücklich____ Ende d____ Romans.

75. *Das Partizip II als Attribut*

1. Ich schäle Kartoffeln; ich lege die *geschälten* Kartoffeln in einen Topf.
2. Ich öffne die Tür; ich gehe durch die fast ________________ Tür.
3. Die Regierung verbietet die Glücksspiele; aber trotzdem finden ________________ Glücksspiele statt.
4. Ich fand 20 € auf der Straße; ich habe mich über das __________ Geld gefreut.
5. Der Dieb stahl ein E-Bike und fuhr mit dem ______________ E-Bike spazieren.
6. Ich lasse meine Jacke reinigen; danach ziehe ich die ________________ Jacke wieder an.
7. Mein Freund hat seine Handschuhe verloren; er hofft, seine ________________ Handschuhe wiederzufinden.
8. Meine Freundin bot mir einen Kaffee an; ich musste den ________________ Kaffee leider ablehnen, weil ich kein Koffein vertrage.
9. Der Trainer pumpt den Fußball fest auf; die Spieler können nur mit einem fest ________________ Fußball spielen.
10. Die Marktfrau wiegt ein Kilo Tomaten ab und gibt mir die ________________ Tomaten in einer Tüte.
11. Ich muss das Bild gut verpacken, denn nur sorgfältig ________________ Bilder kommen unbeschädigt an, wenn man sie verschickt.
12. Ich schließe das Fenster; bei ____________ Fenster kann ich besser arbeiten.

76. *Das Partizip I (Infinitiv + -d) als Attribut*

1. Im Frühjahr blühen die Tulpen; ich freue mich über die *blühenden* Tulpen.
2. Fahren Sie vorsichtig, wenn Kinder auf der Straße spielen! ________________ Kinder achten nicht auf den Verkehr.
3. Unser Wasserhahn tropft schon wieder. Ich kann ________________ Wasserhähne nicht ertragen!
4. Dieses Kabel passt nicht zu meinem alten Drucker. Es ist schwer, ein ________________ Kabel zu bekommen.
5. Vorsicht, da kommt uns ein Motorrad entgegen! Hast du das ______________________________ Motorrad nicht gesehen?
6. Mein Computer arbeitet zu langsam. Ich ärgere mich über den zu langsam ________________ Computer.
7. Vorsicht, der Bus hält! An einem ________________ Bus muss man vorsichtig vorbeifahren.
8. Vor dem Café gehen sehr viele Menschen vorbei. Wir beobachten die ______________________ Menschen.
9. Die Stadt brannte und die Menschen flohen aus der Stadt. Vor der ____________ Stadt sah man viele ________________ Menschen.
10. Der Zug fährt schon. Man kann nicht in einen ____________ Zug einsteigen!

3.2 Nominalisierte Adjektive und Partizipien

Ein Deutsch***er*** (eine Deutsch***e***) betritt ein Londoner Hotel.
Der Deutsch***e*** (die Deutsch***e***) möchte ein Zimmer mieten.
Der Portier zeigt dem Deutsch***en*** (der Deutsch***en***) ein Zimmer.
Gibt es etwas Neu***es***?
Alle Studierend***en*** müssen eine Prüfung machen.
Viele Abgeordnet***e*** haben dem Gesetz zugestimmt.

> Adjektive und Partizipien können nominalisiert werden. Diese Nomen werden wie Adjektive dekliniert.

Nominale Adjektive:
ein Arbeitsloser
eine Bekannte
ein Betrunkener
eine Blinde
ein Erwachsener
viel Gutes
etwas Gutes
nichts Gutes
alles Gute

Nominale Partizipien II:
ein Angeklagter
eine Angestellte
ein Gefangener
eine Vorgesetzte
ebenso: ein Beamter
aber: eine Beamt**in**

Nominale Partizipien I:
ein Studierender
eine Vorsitzende
die Überlebenden

77. Ergänzen Sie die Endungen.

1. Mein Bekannt_er_ hat mich zum Essen eingeladen.
2. Die Angeklagt____ beantwortete die Frage des Richters.
3. Im Parlament gibt es mehr als 600 Abgeordnet____.
4. Hast du etwas Interessant____ gehört? – Nein, es gab nichts Neu____.
5. Ich wünsche dir für die Zukunft alles Lieb____ und alles Gut____!
6. Die Koffer des Reisend____ waren sehr schwer.
7. Ein Polizeibeamt____ wollte meinen Pass sehen.
8. Die Zahl der Obdachlos____ steigt immer weiter.
9. Jugendlich____ dürfen das Spielkasino nicht betreten.
10. Hast du Kontakt zu Deutsch____?
11. Ein Angestellt____ hat mir das Formular gegeben.
12. Hast du mit der Fremd____ gesprochen?
13. Unsere Verwandt____ aus Hamburg hat uns neulich besucht.
14. Dieses Medikament ist nur für Erwachsen____.
15. Bei diesem Erdbeben gab es einen Tot____ und drei Verletzt____.
16. Ich übersetze den Brief aus dem Russisch____ ins Deutsch____.
17. Es wurde kein Gefangen____ freigelassen.
18. Die Krank____ muss regelmäßig zum Arzt gehen.
19. Hast du die Rede des neuen Parteivorsitzend____ gehört?
20. Unter Blind____ ist der Einäugig____ König.

3.3 Vergleiche

3.3.1 Gleichheit

Dein Bruder ist ***genauso*** alt ***wie*** mein Bruder.
In Korea gibt es ***ebenso*** große Firmen ***wie*** in Japan.
Willst du heute ***so*** lange arbeiten ***wie*** gestern?
(Willst du heute ***so*** lange ***wie*** gestern arbeiten?)

> – Für die Gleichheit benutzt man „genauso / ebenso / so … wie".
> – Man kann nur analoge Glieder miteinander vergleichen.
> – Das 2. Vergleichsglied steht meistens außerhalb der Satzklammer.

78. Ergänzen Sie die Vergleiche (Gleichheit).

1. Meine Zwillingsschwester ist natürlich ___*ebenso alt wie*___ ich. (alt)
2. Sie arbeitet ______________________ ihre Freundin. (fleißig)
3. Tübingen gefällt mir ______________________ Heidelberg. (gut)
4. Herr Fischer hat ein ______________________ Einkommen __________ seine Frau. (hoch)
5. Frau Fischer trägt ______________________ Schmuck ________ ihre Schwägerin. (teuer)

3.3.2 Ungleichheit

① Dein Bruder ist ***nicht so*** alt ***wie*** mein Bruder.
In Australien gibt es ***keine so*** hohen Berge ***wie*** in Asien.

② Deine Schwester ist ***älter als*** meine Schwester.
Maiers haben eine ***größere*** Wohnung ***als*** wir.*
In Frankreich gibt es ***schnellere*** Züge ***als*** in der Schweiz.*

> Für die Ungleichheit benutzt man:
> ① „nicht / kein- so … wie" oder
> ② den Komparativ des Adjektivs + „als"

3.3.3 Maximum bzw. Minimum

① In Frankreich fährt der ***schnellste*** Zug der Welt.**
An dieser Kreuzung passieren die ***meisten*** Unfälle.**

② Welcher Zug fährt ***am schnellsten***?
Was ärgert dich ***am meisten***?

> Für ein Maximum / Minimum benutzt man den Superlativ des Adjektivs:
> ① vor einem Nomen: als Attribut mit der entsprechenden Endung
> ② abhängig von einem Verb: mit der Form „am …-sten"

* immer mit unbest. Artikel oder Null-Artikel
** immer mit best. Artikel

3.3.4 Komparation

Der Zug ist ein *schnell**eres*** Verkehrsmittel als der Bus.
Der Zug fährt *schnell**er*** als der Bus.

Das Flugzeug ist das *schnell**ste*** Verkehrsmittel.
Von Paris nach Beijing kommt man ***am*** *schnell**sten*** mit dem Flugzeug.

- Adjektive haben zwei Komparationsformen: ***Komparativ*** und ***Superlativ***.
  Man bildet den ***Komparativ*** mit der Endung ***-er*** und den ***Superlativ*** mit der Endung ***-st***.

schnell:	*schnell**er**-*	*schnell**st**-*
schön:	*schön**er**-*	*schön**st**-*

Besonderheiten:

1. Einige häufig gebrauchte einsilbige Adjektive haben im Komparativ und im Superlativ einen Umlaut:

arm:	*ärmer-*	*ärmst-*
jung:	*jünger-*	*jüngst-*

2. Adjektive mit d, t, s, ß, z am Ende haben im Superlativ die Endung *-est*:

alt:	*älter-*	*ältest-*
heiß:	*heißer-*	*heißest-*

3. Adjektive mit -el am Ende verlieren im Komparativ das *e* vor *-l*:

	dunkel:	*dunkler-*	*dunkelst-*
Ebenso:	teuer:	*teurer-*	*teuerst-*
	sauer:	*saurer-*	*sauerst-*

4. Adjektive mit unregelmäßiger Komparation:

groß:	*größer-*	*größt-*
hoch:	*höher-*	*höchst-*
nah:	*näher-*	*nächst-*
gut:	*besser-*	*best-*
viel:	*mehr**	*meist-*
wenig:	*weniger**	*wenigst-*
	*(immer ohne Endung!)	

Die folgenden Formen können nur abhängig vom Verb gebraucht werden:

gern	*lieber*	*am liebsten*
(sehr)	*mehr*	*am meisten*

- Komparative und Superlative vor einem Nomen werden (wie alle Adjektive als Linksattribute) dekliniert.
- Komparative beim Verb werden nicht dekliniert.
- Superlative beim Verb haben die Form „*am …-sten*".

79. Drücken Sie die Ungleichheit mit „nicht / kein- so ... wie" aus.

1. Petra kommt später, weil sie _nicht so schnell fährt wie_ du. (schnell fahren)
2. In Marokko regnet es ______________________ in England. (oft)
3. Ich ziehe einen Pullover an, weil es heute ______________________ gestern. (warm sein)
4. Mach mir lieber Tee! Ich trinke ______________________ du. (starken Kaffee)
5. Meine Frau bleibt immer in Deutschland. Sie macht ______________________ ich. (weite Reisen)

80. Übungen zur Komparation:

Bei Monika ist alles anders!

1. Katrin hat ein kleines Handy. Aber Monika _hat ein (noch) kleineres Handy_.
2. Katrin hat einen teuren Rucksack. Aber Monika ______________________
3. Katrin hat moderne Möbel. Aber Monika ______________________
4. Katrin hat viele Bilder an der Wand. Aber Monika ______________________
5. Katrin geht oft ins Kino. Aber Monika ______________________

Paul ist „super"!

1. Pauls Freunde sind gute Tennisspieler, aber Paul _ist der beste Tennisspieler._
2. Pauls Freunde sind sehr sportlich, aber Paul ______________________
3. Pauls Freunde können sehr schnell schwimmen, aber Paul ______________________
4. Pauls Freunde haben sehr reiche Eltern, aber Paul ______________________
5. Pauls Freunde kennen sehr viele Leute, aber Paul ______________________

Wer kennt die Rekorde?

1. Welcher Kontinent ist der _kleinste_? (klein)
2. Welches Tier läuft ______________________? (schnell)
3. Welches Tier kann ______________________ springen? (weit)
4. Welche Stadt ist die ______________________ der Welt? (groß)
5. An welchem Ort ist es ______________________? (heiß)
6. Wie heißt der ______________________ Fluss der Welt? (lang)
7. Wie alt ist der ______________________ Mensch geworden? (alt)
8. Welche Sprache wird von den ______________________ Menschen gesprochen? (viele)

81. Vergleichen Sie.

1. alt sein: mein Onkel, meine Mutter, meine Großmutter
   → *Mein Onkel ist alt. Meine Mutter ist älter als mein Onkel. Meine Großmutter ist am ältesten.*
2. ich trinke gern: Bier, Wein, Wasser

   →
3. ein gutes Testergebnis haben: Carlos, Murat, Maria

   →
4. hoch sein: das Haus, der Kirchturm, der Fernsehturm

   →
5. es ist kalt: in Deutschland, in Finnland, am Nordpol

   →
6. nah sein: der Bahnhof, die Schule, der Stadtpark

   →
7. es regnet viel: in Freiburg, in Hamburg, in den Alpen

   →
8. wenig essen: ein Model, ein Kind, ein Baby

   →
9. ein schnelles Motorrad fahren: Peter, Bruno, Thomas

   →
10. viele Bücher haben: der Student, die Lehrerin, Prof. Koch

    →
11. ein teures Handy kaufen: Fatma, Klara, Petra

    →
12. einen weiten Weg zur Arbeit haben: ich, du, unser Chef

    →
13. eine große Wohnung haben und auch eine hohe Miete zahlen: Herr Kim, Familie Schröder, die Meiers

    →

4 Pronomen

4.1 Personalpronomen

		N	A	D	G (ungebräuchlich)
Singular	1. Person:	ich	mich	mir	
	2. Person:	du	dich	dir	
	3. Person:	er	ihn	ihm	
		es	es	ihm	
		sie	sie	ihr	
		man*	einen	einem	* Indefinitpronomen
Plural	1. Person:	wir	uns	uns	
	2. Person:	ihr	euch	euch	
	3. Person:	sie / (Sie)	sie / (Sie)	ihnen / (Ihnen)	

82. Setzen Sie passende Personalpronomen der 3. Person ein.

1. Ist deine Schwester morgen zu Hause? – Ja, *sie* ist zu Hause.
2. Wo ist ihr Fahrrad? – Ich glaube, ________ steht im Keller.
3. Ist deine Freundin wieder gesund? – Nein, ________ ist noch krank.
4. Ist dein Bruder noch bei euch? – Nein, ________ ist schon wieder abgereist.
5. Möchten Sie diese Rosen kaufen? – Nein, ________ sind zu teuer.
6. Hast du das Buch gelesen? – Ja, ich habe ________ gelesen.
7. Hast du den Film gesehen? – Ja, ich habe ________ mir angesehen.
8. Hast du die Hausaufgaben schon gemacht? – Nein, ich habe ________ noch nicht gemacht.
9. Hast du die Lampe ausgemacht? – Ja, ich habe ________ ausgemacht.
10. Hast du das Fenster geöffnet? – Nein, aber ich kann ________ gleich öffnen.
11. Die alte Frau braucht Hilfe im Haushalt. Wer kann ________ helfen?
12. Das kleine Kind hat sicher Durst. Ich gebe ________ etwas zu trinken.
13. Er hat die Regel nicht verstanden. Wer erklärt sie ________ noch einmal?
14. Die Studenten haben noch keine Bücher. Wer besorgt ________ die Bücher?
15. Peter hat Geburtstag. Hast du ________ schon gratuliert?
16. Sie besucht ihren kranken Freund jeden Tag. Sie ist sehr besorgt um ______.
17. Ich habe Streit mit meinen Geschwistern. Ich rede nicht mehr mit ________.
18. Wo ist Fatma geblieben? Hast du etwas von ________ gehört?
19. Peter und Eva Meier waren im letzten Jahr bei uns. Kannst du dich noch an ________ erinnern?
20. Die Meiers sprechen oft von ihrer erfolgreichen Tochter. Sie sind sehr stolz auf ________.

4.1.1 Stellung von Akkusativ-Ergänzung und Dativ-Ergänzung im Satz

①	Ich gebe	*dem Lehrer*	*das Buch.*
②	Ich gebe	*es*	*ihm.*
③	Ich gebe	*es*	*dem Lehrer.*
	Ich gebe	*ihm*	*das Buch.*

① zwei Nomen:	zuerst Dativ,	dann Akkusativ (im Normalfall!)
② zwei Pronomen:	zuerst Akkusativ,	dann Dativ
③ Nomen + Pronomen:	zuerst Pronomen,	dann Nomen

83. Setzen Sie Pronomen ein.

1. Herr Müller möchte den Schlüssel haben. Gib *ihn* *ihm*!
2. Erika möchte die CD haben. Gib ________ ________!
3. Paul möchte sich das alte Fotoalbum ansehen. Gib ________ ________!
4. Die Studenten möchten die Bücher haben. Gib ________ ________!
5. Soll ich dir das Buch schenken? – Ja, schenk ________ ________!
6. Soll ich euch die Fotos zeigen? – Ja, zeig ________ ________!
7. Soll ich den Kindern das Märchen vorlesen? Ja, lies ________ ________ vor!
8. Soll ich Peter mein Fahrrad verkaufen? – Ja, verkauf ________ ________!
9. Werden Sie den Studenten den Text erklären? – Ich habe ________ ________ schon erklärt.
10. Werden Sie Ihrem Nachbarn das Geld leihen? – Ich habe ________ ________ schon geliehen.
11. Wirst du Petra die Ohrringe schenken? – Nein, ich werde ________ ________ nicht schenken.
12. Können Sie mir das Zeugnis schicken? – Ich habe ________ ________ schon geschickt!
13. Peter möchte mit dem Auto seines Bruders fahren. Aber der leiht ________ ________ nicht.
14. Der Mann wollte meine Telefonnummer haben. Aber ich habe ________ ________ nicht gegeben.
15. Die Nachbarn möchten ihren Rasenmäher zurückhaben. Kannst du ________ ________ zurückbringen?
16. Hat sich Jens den neuen Mac gekauft? – Ja, er hat ________ ________ gekauft.

4.2 Präposition + Pronomen

① ***An wen*** denkst du? An deine Eltern?	Ja, ich denke ***an sie***.
Auf wen wartest du? Auf deinen Freund?	Ja, ich warte ***auf ihn***.
Mit wem hast du telefoniert? Mit Eva?	Ja, ich habe ***mit ihr*** telefoniert.
② ***Woran*** denkst du? An die Prüfung?	Ja, ich denke ***daran***.
Worauf wartest du? Auf einen Anruf von Eva?	Ja, ich warte ***darauf***.
Womit rechnest du? Mit schlechtem Wetter?	Ja, ich rechne ***damit***.

① Für Personen benutzt man:	– Präposition + Fragepronomen – Präposition + Personalpronomen
② Für Sachen (Sachverhalte) benutzt man:	– ***wo(r)-*** + Präposition* – ***da(r)-*** + Präposition*

* Pronominaladverb

84. Beantworten Sie die Fragen.

1. Wendest du dich an den Direktor? – *Ja, ich wende mich an ihn.*
2. Bist du in Lena verliebt? – *Ja, ...*
3. Ärgerst du dich über das schlechte Ergebnis? – *Nein, ...*
4. Wunderst du dich über die hohe Stromrechnung? – *Ja, ...*
5. Wartest du auf deine Freunde? – *Nein, ...*
6. Zweifelst du an seinen Worten? – *Ja, ...*
7. Hast du dich für das Geschenk bedankt? – *Ja, ...*
8. Hast du nicht nach Peter gefragt? – *Doch, ...*
9. Arbeitest du für die Prüfung? – *Nein, ...*
10. Hast du mit deiner Schwester über deine Probleme gesprochen? – *Ja, ...*

85. Fragen Sie nach.

1. Ich arbeite <u>mit meinem Onkel</u> zusammen. → *<u>Mit wem</u> arbeitest du zusammen?*
2. Ich lebe <u>von meiner Rente</u>. →
3. Ich freue mich <u>auf die Ferien</u>. →
4. Er ist noch <u>von seinen Eltern</u> abhängig. →
5. Ich bin stolz <u>auf meine Kinder</u>. →
6. Er träumt <u>von einem besseren Leben</u>. →
7. Sie schreibt <u>an ihre Freundin</u>. →
8. Sie verzichten nicht <u>auf das Geld</u>. →
9. Er ist beliebt <u>bei seinen Kollegen</u>. →

4.3 Fragewörter

Wer?	Wer besucht dich?
Wen?	Wen besuchst du?
Wem?	Wem gibst du das Buch?
Wessen?	Wessen Buch ist das?
An wen?	An wen denkst du?
Mit wem?	Mit wem sprichst du?
Was?	Was ist los?
Was?	Was machst du?
Woran?	Woran denkst du?
Womit?	Womit spielst du?
Wo?	Wo wohnst du?
Wohin?	Wohin gehst du?
Woher?	Woher kommst du?
Wann?	Wann besuchst du mich?
Wie lange?	Wie lange bleibst du hier?
Wie oft?	Wie oft in der Woche gehst du ins Fitness-Studio?
Seit wann?	Seit wann bist du in Deutschland?
Bis wann?	Bis wann bleibst du in Münster?
Um wie viel Uhr?	Um wie viel Uhr beginnt der Film?
Warum?	Warum bist du nicht gekommen?
Weshalb?	Weshalb kommst du mit dem Taxi?
Weswegen?	Weswegen bist du ärgerlich?
Aus welchem Grund(e)?	Aus welchem Grund hast du mir nicht geschrieben?
Wieso?	Wieso kommst du jetzt erst?
Wie?	Wie geht es dir?
Wie viel?	Wie viel Geld hast du noch?
Wie viele?	Wie viele Geschwister hast du?
Wie groß, hoch usw.?	Wie alt bist du?
Welch- ?	Welches Buch gehört dir? (Das dicke oder das dünne?)
Was für (ein-) ?	Was für ein Smartphone hast du? (Beschreib es mir!)

86. Stellen Sie Fragen.

1. Die Studentin kauft ein Buch.
   → *Was kauft die Studentin?*
2. Die Bananen kommen aus Panama.
   →
3. Die Schüler denken immer an die Ferien.
   →
4. Mustafa ist seit sechs Monaten in Deutschland.
   →
5. Wegen der Erkrankung des Pianisten muss das Konzert ausfallen.
   →
6. Sie schreibt mit der linken Hand.
   →
7. Morgen kommt unsere Vermieterin.
   →
8. Eva hat drei Brüder.
   →
9. Dieses Geschenk ist für meine Mutter.
   →
10. Der 3-D-Drucker hat 800 Euro gekostet.
    →
11. Ich habe meine Großeltern im letzten Jahr zweimal besucht.
    →
12. Alle haben sich über die gute Nachricht gefreut.
    →
13. Herr Kokavecz spricht Deutsch mit starkem Akzent.
    →
14. Der Unterricht dauert bis 13 Uhr.
    →
15. Peter hat sich einen auffälligen Pullover gekauft.
    →
16. Dieses Fahrrad gehört Peter.
    →
17. Die Sportsachen müssen gewaschen werden.
    →
18. Der Fernsehturm ist 230 m hoch.
    →

4.4 Pronominale Formen der Artikel

	m	n	f	Pl.	
N	(k/m)einer*	(k/m)ein(e)s*	(k/m)eine	welche	k/m eine
A	(k/m)einen	(k/m)ein(e)s*	(k/m)eine	welche	k/m eine
D	(k/m)einem	(k/m)einem	(k/m)einer	welchen	k/m einen

*Diese Endungen unterscheiden sich von den Endungen des unbestimmten Artikels.

87. Setzen Sie die passenden Pronomen ein.

1. Hast du Münzen? – Ja, ich kann dir *welche* geben.
2. Ich suche ein Hotel. Können Sie mir ______________ empfehlen?
3. Möchtest du eine Orange? – Ja, gib mir bitte ______________.
4. Willst du auch ‘ne Cola? Dann bringe ich dir ______________ mit.
5. Haben Sie Reißverschlüsse? – Ja, wir haben ______________.
6. Brauchst du ein Handtuch? Hier ist ______________.
7. Kann ich alle Stifte wegpacken? – Nein, ______________ muss liegen bleiben.

88. Setzen Sie passende Pronomen ein.

1. Ich habe ein E-Bike, aber meine Freundin hat *kein(e)s*.
2. Ich besitze kein Tablet, aber mein Freund hat schon ______________.
3. Draußen sitzen viele Leute, aber drinnen sitzen ______________.
4. Peter hat ein Zimmer gefunden, aber ich habe noch ______________ gefunden.
5. Ich habe noch ein paar Karteikarten, aber Peter hat ______________ mehr.
6. Leihst du mir kurz dein Handy? Ich habe ______________ nicht bei mir.
7. Haben Sie schon neue Kartoffeln? – Nein, wir haben noch ______________.

89. Setzen Sie passende Possessivpronomen ein.

1. Ist das hier Peters Bleistift? – Ja, das ist *seiner*.
2. Ist das hier Marias Heft? – Ja, das ist ______________.
3. Ist das deine Grammatik? – Nein, ______________ liegt dort drüben.
4. Gehört dieses Haus deinen Eltern? – Ja, das ist ______________.
5. Gehört der kleine Hund dort deiner Freundin? – Ja, das ist ______________.
6. Soll ich dir mein Fahrrad leihen? – Nein, ich nehme lieber ______________.
7. Warum stehen eure Räder vor unserer Tür? Ist vor ______________ kein Platz?

Auch der bestimmte Artikel wird manchmal *pronominal* verwendet, besonders in gesprochener Sprache:
*Ruf doch Renate an! – **Die** kann dir Barbaras Adresse nennen.*
*Kennst du den neuen Rektor? – Nein, **den** kenne ich noch nicht.*
*Wie geht es deinen Schwiegereltern? – Ach, von **denen** (!) habe ich lange nichts gehört.*

5 Präpositionen

1. Präpositionen mit Akkusativ:

durch, für, gegen, ohne, um

Er geht durch den Park.
Sie arbeitet für das Examen.
Das Taxi ist gegen einen Baum gefahren.
Ohne ihren Bruder geht Leyla nicht in eine Diskothek.
Sie gehen um die Ecke.

2. Präpositionen mit Dativ:

aus, außer, bei, gegenüber, mit, nach, seit, von, zu

Sie holt die Butter aus dem Kühlschrank.
Außer meiner Schwester habe ich keine Verwandten mehr.
Die Studentin wohnt noch bei ihren Eltern.
Das Geschäft liegt gegenüber dem Bahnhof / dem Bahnhof gegenüber.
Er kommt mit seiner Freundin.
Nach dem Unterricht gehen wir sofort nach Hause.
Ich lebe seit einem Jahr in Graz.
Sie kommt vom Bahnhof.
Sie geht zur Schule.

3. Präpositionen mit Genitiv:

aufgrund, außerhalb, innerhalb, statt, trotz, während, wegen

Er ist aufgrund seiner Krankheit vorzeitig pensioniert worden.
Besuchen Sie mich außerhalb der Sprechstunde.
Er hat mir statt einer DVD eine CD mitgebracht.
Sie fährt trotz des Regens mit dem Rad.
Es hat auch während der Nacht geregnet.
Wegen finanzieller Schwierigkeiten hat er sein Studium abgebrochen.

4. Wechselpräpositionen mit Akkusativ oder Dativ:

an, auf, hinter, in, neben, über, unter, vor, zwischen

mit Akkusativ	**mit Dativ**
Frage: ***Wohin?***	Frage: ***Wo?***
Ich hänge das Bild an die Wand.	Das Bild hängt an der Wand.
Sie setzt sich auf den Stuhl.	Sie sitzt auf dem Stuhl.
Er bringt das Fahrrad hinter das Haus.	Es steht jetzt hinter dem Haus.
Er legt das Brot in den Korb.	Das Brot liegt im Korb.
Er stellt den Sessel neben das Fenster.	Der Sessel steht neben dem Fenster.
Ich hänge die Lampe über den Tisch.	Die Lampe hängt über dem Tisch.
Die Katze läuft unter das Bett.	Die Katze sitzt unter dem Bett.
Er stellt sich vor die Tür.	Er steht vor der Tür.
Ich stelle die Bücher zwischen den Drucker und die Schreibtischlampe.	Die Bücher stehen zwischen dem Drucker und der Schreibtischlampe.

90. *Setzen Sie die fehlenden Endungen der Artikel und Nomen ein.*

1. Die Sonne scheint durch d_____ Fenster.
2. Mein Freund arbeitet trotz sein_____ Krankheit.
3. Der Schrank steht zwischen d_____ Tür und d_____ Fenster.
4. Er lebt seit d_____ Trennung von sein_____ Frau ganz allein.
5. Ich habe nichts von d_____ Student_____ gehört.
6. Nimm doch einen Löffel statt d_____ Gabel!
7. Ich sitze d_____ Lehrerin gegenüber.
8. Stellen Sie das Fahrrad neben d_____ Tür!
9. Ohne d_____ Hilfe meiner Eltern könnte ich nicht im Ausland studieren.
10. Schieb bitte den Koffer unter d_____ Bett!
11. Sie hat sich für d_____ Blumen bedankt.
12. Innerhalb d_____ eigenen Grundstücksgrenzen dürfen Hunde frei laufen.
13. Unser Garten liegt hinter d_____ Haus.
14. Sind Sie mit d_____ Ergebnisse_____ zufrieden?
15. Sie dürfen während d_____ Unterricht_____ nicht telefonieren.
16. Man hat mich nach d_____ Name_____ meines Vaters gefragt.
17. Ich habe vor d_____ Ferien keine Zeit mehr.
18. Sind Sie wegen d_____ Regen_____ zu Hause geblieben?
19. Hoffentlich hat er in d_____ Zukunft mehr Glück!
20. Die Regierung kämpft gegen d_____ Drogenhandel.
21. Der Bus fuhr über d_____ Brücke.
22. Ich habe ein Zimmer außerhalb d_____ Stadt gefunden.
23. Außer d_____ Wörterbuch habe ich keine Bücher mitgebracht.
24. Sally kommt aus d_____ USA, Gönül kommt aus d_____ Türkei.
25. Er ging an d_____ Fenster und sah hinaus.
26. Aufgrund ein_____ Missverständnis_____ hat sie den Zug verpasst.
27. Der Spiegel hängt über d_____ Waschbecken.
28. Wir gehen heute Nachmittag in d_____ Museum.
29. Jemand hat seinen Kinderwagen in d_____ Hausflur gestellt.
30. Schreiben Sie Ihren Namen bitte auf dies_____ Zettel!

5.1 Temporaler Gebrauch von Präpositionen

ab	***Ab*** nächsten Freitag haben wir Ferien.
an	Ich komme ***am*** Mittwoch.
	Die Prüfung findet ***am*** 12. Januar statt.
	Musst du ***an*** den Feiertagen arbeiten?
bei	Stör mich nicht ***bei*** der Arbeit!
bis	Er bleibt ***bis*** nächste Woche in Köln.
bis zu	Er bleibt ***bis zum*** kommenden Mittwoch in Köln.
bis vor	Ich habe ***bis vor*** drei Jahren in Leipzig gelebt.
gegen	Wir werden ***gegen*** Abend in Hamburg sein.
in	***In*** der Nacht stellen wir die Heizung ab.
	Sie lebte ***im*** 20. Jahrhundert.
	Picasso wurde ***im*** Jahre 1881 geboren. (Auch: Picasso wurde (in) 1881 geboren.)
	Ich gehe jetzt einkaufen und bin ***in*** einer Stunde wieder zurück. (Zukunft!)
innerhalb	Die Prüfung musst du ***innerhalb*** eines Jahres schaffen.
nach	***Nach*** dem Essen gehe ich ins Internet.
um	Der Unterricht beginnt ***um*** 8 Uhr.
von ... bis	Der Unterricht dauert ***von*** 8 ***bis*** 13 Uhr.
während	***Während*** des Spaziergangs haben wir uns unterhalten.
zwischen ... und	***Zwischen*** dem 15. August ***und*** dem 5. September bin ich verreist.
Beachten Sie:	
vor	Ich bin ***vor*** einem Jahr nach Freiburg gekommen. (Frage: Wann?)
seit	Ich lebe ***seit*** einem Jahr in Freiburg. (Frage: Seit wann?)

Hinweise (nicht temporaler Gebrauch):

bis zu („maximal")	An der Veranstaltung können ***bis zu*** 20 Personen teilnehmen.
von – um – auf	Die Temperatur fiel in der Nacht ***von*** 20 °C ***um*** 7 °C ***auf*** 13 °C.
(Änderung)	Der Aktien-Index DAX stieg ***von*** 14235 Punkten ***um*** 12 ***auf*** 14247 Punkte.

91. Setzen Sie die passenden Präpositionen ein.

1. Ich weiß nicht, ob ich die Arbeit *bis* morgen früh schaffe.
2. Wir machen gerne Urlaub ________ Winter.
3. Der nächste Sprachkurs beginnt erst ________ den Weihnachtsferien.
4. Wie lange seid ihr verheiratet? – Schon ________ sechs Jahren!
5. Was machst du ________ Wochenende?
6. Ich vermute, dass er ________ Mitternacht nach Hause gekommen ist.
7. Er ist sehr froh; sein Sohn hat________ drei Wochen das Examen bestanden.
8. ____________ einer Prüfung bin ich immer sehr nervös.
9. Wann willst du mit dem Studium fertig sein? – Ich denke, _______ drei Jahren.
10. ________ unserer Ankunft in Köln suchen wir vergeblich nach einer Wohnung.
11. Der neue Mietpreis gilt ____________ Januar des nächsten Jahres.
12. Der Sprachkurs läuft noch ____________ 20. Dezember.
13. Wenn alles gut geht, werden wir euch _______ wenigen Monaten wiedersehen.
14. ___________ ihrem schweren Unfall kann sie nicht mehr gut laufen.

92. Setzen Sie passende Präpositionen und Endungen ein.

1. _________ sieben Monaten ist Frau Park _________ Korea _________ Deutschland gekommen. _________ ein____ halb____ Jahr wohnt sie jetzt _________ Münster. Zuerst hat sie Deutsch gelernt. _________ Morgen ging sie _________ Sprachenzentrum der Universität. _________ 8:15 Uhr begann der Unterricht und dauerte _________ 13:30 Uhr. _________ 13:30 und 14 Uhr gab es eine Mittagspause. _________ Nachmittag fand der Unterricht _________ 14 Uhr _________ 15:30 Uhr statt. Nur _________ Mittwoch gab es nachmittags keinen Unterricht. _________ d_____ Unterricht ging sie _________ Hause und machte _________ d_____ nächst_____ Stunden ihre Hausaufgaben. Nach so viel Arbeit hat sie _________ einem Monat die Sprachprüfung bestanden. _________ ein____ Monat arbeitet sie nun _________ ihr_____ Fachstudium. _________ ein____ Jahr will sie _________ d_____ Sommerferien _________ Korea fliegen, um ihre Familie zu besuchen.

2. _________ d_____ hoh_____ Mietpreise können sich nur noch reiche Leute eine Wohnung _________ Zentrum der Stadt leisten. Die Mieten liegen dort weit _________ d_____ Durchschnitt. _____________ d_____ Stadtmitte sind die Wohnungen natürlich billiger.

Aber _________ d_____ hoh_____ Mieten gibt es genügend Leute, die _________ Stadtzentrum ziehen möchten. _________ d_____ Innenstadt dürfen _________ drei Jahren _________ Bussen und Taxis keine Autos mehr fahren. Die Leute müssen also _________ ihr_____ Auto_____ öffentliche Verkehrsmittel oder ein Fahrrad benutzen, wenn sie nicht _________ Fuß gehen wollen.

Wer _________ d_____ Nähe des Bahnhofs wohnt, kann _________ kurz_____ Zeit den Bahnhof erreichen und dann _________ d_____ Zug _________ ander_____ Städte fahren.

Ich selbst habe _________ ein_____ kurz_____ Zeit _________ d_____ Stadt gewohnt, und zwar direkt _________ ein_____ Kirche. Die Kirchturmuhr schlug jede volle Stunde, sodass ich _________ d_____ Nacht niemals ruhig schlafen konnte. _________ d_____ Lärm_____ bin ich sehr schnell _________ dies_____ Wohnung ausgezogen. Ich wohne jetzt _________ d_____ Land.

6 Satzglieder

Wir unterscheiden drei Arten von Satzgliedern:

1. Prädikate

Sie ***spielen***. ***Hat*** er ***gewonnen***? Das Spiel ***ist aus***.

> Jeder Satz hat ein ***Prädikat***.
> Zum Prädikat gehört immer mindestens eine Verbform.

2. Ergänzungen

Wir	gehen	***zur Vorlesung.*** / ***in die Mensa.*** / ***nach Hause.***
Nominativ-Ergänzung (= Subjekt)		Direktiv-Ergänzung

> Das Prädikat braucht einen oder mehrere „Begleiter" im Satz. Diese vom Prädikatsverb oder -adjektiv bestimmten Begleiter nennt man ***Ergänzungen***.
> Fast jedes Verb im Aktivsatz verlangt eine ***Nominativ-Ergänzung*** (= ein ***Subjekt***); *gehen* verlangt z.B. außerdem noch eine ***Direktiv-Ergänzung***; das ist ein Satzglied, welches auf die Frage ***wohin?*** antwortet.

Andere Verben verlangen oft andere Ergänzungen:

Frau Müller	gab	***ihrem Sohn***	***den Hausschlüssel***.
Subjekt (*Wer? / Was?*)		Dativ-Ergänzung (*Wem?*)	Akkusativ-Ergänzung (*Wen? / Was?*)
Habt	***ihr***	***auf mich***	gewartet?
	Subjekt (*Wer? Was?*)	Präpositional-Ergänzung (*Auf wen? / Worauf?*)	

> Es gibt neun verschiedene Arten von Ergänzungen. Die häufigsten sind Akkusativ-, Dativ-, Präpositional-, Situativ- und Direktiv-Ergänzungen.
> Eine Ergänzung kann man oft weglassen, ohne dass der Satz grammatisch falsch wird. Die fehlende Ergänzung muss sich dann aus dem Kontext ergeben.

Schreibst du (einen Brief)? – Nein, ich lese (die Zeitung).
Fährst du heute (nach Köln)? – Nein, ich fahre erst morgen.

3. Angaben

Wir gehen ***jeden Tag*** zur Vorlesung. (Temporal-Angabe)
Frau Müller gab ihm den Schlüssel ***im Auto***. (Lokal-Angabe)
Warum habt ihr ***nicht*** auf mich gewartet? (Kausal-Angabe und Negations-Angabe)

> Angaben sind nicht durch das Verb oder das Prädikatsadjektiv bestimmt.
> Es sind ***freie*** Satzglieder, die man in jeden Satz einsetzen kann, wenn es die Bedeutung erlaubt.
> Es gibt viele verschiedene Arten von Angaben: Temporal-, Kausal-, ...
> Angaben kann man ***immer*** weglassen, ohne dass der Satz ***grammatisch*** falsch wird. Eine fehlende Angabe kann aber oft den Satz missverständlich oder unvollständig machen.

Sie haben die Prüfung ***nicht*** bestanden.
Größere Reisen sollte man ***nicht ohne gründliche Vorbereitung*** antreten.

Beachten Sie: (1) ***Ergänzungen*** und ***Angaben*** können als Satzglieder nominale Form haben oder Nebensätze sein. (2) ***Attribute*** sind keine Satzglieder; sie hängen nicht vom Restsatz ab, sondern von ihrem ***Bezugswort***.

Übersicht

Prädikate:

Einfaches Prädikat	*Präd*	Er ***fährt*** nach Hause.	
• Komplexe Prädikate	*Präd1 … Präd2*	***Hat*** das Auto ***repariert werden können***? ***Hör*** mir ***zu***!	
• Adjektiv-Prädikat		Heute ***ist/wird*** das Wetter ***schön***. Ich ***finde*** das Wetter ***kalt***. Sie ***sieht*** heute ***gut aus***.	
• Funktionsverbgefüge	*FVG*	Der Einbrecher ***ergriff die Flucht***. Sie ***zog*** meine Worte ***in Zweifel***.	

Ergänzungen:

Nominativ-Ergänzung (= Subjekt)	*Subj*	***Er*** versteht mich nicht.	WER? / (WAS?)
Akkusativ-Ergänzung	*AkkErg*	Ich verstehe ***ihn*** gut.	WEN? / (WAS?)
Dativ-Ergänzung	*DatErg*	Das Buch gehört ***meinem Freund***.	WEM?
Präpositional-Erg.	*PräpErg*	Ich interessiere mich ***für alte Musik***. ***Auf Peter*** können wir nicht warten.	WOFÜR? (FÜR WEN?) AUF WEN? (WORAUF?)
Situativ-Ergänzung	*SitErg*	Die Insel Rügen liegt ***in der Ostsee***. Er wohnt ***am Bahnhof***. Er wohnt ***billig***.	WO? WIE?
Direktiv-Ergänzung	*DirErg*	Ich stecke den Brief ***in die Tasche***. Herr Kim stammt ***aus Korea***.	WOHIN? WOHER?
Genitiv-Ergänzung*	*GenErg*	Der Kranke bedarf ***ärztlicher Hilfe***.	WESSEN?
Expansiv-Ergänzung*	*ExpErg*	Der Eintritt kostet ***einen Euro***. Der Kurs dauert ***ein halbes Jahr***.	WIE VIEL? WIE LANGE?
Nominal-Ergänzung*	*NalErg*	Margret ist ***Lehrerin***. Der Führerschein gilt nicht ***als Pass***. Wir betrachten Uli ***als unseren Freund***.	WAS? ALS WAS? ALS WAS?

* Diese Ergänzungen gehören zum Sprachniveau C1.

Angaben:

Temporal-Angabe	*TempA*	Er kommt ***morgen*** zurück.	ZEIT
Kausal-Angabe	*KausA*	***Wegen des Gewitters*** blieb ich im Haus.	GRUND/URSACHE
Final-Angabe	*FinA*	Ich fahre ***zur Erholung*** an die See.	ZWECK / ABSICHT
Konditional-Angabe	*KondA*	***Bei diesem Lärm*** kann ich nicht lernen.	BEDINGUNG
Konzessiv-Angabe	*KonzA*	***Trotz des Regens*** gehen wir spazieren.	UNWIRKSAMER GRUND
Lokal-Angabe	*LokA*	Ich habe ihn ***am Bahnhof*** getroffen.	ORT
Modal-Angabe	*ModA*	Paul musste ***schwer*** arbeiten. Paul muss ***vermutlich*** arbeiten.	ART UND WEISE
Negations-Angabe	*NegA*	Petra kommt heute ***nicht***.	NEGATION

etc.

7 Das Prädikat

7.1 Kongruenz von Subjekt und Prädikat

Unsere Familie (5 Personen!) *verbringt* die Ferien immer an der See.
Leider *sind* die Ferien viel zu kurz.
Mein Bruder ***und*** meine Schwester *schwimmen* sehr gerne.

- Ein Subjekt im Singular verlangt ein *Prädikat im Singular*.
- Ein Subjekt im Plural verlangt ein *Prädikat im Plural*.
- Einzelsubjekte, die mit ***und*** verbunden sind, verlangen ein *Prädikat im Plural*.

93. Setzen Sie die Personalform des Prädikats im Präsens ein.

1. Unsere Sommerferien _*sind*_ in diesem Jahr kürzer als im letzten Jahr. (sein)
2. Unser Ski-Urlaub ______________ nur 10 Tage. (dauern)
3. Die Bevölkerung ______________ mit der Regierung unzufrieden. (sein)
4. Wegen der Kälte ______________ die Leute zu Hause. (bleiben)
5. Ihm ______________ Zeit und Geld für eine längere Reise. (fehlen)
6. Wenn ein schwerer Unfall passiert ist, ________ sofort die Polizei. (kommen)
7. Abends ______________ die Familie vor dem Fernseher. (sitzen)
8. Heute Nachmittag ______________ meine Schwester und ich ins Schwimmbad. (gehen)
9. Am Abend ____________ mein Bruder mit (!) seiner Frau zu uns. (kommen)
10. Meinen Kindern ______________ das Essen heute nicht. (schmecken)
11. Wichtige Papiere ______________ man nicht im Auto liegen lassen! (dürfen)
12. Ca. 15% der Jugendlichen ______________ arbeitslos. (sein)
13. Die Armee ______________ die Bevölkerung schützen. (sollen)
14. Warum ____________ Obst in Deutschland teurer als in Marokko? (sein)
15. Etwa ein Drittel des Landes ______________ Wüste. (sein)
16. ______________ Peter oder Ida die Post abholen? (sollen)
17. Im Gebirge ______________ noch sehr viel Schnee. (liegen)
18. Im Sprachkurs ______________ man Leute aus der ganzen Welt kennen. (lernen)
19. Morgen ____________ meine Schwester und ihr Freund nach Berlin. (fahren)
20. Es ______________ nicht alle Studienbewerber Medizin studieren. (können)

7.2 Die Stellung des Prädikats in Hauptsätzen

7.2.1 Aussagesätze:

I	(II)	III	IV	V
Heute Nachmittag	***zeige***	ich	unserem Gast	die Altstadt.
Ich	***zeige***	unserem Gast	heute Nachmittag	die Altstadt.
Unserem Gast	***zeige***	ich	heute Nachmittag	die Altstadt.

> Im Aussagesatz steht das *Prädikat* auf Position II.

I	(II)	III	IV	V	(E)
Morgen früh	***werde***	ich	ihm	das Rathaus	*zeigen.*
Er	***hat***	es	noch nicht		*besichtigen können.*
Morgen Abend	***fliegt***	er	wieder	nach Rom	*zurück.*

> Wenn das *Prädikat* aus mehreren Teilen besteht, steht die ***Personalform*** auf Position II; die *übrigen Prädikatsteile* stehen am Ende des Satzes (E).

7.2.2 Fragesätze:

W-Fragesätze: (Fragewörter s. S. 82)

I	(II)			(E)
Wer	***zeigt***	unserem Gast	das Rathaus?	
Wann	***fliegt***	er	nach Rom	*zurück*?

> In der *w*-Frage steht das *Prädikat* bzw. die ***Personalform*** des Prädikats auf Position II; die *übrigen Prädikatsteile* stehen am Ende des Satzes (E).

Ja / Nein-Fragesätze:

(I)					(E)
Zeigst	du	eurem Gast	heute Nachmittag	die Altstadt?	
Hast	du	ihm	schon	das Rathaus	*gezeigt*?

> In der Ja / Nein-Frage steht das *Prädikat* bzw. die ***Personalform*** des Prädikats auf Position I; die *übrigen Prädikatsteile* stehen am Ende des Satzes (E).

7.2.3 Imperativsätze: (Imperativ s.S. 22)

(I)				(E)
Zeig	mir	bitte	die Altstadt!	
Bringen Sie	mich	bitte	ins Hotel	*zurück!*

> Im Imperativsatz steht das *Prädikat* bzw. die ***Personalform*** des Prädikats auf Position I; die *übrigen Prädikatsteile* stehen am Ende des Satzes (E).

94. *Bilden Sie Sätze im Präsens und beginnen Sie mit dem unterstrichenen Satzglied.*

1. ich, aufstehen, jeden Morgen, um 6 Uhr
→ *Jeden Morgen stehe ich um 6 Uhr auf.*
2. ich, brauchen, keinen Wecker
→
3. ich, wach werden, immer, von selbst
→
4. ich, gehen, ins Badezimmer, zuerst
→
5. ich, sich waschen, dort
→
6. ich, putzen, mir, die Zähne, danach
→
7. ich, sich kämmen, dann
→
8. ich, sich anziehen, danach
→
9. ich, gehen, in die Küche, jetzt
→
10. ich, vorbereiten, das Frühstück, dort
→
11. ich, essen, Brötchen mit Butter und Marmelade, meistens
→
12. ich, trinken, Kaffee oder Tee, dazu
→
13. ich, verlassen, das Haus, nach dem Frühstück
→
14. ich, gehen, zum Bahnhof
→
15. mein Zug, fahren, nach Bonn, um 7:10 Uhr
→
16. ich, surfen, im Internet, während der Fahrt
→
17. der Zug, ankommen, in Bonn, endlich
→
18. ich, zu Fuß gehen, vom Bahnhof zur Universität, nun
→
19. ich, sein, im Kursraum, kurz vor 8 Uhr
→
20. der Unterricht, beginnen können, jetzt
→

95. *Verändern Sie die Stellung der Satzglieder. Beginnen Sie mit dem unterstrichenen Satzglied.*

So war es früher bei uns:

1. Wir schliefen sonntags immer sehr lange.
   → *Sonntags schliefen wir immer sehr lange.*
2. Wir verzichteten deshalb auf das Frühstück.
   →
3. Unsere beiden Kinder schliefen meistens noch länger als wir.
   →
4. Es gab gegen 12 Uhr ein gutes Essen für die ganze Familie.
   →
5. Mein Mann und ich machten danach bei schönem Wetter eine Fahrradtour.
   →
6. Unsere Kinder fuhren nur sehr selten mit.
   →
7. Sie waren meistens mit Freunden verabredet.
   →
8. Wir besuchten am Nachmittag oft meine Eltern.
   →
9. Es gab dort zum Kaffee selbstgebackenen Kuchen.
   →
10. Ein Fußballspiel fand manchmal auf dem Sportplatz in unserer Nähe statt.
   →
11. Viele Leute gingen dorthin.
   →
12. Wir aßen abends nur Brot mit Wurst und Käse.
   →
13. Wir tranken dazu meistens Tee.
   →
14. Wir gingen am Sonntagabend gerne ins Theater oder ins Kino.
   →
15. Wir verbrachten unseren Sonntag so.
   →

7.3 Die Stellung des Prädikats in Nebensätzen

Sie möchte,	dass ich ihr heute Nachmittag die Altstadt ***zeige***.
Sie hofft auch,	dass ich ihr morgen das Rathaus *zeigen* ***kann***.
Ich weiß nicht,	ob sie morgen Abend wieder nach Rom *zurück****fliegt***.
Ich weiß nicht,	wann sie *wieder****kommt***.

> Im Nebensatz steht das *Prädikat* am Satzende.
> Die ***Personalform*** steht an letzter Stelle.

96. Übung zur Nebensatzbildung.

1. Ich habe ein Zimmer in einem Studierendenheim gefunden.
2. Dort zieht eine Griechin aus.
3. Ich kann Anfang Oktober einziehen.
4. Es gibt kleinere und größere Zimmer.
5. Mein Zimmer liegt im 3. Stock.
6. Flur und Treppe werden einmal in der Woche geputzt.
7. Die Miete muss im Voraus gezahlt werden.
8. Vom Studierendenheim zum Stadtzentrum sind es ca. 3 km.
9. Ich nehme ab Januar an einem Sprachkurs teil.
10. Wo findet der Kurs statt?
11. Ist der Sprachkurs ein Intensivkurs?
12. Gibt es eine Anwesenheitspflicht?
13. Muss man einen Einstufungstest machen?
14. Wie hoch sind die Kursgebühren?
15. Ist es möglich, den Kurs zu wiederholen?

Habe ich dir schon erzählt,

(1.) *dass ich ein Zimmer in einem Studierendenheim gefunden habe?*

(2.) *dass* ....?

(3.) *dass* ....?

(4.) *dass* ....?

(5.) *dass* ....?

(6.) *dass* ....?

(7.) *dass* ....?

(8.) *dass* ....?

(9.) *dass* ....?

(10.) *Mich interessiert, wo* ....

(11.) *Mich interessiert,*... .

(12.) *Mich interessiert,* ....

(13.) *Mich interessiert,* ....

(14.) *Mich interessiert,* ....

(15.) *Mich interessiert,* ....

8 Ergänzungen

Die Eltern	schenken	*ihrem Sohn*	*ein Fahrrad.*
Herr Meier	schenkt	*seiner Tochter*	*einen Computer.*
(Wer?)		***(Wem?)***	***(Was?)***
Peter	liegt	*im Bett.*	
Köln	liegt	*am Rhein.*	
(Wer? Was?)		***(Wo?)***	
Ich	warte	*auf meine Freundin.*	
Er	wartet	*auf den Bus.*	
(Wer?)		***(Auf wen? Worauf?)***	

- Wenn man ein bestimmtes Verb benutzt, muss man ganz bestimmte weitere Satzglieder benutzen. Diese vom Verb abhängigen Satzglieder heißen ***Ergänzungen***.
- Häufige Ergänzungen sind (s. S. 90):

Nominativ-Ergänzung (oder ***Subjekt***)	Frage: ***Wer? Was?***
Akkusativ-Ergänzung	Frage: ***Wen? Was?***
Dativ-Ergänzung	Frage: ***Wem?***
Situativ-Ergänzung	Frage: ***Wo?***
Direktiv-Ergänzung	Frage: ***Wohin? Woher?***
Präpositional-Ergänzung	Frage: ***Auf wen? Worauf?*** (***An wen? Woran?*** usw.)

8.1 Die Nominativ-Ergänzung (= Subjekt)

Die Eltern schenken ihrem Sohn ein Fahrrad.
Diese Frau habe ***ich*** noch nie gesehen.
Im „Cineplex“ läuft ***ein interessanter Film***.

- Fast alle Sätze haben ein ***Subjekt***. (Frage: ***Wer? Was?***)
- Zwischen Subjekt und Prädikat besteht ***Kongruenz***, d.h. Person (1., 2. oder 3.) und Numerus (Singular oder Plural) sind immer gleich. (s. S. 91)

97. Unterstreichen Sie das Subjekt.

1. Katrin hat ihre Eltern seit langer Zeit nicht gesehen.
2. Gestern brachte mir die Post ein Paket.
3. Sein altes Auto hat Herr Marx noch nicht verkaufen können.
4. An dieser Kreuzung ereignen sich immer wieder Unfälle.
5. Dieser schöne alte Schrank gehörte Gerda.
6. Peter liebt Maria.
7. Hoffentlich gelingt dir alles!
8. Ich bin mit einem Freund ins Kino gegangen.
9. Am Abendhimmel sieht man schon einige Sterne.
10. Am Abend wurden der Minister und seine Begleitung im Rathaus empfangen.

8.2 Verben mit Akkusativ-Ergänzung

98. Bilden Sie Sätze im Perfekt. Ergänzen Sie die Endungen und Artikel.

1. anrufen: ich, Eltern → *Ich habe meine Eltern angerufen.*
2. backen: Herr Meier, Kuchen →
3. bauen: mein Bruder, Haus →
4. begrüßen: Direktorin, Kollege →
5. besuchen: Peter, Onkel →
6. bezahlen: du, Rechnung? →
7. beweisen: Schülerin, Satz des Pythagoras →
8. brauchen: ich, viel Geld →
9. essen: Kinder, Brötchen →
10. finden: Eva, Schlüssel →
11. fragen: Tourist, Polizist, nach dem Weg →
12. es gibt: in Florida, wieder, Sturm →
13. haben: wir, Glück →
14. holen: ihr, Fahrräder, aus dem Keller? →
15. kennen: Goethe, Eisenbahn, noch nicht →
16. kennenlernen: du, dein Mann, wo? →
17. kochen: Katja, Suppe →
18. lesen: ich, Roman →
19. nehmen: Patient, Medikament →
20. öffnen: Herr Meier, Haustür →
21. schließen: du, Fenster? →
22. sehen: wir, Film →
23. trinken: Frau Müller, Glas Wein →
24. übersetzen: Studenten, Text →
25. untersuchen: Ärztin, Patient →
26. vergessen: Lehrer, Name der Schülerin →
27. verstehen: ich, Regel →
28. wiederholen: Eva, Prüfung →

8.3 Verben mit Dativ-Ergänzung

begegnen	Ich bin *meiner Kollegin* am Bahnhof begegnet.
danken	Ich danke *Ihnen* für das schöne Geschenk.
einfallen*	Wie heißt die Frau dort? *Mir* fällt ihr Name nicht ein.
folgen	Ein Jahr später folgte der Sohn *seinem Vater* ins Ausland.
gefallen	Inge war in Rom; die Stadt hat *ihr* gefallen.
gehören*	*Wem* gehört dieser Mantel hier?
gehorchen	Die Eltern verlangen, dass ihre Kinder *ihnen* gehorchen.
gelingen*	Leider ist es *mir* nicht gelungen, den Fehler zu finden.
gratulieren	Wir gratulieren *unserer Kollegin* zum Geburtstag.
helfen	Soll ich *dir* bei den Hausaufgaben helfen?
leidtun	Es tut *mir* leid, dass ich dir nicht helfen kann.
sich nähern	Der Zug nähert sich langsam *dem Bahnhof.*
nützen	Seine Englisch-Kenntnisse haben *ihm* auf der Reise genützt.
schaden	Rauchen schadet *der Gesundheit.*
schmecken*	Ich mag keine grünen Tomaten. Sie schmecken *mir* nicht.
schwerfallen*	Otto wiederholt den Kurs; das Lernen fällt *ihm* schwer.
zuhören	Die Mutter erzählt ein Märchen; die Kinder hören *ihr* aufmerksam zu.
zustimmen	Auch die Opposition stimmt *dem Plan der Regierung* zu.

* bei diesen Verben ist das Subjekt keine Person.

8.4 Verben mit Akkusativ-Ergänzung + Dativ-Ergänzung

99. Bilden Sie Sätze.

anbieten → *Ich biete meinem Gast eine Tasse Tee an.*

(mit)bringen →

diktieren →

empfehlen →

erlauben →

geben →

leihen →

mitteilen →

schenken →

verbieten →

versprechen →

vorlesen →

wegnehmen →

zeigen →

100. Ergänzen Sie die Endungen.

1. Der Professor fragt d*ie*__ Studentin nach ihrem Namen.
2. Der Arzt hat sein____ Patientin d____ Rauchen verboten.
3. Hoffentlich gelingt es dein____ Bruder bald, ein____ Arbeitsstelle zu finden.
4. Ich muss noch ein____ Kunden anrufen.
5. Es ist mein____ Schwester rechtzeitig eingefallen, dass sie ihr____ Freundin vom Bahnhof abholen wollte.
6. Im Fernsehen gab es gestern Abend ein____ Film mit Charlie Chaplin.
7. Das Reisebüro hat d____ Touristen d____ Bahnhofshotel empfohlen.
8. Wo hast du dies____ Leute kennengelernt?
9. Die Großmutter liest ihr____ Enkelkinder____ ein____ Geschichte vor.
10. Die Ärztin hat d____ Kind sofort untersucht.
11. Autoabgase schaden d____ Menschen, d____ Tieren und d____ Pflanzen.
12. Warum hilfst du dein____ Mann nie beim Abwaschen?
13. Ich kann dein____ Frage nicht beantworten.
14. Eva hat ihr____ Freundinnen ihr____ Wohnung gezeigt.
15. Der Zirkusclown gefiel d____ Kinder____ sehr.
16. Bitte wiederholen Sie d____ Satz!
17. Die katholische Kirche erlaubt ihr____ Priester____ nicht, zu heiraten.
18. Nach meiner Ankunft habe ich mein____ Eltern ein____ Mail geschickt.
19. Frau Heitmann hat ihr____ Mann ein____ Reiseführer geschenkt.
20. Wenn es sehr kalt ist, schließe ich d____ Tür und all____ Fenster.
21. Warum hast du dein____ Tochter kein____ Geschenk mitgebracht?
22. Wir danken unser____ Lehrerinnen für ihre Online-Korrekturen.
23. Die Studenten hörten d____ Erklärungen des Professors interessiert zu.
24. Hast du d____ Glocken der Kirche gehört?
25. Ich glaube, dass dieses Buch d____ Lehrerin gehört.

8.5 Verben mit Situativ-Ergänzung

liegen	Das Buch liegt auf dem Tisch.
stehen	Das Fahrrad steht vor der Garage.
sitzen	Das Kind sitzt auf dem Stuhl.
hängen	Das Bild hängt an der Wand.
stecken	Der Schlüssel steckt im Schloss.
kleben	Die Briefmarke klebt auf dem Brief.
sein	Ich bin im Garten.
sich befinden	Unsere Wohnung befindet sich im 3. Stock.
befestigt sein	Die Lampe ist an der Decke befestigt.
wohnen	Er wohnt bei seinen Eltern.
bleiben	Heute bleibe ich zu Hause.
stattfinden	Der Vortrag findet im Hörsaal A statt.

8.6 Verben mit Akkusativ-Ergänzung + Direktiv-Ergänzung

legen	Ich lege das Buch auf den Tisch.
stellen	Ich stelle das Fahrrad vor die Garage.
setzen	Ich setze das Kind auf den Stuhl.
hängen	Ich hänge das Bild an die Wand.
stecken	Ich stecke den Schlüssel in das Schloss.
kleben	Ich klebe die Briefmarke auf den Brief.
bringen	Sie bringt das Kind in den Kindergarten.
gießen	Man soll kein Öl ins Feuer gießen.
leiten	Die Fabrik leitet die Abwässer in den Fluss.
packen	Sie packt ihre Kleider in den Koffer.
schicken	Die Firma schickt die Rechnung an den Kunden.
schieben	Wir schieben den Schrank an die Wand.
tragen	Ich trage den Tisch auf die Terrasse.
transportieren	Wir transportieren die Möbel in die neue Wohnung.
werfen	Ich werfe den Ball in die Luft.

8.7 Verben mit Direktiv-Ergänzung

gehen	Ich gehe zum Augenarzt.
eilen	Sie eilt ins Geschäft.
fahren	Wir fahren an die See.
fliegen	Er fliegt nach Portugal.
gelangen	Auf kleine Inseln gelangt man nur mit dem Schiff.
kommen	Heute kommen unsere Nachbarn zu uns.
laufen	Ich laufe schnell zum Bäcker.
rennen	Das Kind rennt nach Hause.
springen	Er springt über eine Mauer.
steigen	Wir steigen auf einen hohen Berg.
(um)ziehen	Sie zieht im Dezember nach Dresden (um).

101. *Situativ-Ergänzung oder Direktiv-Ergänzung?*
Ergänzen Sie die Endungen und formen Sie die Sätze ins Präteritum und ins Perfekt um.

SitErg: **WO?**					***DirErg:*** **WOHIN?**
liegen	(a - e)		an, auf		legen A
stehen	(a - a)		hinter, in		stellen A
sitzen	(a - e)	←	neben, über	→	setzen A
hängen	(i - a)	**+ *Dat.***	unter, vor	**+ *Akk.***	hängen A
stecken	(-)		zwischen		stecken A

1. Die Bücher liegen auf d*em*_ Tisch.
   → *Die Bücher lagen auf dem Tisch.*
   → *Die Bücher haben auf dem Tisch gelegen.*
2. Die Mülltonnen stehen an d____ Straße.
   → *Die Mülltonnen ...*
   → *Die Mülltonnen ...*
3. Die Kinder sitzen auf ein____ Bank.
   → *Die Kinder ...*
   → *Die Kinder ...*
4. Das Handtuch hängt neben d____ Waschbecken.
   → *Das Handtuch ...*
   → *Das Handtuch ...*
5. Die Scheckkarte steckt in d____ Brieftasche.
   → *Die Scheckkarte ...*
   → *Die Scheckkarte ...*
6. Ich lege den Kugelschreiber neben d____ Buch.
   → *Ich ...*
   → *Ich ...*
7. Ich stelle die Bücher in d____ Regal.
   → *Ich ...*
   → *Ich ...*
8. Sie setzt sich in d____ Wohnzimmer.
   → *Sie ...*
   → *Sie ...*
9. Er hängt seinen Mantel an d____ Haken.
   → *Er ...*
   → *Er ...*
10. Sie steckt den Schlüssel in ihr____ Tasche.
   → *Sie ...*
   → *Sie ...*

102. *Ergänzen Sie Präpositionen und – wenn nötig – Artikel und Endungen.*

1. Ich gehe _*in das*_ Zimmer, ___________ Klasse, ___________ Arzt, ___________ mein____ Freund, ___________ Kino, ___________ Schule, ___________ Hause.
2. Ich fliege ___________ Marokko, ___________ Türkei, ___________ mein____ Heimat, ___________ London, ___________ USA, ___________ Insel Sylt.
3. Ich sitze ___________ ein____ Stuhl.
4. Der Schornsteinfeger steigt ___________ d____ Dach.
5. Wir befinden uns ___________ Schwierigkeiten. (!)
6. Sie sprang ___________ Wasser.
7. Bleibst du ___________ dein____ Wohnung?
8. Sie sitzt lieber ___________ Schatten als ___________ Sonne.
9. Wenn das Haus brennt, muss man ___________ Straße rennen.
10. Während des Studiums konnte ich ___________ mein____ Tante wohnen.
11. Ich stelle ___________ Drucker ___________ Schreibtisch.
12. Ich hänge ___________ Wäsche ___________ Leine.
13. Ich schiebe ___________ Sessel ___________ Ecke des Zimmers.
14. Ich stecke ___________ Stecker ___________ Steckdose.
15. Ich werfe ___________ Stein ___________ Wasser.
16. Ich bringe ___________ Geschirr ___________ Küche.
17. Ich setze mich ___________ Bank.

103. *Setzen Sie die passende Verbform ein.*

(hängen (2), legen, liegen, packen, setzen, sitzen, ~~stecken~~, stehen, stellen)

1. Ich habe den Schlüssel in meine Hosentasche _*gesteckt*_.
2. Hast du den ganzen Abend vor dem Computer ___________________?
3. Wir haben den Teppich auf den Boden ___________________.
4. Sie hat die Geschenke in ein Paket ___________________.
5. Ich habe meinen Mantel in den Schrank ___________________.
6. Habt ihr zu lange in der Sonne ___________________?
7. Er hat lange auf dem Bahnsteig ______________ und auf den Zug gewartet.
8. Ich habe die Mülltonne an die Straße ___________________.
9. Ich habe unser Kind auf sein Pony ___________________.
10. An dieser Wand hat lange ein Bild von Picasso ___________________.

104. Ergänzen Sie – wo nötig – die Endungen.

1. D*er*__ Schüler hat d*ie*__ Lösung d*er*__ Aufgabe nicht gefunden.
2. Kein_____ Ausländer versteht d_____ Vorlesungen dies_____ Professor_____.
3. D_____ Professor bittet sein____ Assistent_____ um ein_____ Kugelschreiber.
4. D____ Student_____ ist d_____ Übersetzung d_____ Text_____ gut gelungen.
5. Warum bietest du dein_____ Gäste_____ kein_____ Kaffee an?
6. D_____ Studierendenheim an d_____ Goethestraße hat ein_____ Mensa.
7. Welch____ Demonstrantin hat d____ Kamera d____ Polizist_____ beschädigt?
8. Ich bin mit mein_____ Bruder und sein____ Frau an d____ Nordsee gewesen.
9. Dies_____ Golfausrüstung gehört d_____ Frau ein_____ Diplomat_____.
10. Welch_____ Student_____ hast du mein_____ Wörterbuch gegeben?
11. Petra hat ihr_____ Eltern aus d_____ Ferien ein_____ Teppich mitgebracht.
12. Ich habe d____ Türke___ aus d____ A-Kurs lange für ein___ Iraner gehalten.
13. Welch____ Arzt hat dies_____ Patient____ solch____ Tabletten verschrieben?
14. Frau Maier hat ihr_____ Tochter ein_____ Pferd geschenkt.
15. In d_____ Nacht habe ich kein____ Mensch_____ auf d_____ Straße gesehen.
16. Ich muss d_____ SIM-Karte in mein_____ Handy austauschen.
17. D____ Name____ all____ Hausbewohner stehen auf dies____ Liste.
18. Auf dies____ Foto siehst du ein____ Affe___ mit ein___ Banane in d___ Hand.

105. Ergänzen Sie.

Der Preisunterschied

Ein____ Dame wollte sich ein____ Papagei kaufen, ging in ein___ Zoogeschäft und fragte: „Was kostet d_____ Papagei dort?" „300 Euro", antwortete d______ Verkäufer, „er kann sprechen!" – D_____ Dame war d_______ Preis zu hoch. Sie zeigte auf ein___ anderen Papagei und fragte d____ Mann nach d____ Preis. „400 Euro", war d_____ Antwort. „Warum ist d____ so teuer? Er ist sehr klein!", sagte d____ Kundin. „Er spricht Deutsch, Englisch und Türkisch", sagte d____ Verkäufer zu d____ Dame. In ein___ Ecke entdeckte sie noch ein___ Papagei; dies_____ Tier war ganz schwarz. „Wie viel?", fragte d____ Kundin. „600 Euro!" „Was?", rief d____ Frau, „warum ist dies___ Vogel so teuer? Welch____ Sprachen spricht er denn?" „Er spricht gar nicht, aber d____ anderen sagen ‚Chef' zu ihm!", war d____ Auskunft d___ Verkäufers.

8.8 Verben mit Präpositional-Ergänzung

an_D	erkennen *A*	Man kann sie an ihrer Stimme erkennen.
	es fehlt *(D)*	Es fehlt uns an Geld
	leiden	Er leidet an einer schweren Krankheit (→ unter)
	es liegt	Es lag am Wetter, dass wir nicht kommen konnten.
	sterben	Die alte Frau starb an Krebs.
	teilnehmen	Wir nehmen am Sprachkurs teil.
	zweifeln	Ich zweifle an seiner Ehrlichkeit.
an_A	denken	Ich denke oft an meine Kindheit.
	sich erinnern	Ich erinnere mich gern an die Ferien.
	sich gewöhnen	Wir müssen uns an das schlechte Wetter gewöhnen.
	glauben	Glauben Sie an den Fortschritt?
	sich wenden	Für die Reparatur des Geräts wenden Sie sich bitte direkt an die Herstellerfirma. (→ gegen)
auf_A	achten	Der Busfahrer achtete nicht auf den Gegenverkehr.
	antworten	Ich habe sofort auf seinen Brief geantwortet.
	sich freuen	Wir freuen uns schon auf die nächsten Ferien. (→ über)
	hoffen	Wir hoffen auf schnelle Hilfe.
	es kommt an	Es kommt jetzt auf eine schnelle Hilfe an.
	sich konzentrieren	Wir konzentrieren uns auf ein einziges Problem.
	sich spezialisieren	Die Firma hat sich auf die Produktion von Ersatzteilen spezialisiert.
	stoßen	Bei der Lektüre bin ich auf ein interessantes Problem gestoßen.
	sich verlassen	Wir können uns immer auf unseren Freund verlassen.
	verzichten	Der Arzt hat auf das Honorar verzichtet.
	sich vorbereiten	Wir bereiten uns auf die Prüfung vor.
	warten	Wir warten auf gutes Wetter.
aus	bestehen	Unsere Wohnung besteht aus vier Räumen.
bei	sich bedanken (für)	Ich möchte mich bei Ihnen für die Hilfe bedanken.
	sich beschweren (über)	Er beschwert sich bei der Chefin über die Kollegen.
	sich entschuldigen (für)	Er entschuldigt sich bei den Nachbarn für den Krach.
für	sich bedanken (bei)	Ich bedanke mich bei ihm für das Geschenk.
	danken (*D*)	Ich danke ihm für seine Hilfe.
	eintreten	Viele treten für eine Verkürzung der Schulzeit ein.
	sich entscheiden	Tee oder Kaffee? – Ich habe mich für Tee entschieden.
	sich entschuldigen (bei)	Er entschuldigte sich bei seinem Chef für die Verspätung. (*auch:* wegen der Verspätung)
	halten *A*	Ich habe diese Entscheidung lange für einen Fehler gehalten.
	sich interessieren	Interessierst du dich für Politik?
	kämpfen	Sie kämpfen für mehr Chancengleichheit. (→ gegen)
	sorgen	Die Eltern sorgen gut für ihre Kinder.
gegen	kämpfen	Wir müssen gegen die Armut kämpfen. (→ für)
	protestieren	Die Schüler protestieren gegen die Fahrpreiserhöhung.
	verstoßen	Sie hat gegen das Gesetz verstoßen.
	sich wenden	Ich wende mich gegen die falschen Vorwürfe. (→ an)

in$_D$	sich irren	Er hat sich im Datum geirrt.
mit	anfangen	Wir fangen mit der ersten Seite an.
	aufhören	Sie hörten mit der Diskussion auf.
	sich befassen	Wir haben uns lange mit diesem Thema befasst.
	beginnen	Wir beginnen mit einer Wiederholung.
	sich beschäftigen	Sie beschäftigt sich mit moderner Musik.
	handeln	Mein Freund handelt mit Gebrauchtwagen.
	vergleichen *A*	Er vergleicht Rostock mit seiner Heimatstadt.
	verwechseln *A*	Ich habe sie mit ihrer Schwester verwechselt.
	zusammenstoßen	Der Lkw stieß mit dem Zug zusammen.
nach	sich erkundigen	Wir erkundigen uns nach der Abfahrt des Zuges.
	fragen (*A*)	Der Tourist fragte einen Polizisten nach dem Weg.
über$_A$	sich ärgern	Ich ärgere mich über meine Fehler.
	sich aufregen	Ich rege mich über meine Chefin auf.
	berichten	Die Zeugin berichtet über die Schlägerei.
	sich beschweren (bei)	Der Nachbar beschwerte sich bei mir über den Lärm.
	diskutieren (mit)	Die Studenten diskutieren miteinander über Politik.
	sich freuen	Ich freue mich über das Geschenk. (→ auf)
	sich informieren	Wir informieren uns über den Kurs des Euro.
	klagen	Der Kranke klagt über Schmerzen im Rücken.
	lachen	Über diesen Witz kann ich nicht lachen.
	nachdenken	Ich muss über das Problem nachdenken
	sprechen (mit)	Wir haben über seine Studienpläne gesprochen.
	sich unterhalten	Worüber habt ihr euch unterhalten?
	sich wundern	Ich wundere mich über die hohen Preise.
um	sich bemühen	Ich bemühe mich seit langem um eine Wohnung.
	sich bewerben	Sie bewirbt sich um einen besseren Arbeitsplatz.
	bitten (*A*)	Er hat mich um Geld gebeten.
	es geht	In diesem Text geht es um die Arbeitslosigkeit.
	es handelt sich	Bei dem Verletzten handelt es sich um einen alten Mann.
	sich kümmern	Er kümmert sich um seine alten Eltern. Ich muss mich noch um einen Arzttermin kümmern.
	trauern	Wir trauern um den toten Freund.
unter$_D$	leiden	Er leidet unter der Hitze. (→ an)
von	abhängen	Meine Stimmung hängt vom Wetter ab.
	sich trennen	Sie hat sich jetzt von ihrem Mann getrennt.
	sich unterscheiden	Er unterscheidet sich nicht von seinem Zwillingsbruder.
	sich verabschieden	Ich möchte mich von Ihnen verabschieden.
vor$_D$	fliehen	Der Terrorist ist vor der Polizei geflohen.
	sich fürchten	Die Kinder fürchten sich vor dem Gewitter.
	schützen *A*	Die Eltern schützen ihre Kinder vor Gefahren.
	warnen (*A*)	Man hat uns vor der Gefährlichkeit dieses Experiments gewarnt.
zu	sich entschließen	Wir haben uns zur Abreise entschlossen.
	gehören	Es gehört zu meinen Aufgaben, Protokoll zu führen.
	gratulieren (*D*)	Ich gratuliere dir zum Geburtstag.
	überreden *A*	Ich möchte euch zum Mitkommen überreden.

106. Ergänzen Sie Präpositionen und – wenn nötig – Endungen.

1. Wir müssen uns __________ d____ Reise nach Prag vorbereiten.
2. Ich habe mich __________ d____ billigst____ Zimmer entschieden.
3. Seit wann leidest du __________ Bronchitis?
4. Alle müssen __________ d____ Terrorismus kämpfen.
5. Die Gewerkschaft kämpft __________ besser____ Arbeitsbedingungen.
6. Ich hoffe immer noch __________ ein____ Lottogewinn.
7. Denkst du auch oft __________ dein____ Familie?
8. Sie beschwerte sich _________ d____ Kellner _______ d____ kalt_____ Essen.
9. Claudia interessiert sich nur ____________ d____ neuest____ Mode.
10. Ich habe mich __________ sein____ leis____ Sprechen gewöhnt.
11. Er hat sich __________ mir ___________ d ____ Einladung bedankt.
12. Erinnerst du dich noch __________ unser____ alt____ Mathematiklehrerin?
13. Die Bürger der Stadt protestieren ________ d____ Schließung des Museums.
14. Ich danke Ihnen __________ Ihr____ große Hilfe!
15. Er entschuldigte sich __________ d____ Nachbarin __________ sein____ unhöflich____ Verhalten.
16. Weißt du, __________ welch____ Krankheit Herr Fischer gestorben ist?
17. Bitte antworten Sie __________ mein____ Frage!
18. Glaubst du __________ Wunder?
19. Ich zweifle manchmal __________ sein____ Verstand.
20. Der Politiker wollte nicht __________ d____ Fernseh-Diskussion teilnehmen.
21. Der Roman besteht __________ vier Teilen.
22. Ich muss __________ mein____ jünger____ Geschwister sorgen.
23. Ich warte __________ mein____ Freunde.
24. Im Maschinenbau fehlt es __________ Ingenieure ____.
25. Sie hat __________ d____ Mittagessen verzichtet.
26. Kann ich mich __________ Ihr____ Zusage verlassen?
27. Bitte wenden Sie sich __________ d____ Auskunft!
28. Du erkennst Peter sofort __________ sein____ laut____ Lachen.

107. Ergänzen Sie Präpositionen und – wenn nötig – Endungen.

1. Ich habe __________ dein____ Vorschlag nachgedacht.
2. Viele Studenten fürchten sich __________ d____ Sprachprüfung.
3. Gehört ein Grammatiktest __________ d____ Aufnahmeprüfung?
4. Ein Radfahrer ist __________ ein____ Motorradfahrerin zusammengestoßen.
5. Darf ich Sie __________ Ihr____ Zukunfspläne____ fragen?
6. Die Bevölkerung flieht __________ d____ feindlich____ Armee in die Berge.
7. Ich diskutiere __________ mein____ Freundin oft __________ persönlich____ Fragen.
8. Das Kabinett beschäftigt sich heute _____ außenpolitisch____ Probleme____.
9. Ich habe mich oft __________ mein____ Eltern __________ d____ Finanzierung meines Studiums unterhalten.
10. Die Polizei warnt die Besucher der Altstadt __________ Taschendiebe____.
11. Wir fangen um 8:15 Uhr __________ d____ Unterricht an.
12. __________ dein____ gestrige Mail habe ich sehr gelacht.
13. Jeder versucht, sein Eigentum __________ Diebe____ zu schützen.
14. Petra kann sich nicht __________ ihr____ alt____ Bücher____ trennen.
15. Unser alter Nachbar trauert __________ sein____ verstorben____ Frau.
16. Ich habe mich im Internet __________ Flugmöglichkeiten nach Istanbul informiert.
17. Heute habe ich schon um 16 Uhr __________ d____ Arbeit aufgehört.
18. Ich ärgere mich __________ rücksichtslos____ E-Bike-Fahrer.
19. Ich gratuliere dir __________ dein____ schön____ Erfolg!
20. Das Konzert begann __________ ein____ Sinfonie von Mozart.
21. Die Bezahlung hängt __________ d____ Stundenzahl ab.
22. Der Lehrer regt sich sehr __________ d____ faul____ Schülerinnen auf.
23. Ich habe mich sehr __________ sein____ Besuch gefreut.
24. Es geht hier __________ ein____ sehr wichtig____ Frage.
25. Sie überredete ihren Freund __________ ein____ Reise nach Portugal.
26. Ich habe sie __________ ihr____ Cousine verwechselt, die ihr sehr ähnlich ist.
27. Er unterscheidet sich __________ sein____ Bruder durch seine Größe.
28. Meine Kollegen sprechen nur noch __________ ihr____ Arbeit.

108. Ergänzen Sie Präpositionen und – wenn nötig – Endungen.

1. Warum halten Sie Frau Kim ________ ein____ Chinesin?
2. Mein ____ Bruder handelt ________ Computer____.
3. Wir freuen uns ________ d____ nächst____ Urlaub.
4. Ich wundere mich ________ d____ viel____ Handy-Shops in der Altstadt.
5. Er konnte sich nicht ________ d___ Teilnahme an der Prüfung entschließen.
6. Sie leiden sehr ________ d____ feucht____ Klima.
7. Ich habe mich bei Siemens ________ ein____ Stelle beworben.
8. Das Fernsehen hat ________ ein____ Erdbeben in Chile berichtet.
9. Wir müssen uns jetzt ________ dies____ schwierig____ Problem befassen.
10. Ich konnte Sie nicht finden, weil ich mich ______ d____ Adresse geirrt hatte.
11. Vergleichen Sie Ihr Land ________ d____ Bundesrepublik Österreich!
12. Darf ich Sie ________ ein____ Auskunft bitten?
13. Bevor ich nach Deutschland fuhr, habe ich mich ________ all____ Freunde____ verabschiedet.
14. Wenn wir morgen fahren wollen, müssen wir uns heute noch ________ Fahrkarten kümmern.
15. Es kommt ________ d____ Preis an, ob ich diese Kamera kaufe oder nicht.
16. Ich bin mit meinem Plan ________ groß____ Schwierigkeit____ gestoßen.
17. Der Chirurg hat sich ________ Herztransplantationen spezialisiert.
18. Sie dürfen nicht ________ d____ grammatisch____ Regeln verstoßen!
19. Es handelt sich ________ ein____ schwierig____ Problem.
20. Achten Sie immer ________ d____ Verkehrszeichen!
21. Ich muss mich stärker ________ mein____ Studium konzentrieren.
22. Diese Partei tritt besonders ________ d____ Senkung der Steuern ein.
23. Sie bemüht sich ________ ein____ besser____ Arbeitsplatz.
24. Hast du dich schon ________ sein____ neu____ Adresse erkundigt?
25. Wir wenden uns ________ d____ zunehmend____ Umweltverschmutzung.
26. Es liegt ________ d____ glatt____ Straßen, dass wir nicht kommen können.
27. Er klagt schon wieder ________ Kopfschmerzen.
28. ________ w____ muss ich mich wenden, wenn ich eine Studienbescheinigung haben möchte?

8.9 Adjektive mit Ergänzungen

1. Adjektive mit Ergänzung im Akkusativ

alt	Das Baby ist erst einen Monat alt.
breit, groß, hoch, lang	Die Tür ist einen Meter breit.
gewohnt	Ich bin diesen Lärm nicht gewohnt.

2. Adjektive mit Dativ-Ergänzung

ähnlich	Er ist seinem Bruder sehr ähnlich.
behilflich	Ein freundlicher Mann war mir behilflich.
bekannt	Sein Name ist mir nicht bekannt. (→ mit)
dankbar (für)	Ich bin meinem Freund für seinen Rat dankbar.
egal, gleich(gültig)	Ihm ist alles egal.
möglich	Es ist mir nicht möglich, mehr zu bezahlen.
recht	Der vorgeschlagene Termin ist mir recht.
sympathisch	Unsere neue Mitbewohnerin ist mir sehr sympathisch.
überlegen (≠ unterlegen)	Der Schachweltmeister war seinem Gegner weit überlegen.

3. Adjektive mit Präpositional-Ergänzung

abhängig von	Die Kinder sind von ihren Eltern abhängig.
angewiesen auf$_A$	Ich bin auf seine Hilfe angewiesen.
arm an$_D$	Das Land ist arm an Wasser.
bekannt mit	Ich bin mit ihm seit langem bekannt. (→ *D*)
beliebt bei	Sie ist bei ihren Kolleg*innen sehr beliebt.
berechtigt zu	Herr Marx war zur Kündigung des Geschäftskontos nicht berechtigt.
bereit zu	Wir sind zur Abreise bereit.
besorgt um$_A$	Die Mutter ist um ihr krankes Kind besorgt.
bezeichnend für	Diese Antwort ist bezeichnend für sie.
charakteristisch für	Hitze und Feuchtigkeit sind charakteristisch für die Tropen.
einverstanden mit	Ich bin mit diesem Vorschlag einverstanden.
entschlossen zu	Wir sind zu einer Teilnahme am Sportfest entschlossen.
entsetzt über$_A$	Ich bin über sein schlechtes Benehmen entsetzt.
erfreut über$_A$	Sie ist über das schöne Geschenk erfreut.
erstaunt über$_A$	Die Studentin war über die guten Noten erstaunt.
fähig zu	Der Mann ist zu gar nichts fähig.
fertig mit	Ich bin mit der Arbeit fertig.
frei von	Der Kranke ist heute frei von Schmerzen.
freundlich zu	Sie ist zu allen Leuten freundlich.
froh über$_A$	Wir sind froh über deinen Erfolg.
geeignet für (zu)	Dieses Buch ist für Anfänger (zum Lernen) gut geeignet.
gespannt auf$_A$	Ich bin gespannt auf das Ende des Romans.
glücklich über$_A$	Er ist glücklich über die Geburt seines Sohnes.
interessant für	Der Vortrag war interessant für uns.
interessiert an$_D$	Wir sind an einer Reise nach Spanien interessiert.
müde von	Ich bin müde von der Arbeit.
neidisch auf$_A$	Sie ist auf ihre jüngere Schwester neidisch.
nützlich für	Fremdsprachenkenntnisse sind für alle nützlich.
reich an$_D$	Dieses Land ist reich an Bodenschätzen.
schädlich für	Rauchen ist schädlich für die Gesundheit.
schuld an$_D$	Wer war schuld an dem Verkehrsunfall?
stolz auf$_A$	Die Eltern sind stolz auf ihre erfolgreiche Tochter.
traurig über	Wir sind traurig über die schlechte Nachricht.
überzeugt von	Sie ist von der Qualität des Produktes überzeugt.
vergleichbar mit	Deine Arbeit ist mit seiner Arbeit nicht vergleichbar.
verwandt mit	Er ist mit dem Präsidenten verwandt.
zufrieden mit	Ich bin mit meinem Gehalt sehr zufrieden.

109. *Setzen Sie – wenn nötig – Präpositionen und Endungen ein.*

1. Die Professorin war __________ d____ Arbeit des Studenten sehr zufrieden.
2. Herr Meier ist _________ sein____ Bruder neidisch, weil dieser viel Geld hat.
3. Der Name des Künstlers war __________ d____ Journalisten bekannt.
4. Ali ist __________ sein____ Freunde____ sehr beliebt.
5. Mittags bin ich müde __________ Lernen.
6. Die Marathonstrecke ist ____________ 42,195 km lang.
7. Ich bin __________ ein____ solch____ Lärm nicht gewohnt!
8. Wir sind __________ d____ Ausgang der Wahl natürlich gespannt.
9. Ihr Freund ist __________ Drogen abhängig.
10. Alte Menschen sind reich __________ Erfahrungen.
11. Viele Menschen sind heute besorgt __________ ihr____ Arbeitsplatz.
12. Klaus ist ________ sein____ Geschwister____ ________ ihr____ Hilfe dankbar.
13. Der Professor ist _________ d____ Fähigkeiten seiner Assistentin überzeugt.
14. Ich bin ________ d____ hervorragend___ Kenntnisse der Studentin erstaunt.
15. Ob du Kartoffeln oder Reis kochst, ist __________ m____ egal.
16. Was ist schuld __________ d____ Armut vieler Länder der Dritten Welt?
17. Ich bin __________ dein____ Pläne____ nicht einverstanden.
18. Die Mannschaft Portugals war __________ all____ ander____ Mannschaften überlegen.
19. Dieses Brot ist frei __________ Konservierungsmitteln.
20. Dieses Messer ist __________ Brotschneiden nicht geeignet.
21. Das Mädchen war _________ d____ alt____ Dame beim Einsteigen behilflich.
22. Ich bin froh __________ d____ gut____ Nachricht.
23. Sie ist __________ d____ bulgarisch____ Musikerin seit mehreren Jahren bekannt.
24. Die Firma ist stolz __________ ihr____ hochwertig____ Produkte.
25. Die Reise nach Rom war __________ all____ Teilnehmer interessant.

110. Setzen Sie – wenn nötig – Präpositionen und Endungen ein.

1. Das Hochhaus ist _________ ca. 80 m hoch.
2. Welche Nahrungsmittel sind arm _________ Kalorien?
3. Radfahren ist _________ d____ Gesundheit nützlich.
4. Diese beiden Städte sind nicht _________einander vergleichbar.
5. Das Militär war _________ d____ Sturz der Regierung entschlossen.
6. Deine Freundin ist _________ m____ sehr sympathisch.
7. Ultraviolette Strahlen sind schädlich _________ d____ Haut.
8. Sechzehnjährige sind noch nicht _________ Autofahren berechtigt.
9. Wir sind entsetzt _________ d____ grausam____ Bilder im Internet.
10. Ist es ______ dein____ Familie recht, dass du dein Studium abbrechen willst?
11. Dieses Verhalten ist bezeichnend _________ d____ Politikerin.
12. Unser neuer Hausmeister ist freundlich _________ jedermann.
13. Kängurus sind charakteristisch _________ Australien.
14. Seine Tante ist _________ 48 Jahre____ alt.
15. Ich bin erfreut _________ d____ gut____ Wahlergebnis.
16. Ich bin sehr _________ dein____ Meinung interessiert.
17. Der Autor war glücklich _________ d____ Erfolg seines ersten Romans.
18. Die niederländische Sprache ist ___________ d____ deutsch____ Sprache ähnlich.
19. Frau Meier ist nicht _________ Herr____ Maier verwandt.
20. Vor Schreck war der Überfallene _________ kein____ Reaktion fähig.
21. Eva ist nun endlich _________ ihr____ Studium fertig.
22. Es war _____________ mein____ Familie nicht möglich, mich im Ausland zu besuchen.
23. Ich bin traurig _________ ihr____ plötzlich____ Abreise.
24. Mein Auto ist kaputt; ich bin _________ d____ Bus angewiesen.
25. Wer ist _________ politisch____ Mitarbeit im AStA bereit?

9 Ergänzungssätze

9.1 „dass"-Sätze als Akkusativ-Ergänzungen

Was erwartest du von mir? Erwartest du ***einen Vorschlag***?
Ja, ich erwarte, ***dass*** *du mir einen Vorschlag machst.*
Was hat er vergessen?
Er hat vergessen, ***dass*** *wir uns heute treffen wollten.*

- Solche Nebensätze mit der Subjunktion ***„dass"*** sind Ergänzungssätze, d.h. die Akkusativ-Ergänzung des Hauptsatzes ist kein Nomen oder Pronomen, sondern ein Nebensatz.
- Wie in allen Nebensätzen steht das Prädikat am Ende.

111. Bilden Sie „dass"-Sätze.

Was schreibt Erika in ihrer letzten Mail?

1. Ihr Zug kommt um 14 Uhr in Bremen an.
   → *Sie schreibt, dass ihr Zug um 14 Uhr in Bremen ankommt.*
2. Ich soll sie vom Bahnhof abholen.
   → *Sie schreibt, dass ...*
3. Sie möchte mit mir die Stadt besichtigen.
   → *Sie schreibt, dass ...*
4. Sie bringt mir ein interessantes Buch mit.
   → *Sie schreibt, dass ...*
5. Sie kann nur etwa sechs Stunden in Bremen bleiben.
   → *Sie schreibt, dass ...*
6. Sie fährt am Abend wieder zurück.
   → *Sie schreibt, dass ...*

Was weiß der Gemüsehändler auf dem Wochenmarkt?

7. Er darf nur gute Ware einkaufen.
   → *Er weiß, dass ...*
8. Das Obst muss vorsichtig transportiert werden.
   → *Er weiß, dass ...*
9. Die Kunden wollen freundlich bedient werden.
   → *Er weiß, dass ...*
10. Er darf seine Ware nicht zu teuer verkaufen.
    → *Er weiß, dass ...*
11. Obst und Gemüse müssen schnell verkauft werden.
    → *Er weiß, dass ...*
12. Alte Ware wird er nicht mehr los.
    → *Er weiß, dass ...*

9.2 „dass"-Sätze als Nominativ-Ergänzungen („Subjektsätze")

Was stört dich? Stört dich ***mein Rauchen***?
Ja. Mich stört, ***dass*** *du rauchst.*
Ja. *Es* stört mich, ***dass*** *du rauchst.*
Was tut dir leid?
Es tut mir leid, ***dass*** *du morgen wieder abreisen musst.*
Dass *du morgen wieder abreisen musst*, tut mir leid.

> Hier hat die Nominativ-Ergänzung („Subjekt") die Form eines Nebensatzes. Oft weist das *Korrelat* „es" auf Position 1 auf den folgenden Nebensatz hin.

112. Bilden Sie „dass"-Sätze.

Was tut mir leid?

1. Peter hat die Prüfung nicht geschafft.
   → *Es tut mir leid, dass Peter die Prüfung nicht geschafft hat.*
2. Er muss das Semester wiederholen.
   → *Es tut mir leid, dass ...*
3. Er kann die geplante Reise nicht machen.
   → *Es tut mir leid, dass ...*
4. Seine Hoffnung wurde enttäuscht.
   → *Es tut mir leid, dass ...*

Was ist nicht schön?

5. Du gehst so oft in die Kneipe.
   → *Dass ...* *, ist nicht schön.*
6. Du bringst mir nie Blumen mit.
   → *Dass ...* *, ist nicht schön.*
7. Du hilfst mir nicht beim Spülen.
   → *Dass ...* *, ist nicht schön.*
8. Du hörst dir meine Sorgen nicht an.
   → *Dass ...* *, ist nicht schön.*

Was freut mich?

9. Der Frühling kommt.
   → *Mich freut, dass ...*
10. Das kalte und feuchte Wetter ist vorbei.
   → *Mich freut, dass ...*
11. Wir können bald wieder draußen sitzen.
   → *Mich freut, dass ...*
12. Bald singen die Vögel wieder.
   → *Mich freut, dass ...*

9.3 „dass"-Sätze als Präpositional-Ergänzungen

Worüber hast du dich gefreut? Hast du dich ***über meinen Besuch*** *gefreut*?
Ja, ich habe mich (*darüber*) gefreut, ***dass*** *du mich besucht hast.*
Womit rechnest du?
Ich rechne *damit*, ***dass*** *du in wenigen Wochen wiederkommst.*

- Hier hat die Präpositional-Ergänzung die Form eines Nebensatzes.
- Vor dem „dass"-Satz steht meistens ein *Korrelat* („da(r)-" + Präposition). Es weist auf den folgenden Nebensatz hin.

113. Beantworten Sie die Fragen mit dem passenden Korrelat und einem „dass"-Satz.

1. Womit muss ich rechnen? (Die Miete wird bald wieder erhöht.)
→ *Ich muss damit rechnen, dass die Miete bald wieder erhöht wird.*
2. Womit muss ich rechnen? (Mein Vermieter kündigt mir die Wohnung.)
→ *Ich …*
3. Wovon ist Lena überzeugt? (Sie hat sich richtig entschieden.)
→ *Sie …*
4. Worauf kann Peter sich verlassen? (Seine Freundin wird ihm helfen.)
→ *Er …*
5. Worauf muss man achten? (Alle Türen werden abends geschlossen.)
→ *Man …*
6. Wofür tritt die liberale Partei ein? (Die Steuern werden gesenkt.)
→ *Sie …*
7. Woran müssen sich Fremde in Husum gewöhnen? (Man begrüßt sich zu jeder Tageszeit mit „Moin-Moin".)
→ *Sie …*
8. Woran müssen sie sich außerdem gewöhnen? (Manche Leute sprechen nur Plattdeutsch.)
→ *Sie …*
9. Worüber wundert sich Herr Kasim? (Es gibt so viele Hunde auf der Straße.)
→ *Er …*
10. Worüber wundert er sich auch? (Die Züge der Deutschen Bahn kommen oft nicht pünktlich an.)
→ *Er …*
11. Worauf sind die Eltern stolz? (Ihr Sohn hat die Prüfung bestanden.)
→ *Sie …*
12. Worauf sind sie außerdem stolz? (Ihre Tochter hat ihr Medizinstudium erfolgreich beendet.)
→ *Sie …*

9.4 Infinitivsätze als Ergänzungen

Was planst du für die Sommerferien?
Ich plane, *in den Sommerferien nach Rom **zu** flieg**en***.
Was erwartet Udo?
Erwartet er, *die Püfung **zu** besteh**en**?*
↔ Erwartet er, *dass er die Prüfung besteht?*
Was ist schön?
Es ist schön, *dich wieder**zu**seh**en***.
Wozu sind wir verpflichtet?
Wir sind *dazu* verpflichtet, *Steuern **zu** zahl**en***.
Worum hast du ihn gebeten?
Ich habe ihn (darum) gebeten, *mir ein Wörterbuch mit**zu**bring**en***.
↔ Ich habe ihn (darum) gebeten, *dass er mir ein Wörterbuch mitbringt.*

- In bestimmten Fällen können Ergänzungen Infinitivsätze sein, d.h. Nebensätze mit „zu“ + Infinitiv.
- Oft sind sie verkürzte „dass“-Sätze, bei denen das Subjekt gleich ist mit dem Subjekt des Hauptsatzes oder auch mit dem der Dativ- bzw. Akkusativ-Ergänzung im Hauptsatz. Der Infinitivsatz wird dann bevorzugt.
- Ein Infinitivsatz hat niemals ein Subjekt.
- Der Infinitiv steht am Ende des Nebensatzes.
- „zu“ steht direkt vor dem Verbstamm oder vor dem untrennbaren Verb.
- Die Modalverben „wollen“ und „sollen fallen im Infinitivsatz weg.

114. Bilden Sie Infinitivsätze, wenn es möglich ist.

1. Er verspricht — er kommt wieder
   → *Er verspricht wiederzukommen.*
2. Ich glaube — ich bin glücklich
   →
3. Sie rechnet nicht damit — sie kommt morgen hierher
   →
4. Sie fangen bald an — sie bauen den Bahnhof um
   →
5. Sie hasst es — wir kommen oft zu spät
   →
6. Wir hoffen — wir sehen dich bald wieder
   →
7. Sie verbot ihm — er raucht in ihrem Zimmer
   →
8. Ich fürchte — ich komme nicht rechtzeitig
   →

9. Er hat mir versprochen	er will pünktlich sein
→	
10. Sie bat mich	ich soll ihr helfen
→	
11. Er freut sich (darauf)	er sieht seine Familie wieder
→	
12. Es tut mir leid	ich kann dir nicht helfen
→	
13. Wir hören auf	wir arbeiten
→	
14. Sie warten (darauf)	sie können endlich nach Hause fahren
→	
15. Er hoffte	wir erkennen ihn wieder
→	
16. Er riet mir	ich soll dieses Buch kaufen
→	
17. Ich schlage dir vor	ihr kommt morgen zu uns
→	
18. Wir erlauben euch	ihr geht früher weg
→	
19. Wir mögen es nicht	wir stehen früh auf
→	
20. Sie wünschten	sie wollten im Bett frühstücken
→	
21. Wir freuen uns (darüber)	du bist wieder da
→	
22. Sie fing an	sie erzählte eine lange Geschichte
→	
23. Sie liebt es	sie verbringt ihre Ferien bei uns
→	
24. Er glaubte	er sieht seine Stadt nie wieder
→	
25. Er hat den Wunsch	er will bald umziehen
→	
26. Ich fürchtete	ich werde ihn verlieren
→	

27. Es ist schön	man kann den Test wiederholen
→	
28. Es ist unmöglich	man spart in so kurzer Zeit so viel Geld
→	
29. Es hat aufgehört	es regnet (nicht mehr)
→	
30. Es ist schade	man wirft dieses Bild weg
→	

115. Beantworten Sie die Fragen mit einer Infinitivkonstruktion.

1. Wollen Sie hier Astronomie studieren?
   → *Ja, ich beabsichtige, hier Astronomie zu studieren.*
2. Wollen Sie sofort mit dem Fachstudium beginnen?
   → *Nein, wegen der Sprache ist es mir unmöglich, ...*
3. Wollen Sie einen Sprachkurs besuchen?
   → *Ja, ich beabsichtige, ...*
4. Muss man vorher einen Einstufungstest machen?
   → *Ja, es ist notwendig, ...*
5. Haben Sie schon ein Zimmer gefunden?
   → *Nein, es ist nicht leicht, ...*
6. Wollen Sie nicht in eine WG ziehen?
   → *Nein, ich beabsichtige nicht, ...*
7. Sie können ein Zimmer in einem Studierendenheim suchen.
   → *Ja, ich habe auch schon daran gedacht, ...*
8. Haben Sie schon eine Krankenversicherung abgeschlossen?
   → *Ja, aber es war sehr kompliziert, ...*
9. Haben Sie sich schon die Stadt angesehen?
   → *Nein, ich hatte noch keine Zeit, ...*
10. Haben Sie schon deutsche Studierende kennengelernt?
    → *Nein, ich hatte leider noch keine Gelegenheit, ...*
11. Werden Sie ein Stipendium bekommen?
    → *Ja, ich rechne fest damit, ...*
12. Wollen Sie später einmal Ihren Studienort wechseln?
    → *Nein, ich habe eigentlich nicht vor, ...*

9.5 Indirekte Fragesätze als Ergänzungen

Was möchtest du wissen? „Besucht uns Anna? Ja oder nein?“
„Wann kommt sie?“
„Bis wann bleibt sie?“
Ich möchte gern wissen, ***ob*** *Anna uns besucht.*
… , ***wann*** *sie kommt.*
… , ***bis wann*** *sie bleibt.*

Was ist noch ungewiss? („Kommt Peter mit dem Zug oder mit dem Bus?“)
Es ist noch ungewiss, ***ob*** *Peter mit dem Zug oder mit dem Bus kommt.*

Wonach hast du dich erkundigt? („Wann kommen mittags Züge aus Ulm an?“)
Ich habe mich (*danach*) erkundigt, ***wann*** *mittags Züge aus Ulm ankommen.*

- Sätze mit Prädikaten, die Fragen, Zweifel oder Ungewissheit ausdrücken, können indirekte Fragesätze als Ergänzungen haben.
- Indirekte Fragesätze sind Nebensätze; das Prädikat steht am Satzende.
- Bei JA/NEIN-Fragen beginnt der Nebensatz mit der Subjunktion ***ob***; bei *w*-Fragen beginnt er mit einem *Fragewort*, oft vorangestellter Präposition.

116. Bilden Sie indirekte Fragesätze.

1. Kommt der Zug aus Hamburg auf Gleis 7 an?
→ *Ich weiß nicht, ob der Zug aus Hamburg auf Gleis 7 ankommt.*
2. Um wie viel Uhr ist der Zug in Hamburg abgefahren?
→ *Ich weiß nicht, …*
3. Fährt dieser Zug nach Dortmund weiter?
→ *Wir wissen auch nicht, …*
4. Wie viele Wagen hat der Zug aus Hamburg?
→ *Ich habe keine Ahnung, …*
5. Gibt es auch schnelles WLAN?
→ *Niemand kann mir sagen, …*
6. Hat der Zug einen Speisewagen?
→ *Mir ist nicht bekannt, …*

Sie können keine Auskunft geben:

7. Sie kennen den Namen Ihres neuen Nachbarn noch nicht.
→ *Ich weiß noch nicht, wie mein neuer Nachbar heißt.*
8. Sie kennen die neue Adresse Ihres Bruders noch nicht.
→ *Ich weiß noch nicht, …*
9. Sie haben das Geburtsdatum Ihrer Schwiegermutter vergessen.
→ *Ich weiß nicht mehr, …*
10. Sie kennen den Grund für das Fehlen Ihres Freundes nicht.
→ *Ich weiß nicht, …*
11. Sie kennen die Telefonnummer Ihres Arztes nicht.
→ *Ich weiß nicht, …*

10 Angaben / Angabesätze

10.1 Angaben in nominaler Form

Morgen schreibe ich einen Test. — *WANN?*
Wegen meiner Kopfschmerzen nehme ich Aspirin. — *WARUM?*
Ich brauche das Lineal ***zum Ziehen einer Linie***. — *WOZU?*
Bei schlechtem Wetter bleiben wir zu Hause. — *WANN?*
Sie verdient ihr Geld ***durch harte Arbeit***. — *WIE?*
Du hast ***hier oben*** einen Fehler gemacht. — *WO?*

- Satzglieder, die weder Prädikate noch Ergänzungen sind und also nicht direkt vom Prädikatsverb abhängen, heißen ***Angaben***. (s. auch S. 90)
- Nicht satzförmige Angaben sind meistens Adverbien oder Nominalgruppen + Präpositionen.
- Die häufigsten Angaben sind:

Temporal-Angabe	Frage: *WANN? WIE LANGE?* usw.
Kausal-Angabe	Frage: *WARUM? WESHALB?* usw.
Final-Angabe	Frage: *WOZU?*
Konditional-Angabe	Frage: *WANN?*
Modal-Angabe	Frage: *WIE?*
Lokal-Angabe	Frage: *WO?*

117. Bestimmen Sie die unterstrichenen Angaben.

1. Wegen des schlechten Wetters werde ich zu Hause bleiben. *Kausal-Angabe*
2. Man kann seine Augen durch eine Sonnenbrille schützen.
3. Paco ist zum Deutschlernen nach Heidelberg gekommen.
4. Ich möchte in Salamanca Spanisch lernen.
5. Frau Shin lebt seit vier Monaten in Deutschland.
6. Bei Glatteis muss man besonders vorsichtig fahren.
7. Sie ist heute Morgen zur Untersuchung ins Krankenhaus gegangen.

118. Versuchen Sie, die folgenden Angaben in einen Nebensatz (= Angabesatz) umzuformen.

1. Vor dem Essen wasche ich mir sorgfältig die Hände.
→ *Bevor ich esse, wasche ich mir sorgfältig die Hände.*
2. Bei gutem Wetter machen wir einen Spaziergang.
→
3. Ich fahre zum Einkaufen in die Stadt.
→
4. Wegen ihrer starken Rückenschmerzen geht Petra zum Arzt.
→
5. Bis zur Abfahrt des Zuges sind es noch fünf Minuten.
→

10.2 Angabesätze

10.2.1 Temporalsätze

10.2.1.1 Temporalsätze mit „wenn“ und „als“

① ***Wann*** muss ich aufstehen? (Mein Wecker klingelt.)
Wenn *mein Wecker klingelt*, muss ich aufstehen.

② ***Wann*** hatte sie kein Zimmer? (Sie kam zum Studium nach Berlin.)
Als *sie zum Studium nach Berlin kam*, hatte sie kein Zimmer.

③ ***Wann*** freuten sich meine Großeltern immer? (Ich besuchte sie in den Ferien.)
Wenn *ich meine Großeltern in den Ferien besuchte*, freuten sie sich immer.

- Temporalsätze mit „wenn“ und „als“ nennen einen Zeitpunkt. Sie antworten auf die Frage: Wann?
- Für Gegenwart und Zukunft benutzt man nur die Subjunktion „wenn“.* ①
- Für die Vergangenheit benutzt man die Subjunktion
  - „als“, wenn es sich um einen *einmaligen Vorgang* handelt, ②
  - „wenn“, wenn es sich um *wiederholte Vorgänge* handelt. ③
- Temporalsätze können durch nominale Temporal-Angaben ersetzt werden, wenn sie nicht zu komplex sind**:

wenn der Wecker klingelt	↔	***beim*** *Klingeln des Weckers*
als ich in Berlin ankam	↔	***bei*** *meiner Ankunft in Berlin*
wenn die Ferien beginnen	↔	***bei*** *Ferienbeginn /* ***bei*** *Beginn der Ferien*

* Bei Nebensätzen mit „wenn“ ist es oft nicht klar, ob sie eine temporale oder konditionale Bedeutung (10.2.4) haben.
** Das gilt analog für alle Angabesätze!

119. Machen sie aus den kursiv geschriebenen Sätzen Temporalsätze.

1. *Der Frühling kommt.* Die Blumen blühen wieder.
   → *Wenn der Frühling kommt, blühen die Blumen wieder.*
2. *Frau Klein heiratete.* Wir haben ihr gratuliert.
   →
3. *Der Papst reiste nach Amerika.* Er brauchte nie einen Dolmetscher.
   →
4. *Ich stieg aus dem Zug.* Ich sah sofort meine Freundin.
   →
5. *Es ist dunkel.* Wir müssen das Licht anmachen.
   →
6. *Meine Großmutter feierte ihren Geburtstag.* Sie lud immer viele Gäste ein.
   →
7. *Sie fuhr zum ersten Mal ins Ausland.* Sie war achtzehn Jahre alt.
   →
8. *Mein Vater machte längere Geschäftsreisen.* Meine Mutter war immer in Sorge.
   →

120. Setzen Sie „wenn“ bzw. „als“ ein.

1. ________ ich geboren wurde, lebte mein Urgroßvater noch.
2. ________ man früher Wasser brauchte, holte man es aus dem Brunnen.
3. ________ Mozart 1791 starb, war er erst 35 Jahre alt.
4. ________ ich lernen will, kann ich keine Musik hören.
5. ________ mein Freund gestern Abend angerufen hat, war ich nicht zu Hause.
6. Ich habe das Abitur gemacht, ____________ ich neunzehn Jahre alt war.
7. Ich habe früher meistens geweint, ____________ ich schlechte Noten bekam.
8. ____________ die Ferien beginnen, verreisen viele Leute.
9. Ich habe mein Portemonnaie wahrscheinlich verloren, ____________ ich aus dem Taxi ausgestiegen bin.
10. ____________ die „Rolling Stones“ auftraten, war es jedes Mal schwer, Karten zu bekommen.

121. Bilden Sie Temporalsätze.

1. *Der Winter kommt.* Ich ziehe wärmere Kleidung an.
   → *Wenn der Winter kommt, ziehe ich wärmere Kleidung an.*
2. Meine Mutter hat mich auf den Arm genommen. *Ich schrie als Baby.*
   →
3. Herr Singh konnte kein Wort Deutsch. *Er kam aus Indien nach Deutschland.*
   →
4. *Ich muss eine Prüfung machen.* Ich bin immer sehr aufgeregt.
   →
5. *Sie besuchte ihre zukünftigen Schwiegereltern.* Sie war sehr aufgeregt.
   →
6. *Früher wollte jemand nach Amerika reisen.* Er brauchte mehrere Wochen.
   →
7. *Wir kamen mit dem Zug in München an.* Es regnete in Strömen.
   →
8. Die Sportlerin verletzte sich *beim Training.* (trainieren!)
   →
9. *Beim Lesen der Zeitung* rauchte mein Großvater gerne seine Pfeife.
   →
10. Der Zug hatte *bei der Abfahrt* schon eine Verspätung von zwanzig Minuten.
    →
11. Gestern bin ich *beim Rückwärtsfahren* gegen eine Mauer gestoßen.
    →
12. Ich möchte *beim Gespräch mit den Kunden* nicht gestört werden.
    →

10.2.1.2 Temporalsätze mit „während“

Ich frühstücke. *Zur gleichen Zeit* checke ich meine Mails.
Während *ich frühstücke*, checke ich meine Mails.

Sie telefonierte mit ihrer Freundin. *Gleichzeitig* blätterte sie in einem Buch.
Während *sie mit ihrer Freundin telefonierte*, blätterte sie in einem Buch.

- Das Geschehen des Temporalsatzes mit „während“ ist gleichzeitig mit dem Geschehen des Hauptsatzes. Die Vorgänge verlaufen parallel.
- Temporalsätze entsprechen nominalen Temporal-Angaben:

während ich frühstücke	↔	***während*** *des Frühstücks*
während sie telefonierte	↔	***während*** *des Telefonierens*
während er mit dem Zug fuhr	↔	***während*** *der Zugfahrt*

122. Bilden Sie Temporalsätze mit „während“.

1. Frau Meier schläft noch. Herr Meier kocht schon den Kaffee.
   → *Während Frau Meier noch schläft, kocht Herr Meier schon den Kaffee.*
2. Sie isst noch. Er liest schon die Zeitung.
   →
3. Er räumt den Tisch ab. Sie telefoniert mit ihrer Freundin.
   →
4. Wir warteten auf den Bus. Es begann zu regnen.
   →
5. Der Zug näherte sich dem Bahnhof. Die Leute machten sich zum Aussteigen fertig.
   →
6. Sie hielt sich fünf Wochen in Spanien auf. Sie besuchte einen Spanisch-Kurs.
   →
7. *Während unserer Unterhaltung* spielten die Kinder Monopoly.
   →
8. *Während ihres Einkaufs im Supermarkt* wurde ihr Auto auf dem Parkplatz beschädigt.
   →
9. *Während meines Mittagsschlafs* möchte ich von niemandem gestört werden (*halten* + A).
   →
10. *Während der Heizungsreparatur* wurde es im ganzen Haus sehr kalt.
    →
11. *Während der Fahrt des Präsidenten zum Regierungsgebäude* waren viele Straßen für den Autoverkehr gesperrt.
    →

10.2.1.3 Temporalsätze mit „nachdem“

① *Zuerst* frühstücke ich. *Dann* fahre ich zur Arbeit.
Nachdem *ich gefrühstückt habe*, fahre ich zur Arbeit.
② *Zuerst* beendete Petra ihr Studium. *Danach* machte sie eine große Reise.
Nachdem *Petra ihr Studium beendet hatte*, machte sie eine große Reise.

- Das Geschehen des Nebensatzes liegt vor dem Geschehen des Hauptsatzes.
- Man drückt die *Vorzeitigkeit* durch ein *vorzeitiges Tempus* aus:

Hauptsatz:		***Nebensatz:***
① Gegenwart / Zukunft	+	Perfekt
② Vergangenheit	+	Plusquamperfekt

- Temporalsätze entsprechen nominalen Temporal-Angaben:
nachdem ich gefrühstückt habe ↔ ***nach*** *dem Frühstück*
nachdem er sein Studium beendet hatte ↔ ***nach*** *dem Ende seines Studiums*
nachdem sie abgereist waren ↔ ***nach*** *ihrer Abreise*

123. Bilden Sie Temporalsätze mit „nachdem“.

1. Zuerst macht Peter die Hausaufgaben. Dann trifft er seine Freunde.
→ *Nachdem Peter die Hausaufgaben gemacht hat, trifft er seine Freunde.*
2. Zuerst steht Lisa auf. Dann geht sie ins Badezimmer.
→
3. Zuerst sehe ich in den Hausbriefkasten. Dann schließe ich die Haustür auf.
→
4. Zuerst arbeiteten sie. Dann gingen sie zum Fußballspiel.
→
5. Zuerst kam der Zug zum Stehen. Dann öffneten sich die Türen.
→
6. Zuerst haben wir uns informiert. Dann haben wir den Bus Nr. 8 genommen.
→
7. *Nach der Arbeit* ruhe ich mich aus.
→
8. *Nach dem Bestehen der Sprachprüfung* beginne ich wahrscheinlich sofort mit dem Fachstudium.
→
9. *Nach der Rückkehr von der Reise* hat er als Erstes seine Freundin besucht.
→
10. *Nach der Beendigung des Gymnasiums* machte Eva eine Berufsausbildung.
→
11. *Nach der Reparatur meines Fahrrads* fahre ich damit wieder zur Uni.
→
12. *Nach dem Duschen* fühlte er sich wohler.
→

10.2.1.4 Temporalsätze mit „bevor"

① Ich esse. *Vorher* wasche ich mir die Hände.
Bevor *ich esse*, wasche ich mir die Hände.
② Sie ging schlafen. *Vorher* putzte sie sich die Zähne.
Bevor *sie schlafen ging*, putzte sie sich die Zähne.

> Das Geschehen des Nebensatzes liegt nach dem Geschehen des Hauptsatzes.

Temporalsatz	↔	***Temporal-Angabe***
bevor ich esse	↔	***vor*** *dem Essen*
bevor sie schlafen ging	↔	***vor*** *dem Schlafengehen*

124. Bilden Sie Temporalsätze mit „bevor".

1. Ali fuhr nach Deutschland. Vorher musste er Deutsch lernen.
   → *Bevor Ali nach Deutschland fuhr, musste er Deutsch lernen.*
2. Wir fuhren nach Hamburg. Wir kauften (vorher) eine Fahrkarte.
   →
3. Zuerst muss man viel Geld sparen. Dann kann man sich ein Haus kaufen.
   →
4. Zuerst machten sie einen Sprachkurs. Dann meldeten sie sich zur Prüfung.
   →
5. *Vor dem Beginn des Konzerts* stimmen die Musiker ihre Instrumente.
   →

10.2.1.5 Temporalsätze mit „seit(dem)"

Meine Schwester hat geheiratet. Sie besucht uns (*seit ihrer Heirat*) nur selten.
Seitdem *meine Schwester geheiratet hat,* besucht sie uns nur selten.

> Eine Handlung hat in der Vergangenheit begonnen oder stattgefunden und wirkt bis in die Gegenwart nach.

Temporalsatz	↔	***Temporal-Angabe***
seitdem meine Schwester geheiratet hat	↔	***seit*** *der Heirat meiner Schwester*
seit sie angekommen ist	↔	***seit*** *ihrer Ankunft*

125. Bilden Sie Temporalsätze mit „seitdem".

1. Meine Eltern leben auf dem Land. Sie sind viel zufriedener.
   → *Seitdem meine Eltern auf dem Land leben, sind sie viel zufriedener.*
2. Sie ist nach Deutschland gekommen. Sie lernt Deutsch.
   →
3. Er ist wieder gesund. Er treibt oft Sport.
   →
4. *Seit dem Einzug in unsere neue Wohnung* schlafen wir besser.
   →
5. *Seit der Sperrung der Straße* ist es bei uns ruhiger geworden.
   →

126. Bilden Sie Temporalsätze mit „während", „nachdem" oder „bevor".

1. Der Student füllte das Formular aus. Danach gab er es der Angestellten.
   → *Nachdem der Student das Formular ausgefüllt hatte, gab er es der Angestellten.*
2. Man reist in die USA ein. Vorher muss man sich ein Visum besorgen.
   →
3. Herr Berger arbeitet in der Küche, Frau Berger liegt auf dem Sofa.
   →
4. Das Orchester spielt; die Zuhörer schweigen.
   →
5. Ich kam in München an. Dann besuchte ich meine Verwandten.
   →
6. Du gehst aus dem Haus. Vergiss nicht, das Licht auszumachen!
   →
7. Der Vater schlief. Die Kinder mussten ruhig sein.
   →
8. Wir aßen und gingen dann spazieren.
   →
9. Die Straßenbahn hält. Vorher kann niemand aussteigen.
   →
10. Du machst deine Arbeit. Danach gehen wir ins Kino.
    →
11. Ich mache eine Auslandsreise. Ich informiere mich (vorher) über das Land.
    →
12. Kostas schließt sein Studium ab. Danach kehrt er nach Griechenland zurück.
    →
13. Der Mann erreichte den Bahnhof. Vorher fuhr der Zug ab.
    →
14. Petra schrieb ihre Diplomarbeit. Sie hatte keine Zeit zum Tennisspielen.
    →
15. Die Reporter hatten lange gewartet. Dann erschien der Minister endlich im Presseclub.
    →

10.2.1.6 Temporalsätze mit „bis“

Bis zur Abfahrt des Zuges sind es noch fünf Minuten.
Bis *der Zug abfährt*, sind es noch fünf Minuten.

> Das Geschehen des Nebensatzes liegt nach dem Geschehen des Hauptsatzes und ist auch *Endpunkt* des Hauptsatzgeschehens.

127. Bilden Sie Temporalsätze mit „bis“.

1. Sie hat mich oft angerufen. Sie hat mich (schließlich) erreicht.
   →
2. Ich finde (bald) ein eigenes Zimmer. Ich wohne (bis dahin) bei einem Freund.
   →
3. *Bis zum Beginn der Ferien* müssen wir noch viel lernen.
   →
4. Ich bleibe *bis zum Abschluss meines Studiums* in Innsbruck.
   →

10.2.1.7 Temporalsätze mit „solange“

Die Busfahrer streiken. Ich fahre mit dem Fahrrad.
Solange *die Busfahrer streiken*, fahre ich mit dem Fahrrad.

> Das Geschehen des Nebensatzes ist gleichzeitig mit dem Geschehen des Hauptsatzes. Der gemeinsame *Endpunkt* wird betont.

128. Bilden Sie Temporalsätze mit „solange“.

1. Es regnet. Wir können (während des Regens) nicht spazieren gehen.
   →
2. Kaufen Sie doch Äpfel! Sie sind noch so billig.
   →
3. Es ist kalt. Man trägt warme Kleidung.
   →
4. *Während des Tankens* darf man nicht rauchen.
   →

10.2.1.8 Temporalsätze mit „sobald“ (= „sofort nachdem“)

Ich fliege nach Marokko. *Sofort nach meiner Ankunft* rufe ich dich an.
Sobald *ich in Marokko angekommen bin*, rufe ich dich an.

> Das Geschehen des Nebensatzes liegt vor dem Geschehen des Hauptsatzes.

129. Bilden Sie Temporalsätze mit „sobald“.

1. Ich schreibe dir einen langen Brief. (Ich muss aber erst Zeit haben.)
   →
2. Ich komme zu dir. (Ich muss aber erst mit der Arbeit fertig sein.)
   →
3. *Sofort nach dem Ende des Unterrichts* gehen wir in die Mensa.
   →
4. *Bei Berührung des Schalters* geht das Licht an.
   →

130. Bilden Sie Temporalsätze.

1. *Bei der Landung des Flugzeugs* muss man angeschnallt bleiben.
   → *Wenn das Flugzeug landet, muss man angeschnallt bleiben.*
2. *Während des Theaterumbaus* finden keine Aufführungen statt.
   →
3. *Nach dem Aufstehen* sieht er sich sofort die neuen Posts auf seinem Handy an.
   →
4. *Vor dem Überqueren der Straße* muss man nach links und rechts schauen.
   →
5. *Beim Zusammenstoß der beiden Züge* gab es viele Verletzte.
   →
6. *Nach der Besichtigung der Altstadt* gingen die Touristen ins Museum.
   →
7. *Bei Kriegsbeginn* lebten seine Großeltern noch.
   →
8. *Beim Baden im Meer* habe ich immer Angst vor den Fischen gehabt.
   →
9. *Seit dem Treffen vor drei Jahren* sind wir uns nie wieder begegnet.
   →
10. *Bis zur Rettung der Erdbebenopfer* vergingen drei Tage.
    →
11. *Beim Autofahren in Großbritannien* habe ich Probleme mit dem Linksverkehr.
    →
12. *Während unseres Spaziergangs* bereitete Frau Behrens das Abendessen vor.
    →
13. *Nach dem Essen* macht Opa Behrens ein kurzes Mittagsschläfchen.
    →
14. *Vor dem Kauf eines Hauses* muss man sich über die Kreditzinsen informieren.
    →
15. Meine Großmutter musste *beim Zeitunglesen* eine Brille tragen.
    →
16. *Sofort nach der Zahlung des Lösegeldes* wurde die Geisel freigelassen.
    →

10.2.2 Kausalsätze

Sie bleibt zu Hause. Sie ist krank!

Warum bleibt sie zu Hause?

Sie bleibt zu Hause, { ***weil*** / ***da*** } sie krank ist.

{ ***Da*** / ***Weil*** } sie krank ist, bleibt sie zu Hause.

- Kausalsätze nennen einen Grund bzw. eine Ursache. Sie antworten auf die Frage: Warum? Weshalb? Weswegen? Aus welchem Grund? (Wieso?)
- Die Subjunktionen sind „weil“ und „da“. „Da“-Sätze nennen meist einen bekannten Grund, sind daher nicht immer gegen „weil“-Sätze austauschbar. Sie stehen meistens vor dem Hauptsatz.
- Kausalsätze entsprechen nominalen Kausal-Angaben:

weil sie krank ist	↔	***wegen*** *ihrer Krankheit*
da er behindert ist	↔	***aufgrund*** *seiner Behinderung*
da ich Angst hatte	↔	***aus*** *Angst*

131. Bilden Sie Satzgefüge mit Kausalsätzen. Der Kausalsatz soll einmal nach dem Hauptsatz (a) und einmal vor dem Hauptsatz (b) stehen.

1. Es regnet. Ich bleibe zu Hause.
   → a) *Ich bleibe zu Hause, weil es regnet.*
   → b) *Da es regnet, bleibe ich zu Hause.*
2. Inge geht zur Bibliothek. Sie muss Bücher zurückgeben.
   → a)
   → b)
3. Wir sind müde. Wir gehen heute Abend nicht ins Konzert.
   → a)
   → b)
4. Ich kaufe die Lederjacke nicht. Sie ist zu teuer.
   → a)
   → b)
5. Sie isst nichts. Sie hat keinen Hunger.
   → a)
   → b)
6. Ich habe meine Brille vergessen. Ich kann auf dem Foto nichts erkennen.
   → a)
   → b)
7. Wir gehen in die Mensa. Wir wollen zu Mittag essen.
   → a)
   → b)

132. Antworten Sie mit Kausalsätzen.

1. Warum kommt Eva immer zu spät? (Sie schläft zu lange.)
   → *Eva kommt immer zu spät, weil sie zu lange schläft.*
2. Warum ist Kostas traurig? (Er hat die Prüfung nicht bestanden.)
   →
3. Aus welchem Grund bist du nicht gekommen? (Ich war krank.)
   →
4. Weshalb isst Carmen nicht in der Mensa? (Das Essen schmeckt ihr nicht.)
   →
5. Warum hatte sie einen Unfall? (Sie war unvorsichtig gewesen.)
   →
6. Warum studiert Aziz in Berlin? (Er kann dort bei seinem Onkel wohnen.)
   →
7. Weswegen bist du morgens immer müde? (Ich gehe zu spät schlafen.)
   →
8. Wieso hat er die Prüfung nicht geschafft? (Er hat nicht genug getan.)
   →
9. Warum können Meiers keine Reise machen? (Frau Meier ist arbeitslos.)
   →
10. Weshalb ist die Straße gesperrt? (Es hat einen Wasserrohrbruch gegeben.)
   →

133. Bilden Sie Kausalsätze.

1. Das Fußballspiel findet *wegen des schlechten Wetters* nicht statt.
   →
2. *Wegen des Schnees* kam der Bus verspätet in Zürich an.
   →
3. *Aufgrund ihres hohen Alters* kann sie die Reise nicht machen.
   →
4. Herr Schmidt musste *aus Krankheitsgründen* zu Hause bleiben.
   →
5. *Aus Angst vor dem Hund* wollten die Kinder den Garten nicht betreten.
   →
6. *Wegen der Zugverspätung* konnte ich nicht rechtzeitig da sein.
   →
7. *Aufgrund der langen Trockenheit* wuchs das Korn schlecht.
   →
8. *Wegen einer Panne* blieb der Lkw auf der Kreuzung stehen.
   →
9. Sie hat ihren Mann *aus Eifersucht* umgebracht.
   →

10.2.3 Finalsätze

① Tina möchte einen Studienplatz im Fach Medizin bekommen.
Dafür muss Tina sehr gute Abiturnoten haben.

Wofür / Wozu / Warum muss sie sehr gute Abiturnoten haben?
Sie braucht sehr gute Abiturnoten,
a) ***um*** *einen Studienplatz im Fach Medizin* ***zu*** *bekommen.*
b) (***damit*** *sie einen Studienplatz im Fach Medizin bekommt.*)

② Peter schenkt Lena Blumen. Lena soll wieder freundlich zu ihm sein.

Warum / Mit welcher Absicht schenkt er ihr Blumen?
Er schenkt ihr Blumen, ***damit*** *sie wieder freundlich zu ihm ist.*

- Finalsätze nennen eine Absicht oder einen Zweck. Sie antworten auf die Frage: Wofür? Wozu? Warum? Mit welcher Absicht? Zu welchem Zweck?
- Finalsätze sind a) Infinitivkonstruktionen mit der Subjunktion „um ... zu“,
  b) Nebensätze mit der Subjunktion „damit“.
- Wenn die Subjekte in Haupt- und Nebensatz gleich sind, benutzt man fast immer die Infinitivkonstruktion.① a)
- Wenn die Subjekte verschieden sind, muss man einen „damit“-Satz bilden.②
- In Finalsätzen kommen die „finalen“ Modalverben *wollen*, *möchte-* und *sollen* nicht vor.
- Finalsätze entsprechen nominalen Final-Angaben:

um Deutsch zu lernen	↔	***zum*** *Deutschlernen*
damit er studiert	↔	***zum*** *Studium*
damit es repariert wird	↔	***zur*** *Reparatur*

134. Bilden Sie Finalsätze. Achten Sie auf die Modalverben.

1. Ich bin nach Deutschland gekommen. Ich will Medizin studieren.
   → *Ich bin nach Deutschland gekommen, um Medizin zu studieren.*
2. Meine Eltern haben mir Geld geschickt. Ich soll mir ein Tablet kaufen.
   →
3. Der Vater ging in die Küche. Er wollte dem Kind das Essen holen.
   →
4. Ich habe Petra eine Nachricht geschickt. Sie soll mir meine Bücher mitbringen.
   →
5. Richard geht zu Herrn Müller. Er will ihm zum Geburtstag gratulieren.
   →
6. Hast du dich mit Julia verabredet? Willst du mit ihr Skateboard fahren?
   →
7. Ich möchte dich zu meiner Familie mitnehmen; du sollst sie kennenlernen.
   →
8. Eine Studentin geht zum Bürgeramt. Sie will sich dort anmelden.
   →

135. Bilden Sie Finalsätze. Achten Sie auf die Modalverben.

1. Ich gehe zur Bank. Ich will meine Kontoauszüge ausdrucken.

   →

2. Wir schalten den Fernseher ein. Wir wollen uns das Fußballspiel ansehen.

   →

3. Ich öle die Tür. Sie soll nicht mehr quietschen.

   →

4. Der Dieb hat sich versteckt. Die Polizei soll ihn nicht finden.

   →

5. Wir haben die Fenster geöffnet. Es soll frische Luft hereinkommen.

   →

6. Ich fahre morgen in die Stadt. Ich will mir Schuhe kaufen.

   →

7. Sie verlässt das Haus sehr früh. Sie möchte den Zug nicht verpassen.

   →

8. Die Mutter zieht ihre Kinder warm an. Sie sollen sich nicht erkälten.

   →

9. Der Schauspieler trägt eine dunkle Sonnenbrille. Er möchte nicht erkannt werden.

   →

10. Ich habe meinen Freund angerufen. Ich wollte mit ihm essen gehen.

    →

11. *Zur Verbesserung meiner Sprachkenntnisse* besuche ich einen Sprachkurs.

    →

12. Der Student gab seiner Professorin die Arbeit *zur Korrektur*.

    →

13. *Zum besseren Kennenlernen* wollen die Kursteilnehmer eine Party feiern.

    →

14. *Zur Lösung dieser Aufgabe* brauchst du keine Hilfe!

    →

15. *Zum Schutz vor Einbrechern* hat das Pfandhaus eine Alarmanlage einbauen lassen.

    →

16. Nachdem es in einem Kernkraftwerk zu einem Unfall gekommen war, hielt der Minister *zur Beruhigung der Bevölkerung* eine Rede.

    →

10.2.4 Konditionalsätze

Man darf die Straße überqueren. (*Bedingung*: die Ampel muss Grün zeigen!)
① ***Wenn*** *die Ampel Grün zeigt*, darf man die Straße überqueren.
② *Zeigt die Ampel Grün, (dann)* darf man die Straße überqueren.
Wann muss man sehr vorsichtig sein? (Die Ampel funktioniert nicht!)
① ***Falls*** *die Ampel nicht funktioniert*, muss man sehr vorsichtig sein.
② *Funktioniert die Ampel nicht, (dann)* muss man sehr vorsichtig sein.

- Konditionalsätze nennen eine Bedingung. Sie antworten auf die Frage: Unter welcher Bedingung? Wann?
- Die Subjunktionen sind „wenn"* oder „falls" **. ①
- Wenn der Konditionalsatz vor dem Hauptsatz steht, kann die Subjunktion wegfallen. Die Personalform des Prädikats steht dann auf Position I (= Fragesatz-Form) und der Hauptsatz beginnt häufig mit „dann". ②
- Konditionalsätze entsprechen nominalen Konditional-Angaben:

wenn die Ampel Grün zeigt	→	***bei*** *Grün*
falls es stark regnet	→	***bei*** *starkem Regen*
wenn die Straßen glatt sind	→	***bei*** *Straßenglätte*

* Bei Nebensätzen mit „wenn" ist es oft nicht klar, ob sie eine temporale oder konditionale Bedeutung (S. 120) haben.
** Der Eintritt der Bedingung ist eher unwahrscheinlich und nicht regelmäßig.

136. Bilden Sie Konditionalsätze.

1. Man studiert. Man darf im Studierendenheim wohnen.
   → ① *Wenn man studiert, darf man im Studierendenheim wohnen.*
   → ② *Studiert man, (dann) darf man im Studierendenheim wohnen.*
2. Man hat Examen gemacht. Man muss ausziehen.
   → ①
   → ②
3. Man möchte arbeiten. Man muss sich einen Arbeitsplatz suchen.
   → ①
   → ②
4. Die Mieten steigen weiter. Ich kann mir keine große Wohnung mehr leisten.
   → ①
   → ②
5. Sie nehmen einen Kredit auf. Sie müssen Zinsen bezahlen.
   → ①
   → ②

137. Bilden Sie Konditionalsätze.

1. Der Akku ist fast leer. Man muss ihn aufladen.

   →

2. Der Papierkorb ist voll. Er muss geleert werden.

   →

3. Was müssen Sie tun? (Sie haben Ihren Pass verloren!)

   →

4. Sie bezahlen die Miete nicht rechtzeitig. Die Wohnung wird Ihnen bald gekündigt.

   →

5. Man ist krankenversichert. Die Versicherung bezahlt die Arztrechnung.

   →

6. Du schläfst nicht lange genug. Du bist am nächsten Morgen nicht munter.

   →

7. Das Radio spielt zu laut. Die Kinder können nicht einschlafen.

   →

8. Es hat nachts sehr stark geschneit. Die Fahrt zur Arbeit dauert länger.

   →

9. Der Student hat 180 Punkte erreicht. Er hat die Prüfung bestanden.

   →

10. Ein Feuer ist ausgebrochen. Welche Telefonnummer müssen Sie wählen?

    →

11. *Bei Sonnenschein* macht das Radfahren Spaß.

    →

12. *Bei fleißigem Lernen* kann sie die Prüfung schaffen.

    →

13. *Bei gründlichem Suchen* findest du deinen Schlüssel bestimmt wieder.

    →

14. *Bei geschlossenem Fenster* kann ich nicht schlafen.

    →

15. *Bei auftretenden Komplikationen* muss der Arzt gerufen werden.

    →

10.2.5 Irreale (hypothetische) Konditionalsätze

10.2.5.1 Konjunktiv II der Gegenwart

Wenn ich reich ***wäre***, { ***würde*** ich mir ein Auto ***kaufen***. / ***kaufte*** ich mir ein Auto. }

Wenn ich Flügel ***hätte***, { ***würde*** ich in meine Heimat ***fliegen***. / ~~***flöge*** ich in meine Heimat.~~ }

Wenn er rechtzeitig ***käme***,
Wenn er rechtzeitig ***kommen würde***, } ***könnten*** wir noch ins Konzert ***gehen***.

- Wenn man im Konditionalsatz eine Bedingung nennt, die irreal bzw. hypothetisch ist, benutzt man den *Konjunktiv II der Gegenwart*.
- Es gibt zwei Formen für den Konjunktiv II der Gegenwart:
  - die vom Präteritum abgeleitete ***einfache Form***;
  - die mit „würde-" + Infinitiv gebildete ***zusammengesetzte Form***.
- Bei häufig gebrauchten Verben (Hilfsverben; Modalverben; wissen, lassen, kommen, gehen, bleiben usw.) benutzt man meistens die einfache Form, bei den übrigen Verben benutzt man meistens die zusammengesetzte Form.

Formen:			**Einfache Form**		**Zusammengesetzte Form**
haben:	ich hatte	→	ich hätte	-e	Die zusammengesetzte Form ist bei diesen Verben ungebräuchlich.
			du hättest	-est	
			man hätte	-e	
			wir hätten	-en	
			ihr hättet	-et	
			sie hätten	-en	
sein:	ich war	→	ich wäre		
werden:	ich wurde	→	ich würde		
können:	ich konnte	→	ich könnte		
dürfen:	ich durfte	→	ich dürfte		
müssen:	ich musste	→	ich müsste		
sollen:	ich sollte	→	ich sollte		
wollen:	ich wollte	→	ich wollte		
wissen:	ich wusste	→	ich wüsste		
lassen:	ich ließ	→	ich ließe		ich würde lassen
kommen:	ich kam	→	ich käme		ich würde kommen
gehen:	ich ging	→	ich ginge		ich würde gehen
bleiben:	ich blieb	→	ich bliebe		ich würde bleiben
kaufen:	ich kaufte	→	(ich kaufte)		ich würde kaufen
studieren:	ich studierte	→	(ich studierte)		ich würde studieren

<u>Passiv:</u> „würde-" + Part. II

lesen	→ es würde gelesen
verkaufen	→ es würde verkauft
reparieren	→ es würde repariert

138. *Bilden Sie irreale Konditionalsätze mit dem Konjunktiv II. (Stellen Sie sich immer das Gegenteil vor.)*

1. Das Buch ist nicht interessant. Ich lese es nicht.
   → *Aber wenn das Buch interessant wäre, würde ich es lesen.*
2. Ich habe kein Geld. Ich verreise nicht.
   → *Aber wenn ...*
3. Sie lädt mich nicht ein. Ich besuche sie nicht.
   → *Aber wenn ...*
4. Ich habe Angst vor einer Ansteckung. Ich lasse mich impfen.
   → *Aber wenn ...*
5. Er ist zu klein. Deshalb kann er sich nicht bei der Polizei bewerben.
   → *Aber wenn ...*
6. Der Weg ist so weit. Wir gehen nicht zu Fuß.
   → *Aber wenn ...*
7. Ich habe meine Brille nicht bei mir. Ich kann die Zahlen nicht erkennen.
   → *Aber wenn ...*
8. Sie hat keinen Führerschein. Sie darf nicht Auto fahren.
   → *Aber wenn ...*
9. Ich weiß Peters neue Handynummer nicht. Ich kann ihn nicht anrufen.
   → *Aber wenn ...*
10. Die Menschen sind keine Engel. Es gibt keinen Frieden auf der Erde.
    → *Aber wenn ...*
11. Seine Eltern können ihm Geld schicken. Er braucht nicht zu jobben.
    → *Aber wenn ...*
12. Ich gehe nicht ins Kino, weil ich arbeiten muss.
    → *Aber wenn ...*
13. Sie kann keinen Sport treiben, weil sie verletzt ist.
    → *Aber wenn ...*
14. Eva kann nicht in den USA studieren, weil sie kein Stipendium bekommt.
    → *Aber wenn ...*
15. Ich darf nicht baden, denn ich habe Fieber.
    → *Aber wenn ...*

10.2.5.2 Konjunktiv II der Vergangenheit

① Wenn er sich intensiver ***vorbereitet hätte***, ***wäre*** sein Testergebnis nicht so schlecht ***gewesen***. (Tatsache: Er hat sich nicht intensiv vorbereitet, und so war sein Testergebnis schlecht.)

② Wenn sie erst im nächsten Jahr in ihre Heimat ***geflogen wäre*** (statt schon im Januar diesen Jahres), ***hätte*** sie ihren Großvater nicht mehr zu Hause ***besuchen können***, sondern nur noch im Altenheim, wo er seit kurzem lebt.

- Wenn man eine Bedingung nennt, die niemals Wirklichkeit werden kann, benutzt man den Konjunktiv II der Vergangenheit. Das gilt immer für Aussagen über die Vergangenheit ①, selten auch für die Zukunft. ②
- Die Formen sind abgeleitet vom Plusquamperfekt: „hätte-“ statt „hatte-“, „wäre-“ statt „war-“.

Formen Konjunktiv II der Vergangenheit

lernen	ich hätte gelernt du hättest gelernt usw.	fahren	ich wäre gefahren die wärest gefahren usw.
mit Modalverben:			
	ich hätte lernen müssen du hättest lernen müssen usw.		ich hätte fahren können du hättest fahren können usw.

Passiv:

es wäre gelesen worden
es wäre verkauft worden
es wäre repariert worden

mit Modalverben:

es hätte gelernt werden müssen*
es hätte verkauft werden sollen
es hätte repariert werden können

* zum Infinitiv Passiv s. 1.8.2 (S. 49)

139. Bilden Sie Konditionalsätze mit „Wenn …“.

1. Sie hat sich nicht rechtzeitig beworben. Sie hat keinen Studienplatz bekommen.
→
2. Er kam zu spät. Er konnte nicht mehr an der Prüfung teilnehmen.
→
3. Die Internet-Verbindung war gestört. Es kamen keine E-Mails an.
→

4. Gestern hat es den ganzen Tag geregnet. Wir mussten auf unsere Radtour verzichten.

   →

5. Die Gefährlichkeit des COVID-19-Virus wurde lange unterschätzt; so konnte sich die Infektion weltweit verbreiten.

   →

140. Schreiben Sie den Text um: Ersetzen Sie die Sätze mit Konj. II durch Sätze im Indikativ und umgekehrt.

Heute, am 21. Januar, war ich erst mit zwei Stunden Verspätung im Büro. Und das kam so: Ich war gestern auf einer Party, bis lange nach Mitternacht, und hatte mein Handy ausgeschaltet.

1. Hätte ich das nicht getan, hätte es mich am nächsten Morgen geweckt und ich wäre pünktlich wach geworden.

   →

2. Dann hätte ich in Ruhe Kaffee trinken und mit dem Fahrrad zum Bahnhof fahren können.

   →

3. Wären nicht über Nacht 30 cm Schnee gefallen, wäre das kein Problem gewesen, und ich hätte nicht das Auto nehmen müssen.

   →

4. Der Wintereinbruch war so überraschend gekommen, dass die Streufahrzeuge die Straßen nicht rechtzeitig räumen konnten.

   →

5. Weil die Schneeräumung nicht funktioniert hatte, kam es im Berufsverkehr zu langen Staus.

   →

6. Im Wetterbericht war am Vortag nicht gewarnt worden, und so war niemand auf das Schneechaos vorbereitet.

   →

7. Mein Handy-Akku war zum Glück geladen, und so konnte ich die Firma erreichen und Bescheid sagen.

   →

An diesem Tag waren nur zwei Kollegen pünktlich im Büro; alle anderen kamen verspätet, so wie ich.

10.2.6 Konzessivsätze

Es regnet. (Ich müsste eigentlich zu Hause bleiben,) *aber* ich gehe spazieren.
Obwohl *es regnet*, gehe ich spazieren.
Er war krank. Er spielte Tennis (, *anstatt* im Bett zu bleiben).
Er spielte Tennis, ***obwohl*** *er krank war*.

- Konzessivsätze nennen einen „Gegengrund", d. h. einen Grund, bei dem man eigentlich eine andere Folge erwartet.
- Die Subjunktionen sind „obwohl", „obgleich", „obschon".
- Konzessivsätze entsprechen nominalen Konzessiv-Angaben:

obwohl es regnet	↔	***trotz*** *des Regens*
obgleich er krank war	↔	***trotz*** *seiner Krankheit*
obschon sie fleißig war	↔	***trotz*** *ihres Fleißes*

141. Bilden Sie Konzessivsätze.

1. Der Taxifahrer fuhr vorsichtig. Er hatte (trotzdem) einen Unfall.
   → *Obwohl der Taxifahrer vorsichtig fuhr, hatte er einen Unfall.*
2. Eva hatte mir ihren Besuch angekündigt. Sie kam (aber) nicht.
   →
3. Wir hatten gut trainiert. Wir haben das Fußballspiel (aber) nicht gewonnen.
   →
4. Müllers haben nicht viel Geld. Sie leisten sich (aber) teure Urlaubsreisen.
   →
5. Die zwei Freunde rannten zum Bahnhof. Sie erreichten den Zug (jedoch) nicht mehr.
   →
6. Fatma war stark erkältet. Sie besuchte (trotzdem) den Deutschkurs.
   →
7. Katja spricht immer sehr schnell, (aber) sie verspricht sich nur selten.
   →
8. Ich habe viel zu tun. Ich komme (trotzdem) mit euch ins Kino.
   →
9. Ich hatte meinen E-Mail-Account gut gesichert; trotzdem ist er gehackt worden.
   →
10. Ich habe alle neuen Updates installiert, aber der Drucker funktioniert immer noch nicht.
   →

142. Bilden Sie Konzessivsätze.

1. Ali lebt schon seit drei Jahren in Deutschland. Er spricht (trotzdem) immer noch schlecht Deutsch.

   →

2. Ich hatte mich gut auf die Prüfung vorbereitet. Ich habe sie (aber) nicht bestanden.

   →

3. Meiers haben eine kleine Wohnung. Sie haben (dennoch) eine Verwandte bei sich aufgenommen.

   →

4. Ich bemühe mich seit Langem um eine Teilzeitarbeit. Ich habe (aber) immer noch keine gefunden.

   →

5. Die Fahrt hatte sehr lange gedauert. Die Kinder waren (dennoch) nicht müde.

   →

6. Herr Suhl verbringt seine Ferien seit vielen Jahren in Frankreich. Er hat (aber) immer noch wenig Kontakt zu seinen französischen Nachbarn.

   →

7. Es gibt schon genügend Straßen. Es werden (aber) immer noch neue gebaut.

   →

8. Die Zahl der Arbeitslosen steigt immer weiter. Die Regierung tut (aber) wenig.

   →

9. *Trotz der Kälte* ging die Frau ohne dicke Jacke spazieren.

   →

10. Ich konnte *trotz langen Suchens* meine Brille nicht wiederfinden.

    →

11. *Trotz des Protests der Studierenden* wurde die Prüfung nicht wiederholt.

    →

12. *Trotz des schlechten Wetters* fahren wir zum Grillen.

    →

13. *Trotz der hohen Preise* gehen viele Leute in dieses Restaurant.

    →

14. *Trotz der Aufmerksamkeit des Personals* wurde ein Notebook gestohlen.

    →

10.2.7 Konsekutivsätze

Er hat die Prüfung nicht geschafft. (*Folglich* muss er sie wiederholen.)
① Er hat die Prüfung nicht geschafft, ***sodass*** *er sie wiederholen muss.*
Sie spricht sehr leise. (*Die Folge ist,* dass man sie nicht verstehen kann.)
① Sie spricht sehr leise, ***sodass*** *man sie nicht verstehen kann.*
② Sie spricht ***so*** *leise,* ***dass*** *man sie nicht verstehen kann.*

- Konsekutivsätze nennen eine Folge.
- Die Subjunktion ist „sodass". ①
- Wenn „so" schon im Hauptsatz steht (vor Adjektiven, die man mit „sehr" kombinieren kann), genügt die Subjunktion „dass". ②

143. Bilden Sie Konsekutivsätze.

1. Die Party bei unseren Nachbarn war sehr laut. Wir konnten nicht schlafen.
   → *Die Party bei unseren Nachbarn war sehr laut, sodass wir nicht schlafen konnten.*
   → *Die Party bei unseren Nachbarn war so laut, dass wir nicht schlafen konnten.*
2. Markus hat Windpocken. Er darf nicht in die Schule gehen.
   →
3. Petra hatte sich gut vorbereitet. Sie schaffte alle Tests problemlos.
   →
4. Es war gestern kalt. Wir konnten nicht zum Schwimmen gehen.
   →
5. Der Film war langweilig. Ich bin fast eingeschlafen.
   →
6. Die Miete ist stark erhöht worden. Wir müssen ausziehen.
   →
7. Die Kanäle sind zugefroren. Der Schiffsverkehr muss eingestellt werden.
   →
8. Es hat lange nicht geregnet. Die Pflanzen sind vertrocknet.
   →
9. Sie hat sich sehr verändert. Ich habe sie nicht wiedererkannt.
   →
10. Das Tor wird jetzt geschlossen. Es kann niemand mehr hereinkommen.
    →
11. Sie hat ihr ganzes Geld ausgegeben. Sie muss einen Kredit aufnehmen.
    →
12. Wissenschaftliche Fachliteratur ist sehr teuer. Nicht jeder kann sie kaufen.
    →

10.2.8 Modalsätze

Wie kann man Petra zum Lachen bringen? (Man erzählt ihr einen Witz.)
Man kann Petra zum Lachen bringen, ***indem*** *man ihr einen Witz erzählt.*
Auf welche Weise kann man ein guter Sportler werden? (Man trainiert täglich.)
Man kann ein guter Sportler werden, ***indem*** *man täglich trainiert.*

- Modalsätze nennen die Art und Weise eines Vorgangs. Sie antworten auf die Frage: Wie? Auf welche Art (und Weise)? Wodurch?
- Die Subjunktion ist „indem“.
- Modalsätze entsprechen nominalen Modal-Angaben:

indem man einen Witz erzählt	↔	***durch*** *Erzählen eines Witzes*
indem man täglich trainiert	↔	***durch*** *tägliches Training*
indem man sparsam ist	↔	***durch*** *Sparsamkeit*

144. Beantworten Sie die Fragen mit einem Modalsatz.

1. Wie kann man schnell Deutsch lernen? (Man muss täglich viele Stunden üben.)
→ *Man kann schnell Deutsch lernen, indem man täglich viele Stunden übt.*
2. Wie kann man bei Regen trocken bleiben? (Man nimmt einen Regenschirm mit.)
→
3. Wie begrüßen sich zwei Deutsche? (Sie geben sich die Hand.)
→
4. Wie begrüßen sich zwei Japaner? (Sie verbeugen sich tief.)
→
5. Wie kann man sein Fahrrad vor Dieben schützen? (Man schließt es ab.)
→
6. Wie schützen sich Motorradfahrer vor Kopfverletzungen? (Sie tragen einen Helm.)
→
7. Wie kann man eine schlechte Regierung loswerden? (Man wählt die Opposition.)
→
8. Wie kann man einsamen Menschen eine Freude machen? (*durch einen Besuch*)
→
9. Wie vermehren sich Bakterien? (*durch Teilung*)
→
10. Wie kann man das Unfallrisiko vermindern? (*durch vorsichtiges Verhalten*)
→

10.2.9 Adversativsätze

Während *Peter erfolgreich studiert,* hat sein Bruder das Studium abgebrochen.
Während *ich früher 30 Zigaretten am Tag rauchte,* rauche ich heute keine mehr.

> Adversativsätze mit „während" machen einen Gegensatz deutlich.

145. Bilden Sie Adversativsätze.

1. Viele Leute machen heute zweimal im Jahr Urlaub. Ihre Großeltern kannten überhaupt keinen Urlaub.
   → *Während …*
2. Im Harz schneit es noch. In Freiburg blühen schon die Krokusse.
   →
3. Alle meine Geschwister sind Rechtshänder. Ich bin Linkshänder.
   →
4. Meine Schwester lebt in einer Großstadt, aber ich lebe auf dem Land.
   →
5. Polen war früher ein reines Agrarland, doch gibt es dort heute viel Industrie.
   →

10.2.10 Proportionalsätze

Je mehr (Geld) man verdient, ***desto mehr*** (Geld) kann man ausgeben.
Je kälter es wird, ***umso wärmer*** muss man sich anziehen.
Je kälter es wird, ***eine umso dickere Jacke*** ziehe ich an.

> – Proportionalsätze stellen einen abhängigen Vergleich dar.
> – ***Je*** **+ Komparativ** leitet einen Nebensatz ein.
> – Der Hauptsatz beginnt mit ***desto/umso*** **+ Komparativ**, dann folgt die Personalform. Hier können die Komparativ-Formen mit Nomen (und Artikel) eine Nominalgruppe bilden.

146. Bilden Sie Sätze mit „je … desto / umso".

1. Man isst viel; man wird dicker.
   → *Je mehr man isst, desto dicker wird man.*
2. Der Verkehr ist stark; es kommt häufig zu Staus.
   →
3. Die COVID-19-Pandemie dauerte lange; es gab viele Probleme.
   →
4. Das Testergebnis ist gut; man freut sich sehr.
   →
5. Die Flugpreise sind niedrig; Fernreisen sind beliebt.
   →

147. Beantworten Sie die Fragen mit einem Satzgefüge. (Die Sätze in Klammern sollen Nebensätze werden.)

1. Wann hat Petra das Abitur gemacht? (Sie war gerade 19 Jahre alt.)
   → *Petra hat das Abitur gemacht, als sie gerade 19 Jahre alt war.*
2. Weswegen machte sie ein Praktikum? (Das ist eine Voraussetzung für ihr Studium.)
   →
3. Wann begann Petra mit dem Studium? (Sie hatte ihr Praktikum beendet.)
   →
4. Warum studiert sie in Marburg? (Ihr Freund ist schon seit zwei Semestern dort.)
   →
5. Seit wann versucht Petra, einen Nebenjob zu finden? (Sie hat erfahren, dass sie kein Stipendium bekommen wird.)
   →
6. Wie versucht sie, einen Job zu finden? (Sie checkt täglich die Angebote der Jobvermittlung im Internet.)
   →
7. Seit wann wohnt Petra in einem Studierendenheim? (Dort wurde überraschend ein Zimmer frei.)
   →
8. Mit welcher Absicht geht sie in die UB? (Sie will dort für ihr Referat Literatur suchen.)
   →
9. Weshalb hat Petra die Party so früh verlassen? (Ihr Freund hat sehr oft mit Tatjana getanzt.)
   →
10. Aus welchem Grund ist sie verärgert? (Sie erreicht nur seine Mailbox.)
    →
11. Wozu trägt Petra neuerdings Kontaktlinsen? (Sie möchte besser aussehen.)
    →
12. Warum will sie am Samstag allein in die Disco gehen? (Sie will andere Leute kennenlernen.)
    →
13. Bis wann will Petra in Marburg bleiben? (Sie macht ihr Examen.)
    →
14. Wann wird sie möglicherweise vorher die Universität wechseln? (Es gefällt ihr nicht mehr.)
    →

148. *Setzen Sie die passenden Subjunktionen ein.*

1. Ich bringe mein Fahrrad in den Keller, ___*damit*___ es nicht gestohlen wird.
2. Es war so dunkel, ____________ ich den Weg nicht finden konnte.
3. Ich suche so lange, ____________ ich ein günstiges Zimmer gefunden habe.
4. ____________ die Ferien beginnen, sind Schüler und Lehrer froh.
5. Ich gehe in die Mensa, ____________ essen.
6. Man kann das Radio leiser stellen, ____________ man den mittleren Knopf nach links dreht.
7. ____________ er einen türkischen Pass hat, spricht er kein Türkisch.
8. Elli nimmt zwei Bücher aus dem Koffer, _________ er nicht über 20 Kilo wiegt.
9. Ich konnte dich nicht erreichen, ____________ ich mein Handy nicht bei mir hatte.
10. ____________ ich mein Studium begann, war ich 19 Jahre alt.
11. Ich werde dich besuchen, ____________ ich Zeit habe. Es kann nicht mehr lange dauern.
12. Sie hat schon drei Jahre lang Deutsch gelernt, ____________ sie die Prüfung eigentlich problemlos bestehen müsste.
13. Er hat sich sehr verändert, ____________ er im Ausland lebt.
14. Ich bleibe hier, ____________ der Sprachkurs läuft.
15. ____________ er nicht gekommen ist, vermute ich, dass er krank ist.
16. ____________ man mit einem öffentlichen Verkehrsmittel fahren will, braucht man einen gültigen Fahrausweis.
17. ____________ man studieren kann, muss man das Abitur machen.
18. Ich habe dir den Museumsführer mitgebracht, ____________ du dich informieren kannst.
19. Wir haben lange nichts mehr von ihr gehört, ____________ wir das Schlimmste befürchten müssen.
20. Man kann die Farbe flüssiger machen, __________ man Terpentin hinzufügt.
21. ____________ Peter geboren wurde, war sein Vater in London.
22. ____________ die Straße spiegelglatt war, fuhr er mit hoher Geschwindigkeit.
23. ____________ der Lehrer das Passiv erklärte, malte Igor Kreuzchen aufs Papier.
24. ___________ meine Freundin hier studiert, ziehe ich nicht von hier fort.

149. Formen Sie die kursiv geschriebenen Angaben in Nebensätze um.

1. *Wegen des starken Regens* mussten alle langsamer fahren.
   →
2. *Beim Abschied von ihrer Tochter* waren die Eltern sehr traurig.
   →
3. *Trotz seiner Einladung* haben wir ihn nicht besucht.
   →
4. *Seit der Öffnung der Grenze* kann man wieder ins Nachbarland reisen.
   →
5. Bitte schließen Sie *vor dem Verlassen des Büros* alle Fenster!
   →
6. Im Sommer stehe ich meistens *bei Sonnenaufgang* auf.
   →
7. *Aus Mitleid* habe ich dem Obdachlosen zwei Euro gegeben.
   →
8. *Nach dem Vorzeigen seines Passes* durfte er die Grenze passieren.
   →
9. *Während ihres Fluges von München nach Sydney* hat Frau Braun fast dauernd geschlafen.
   →
10. *Bis zum Bau einer neuen Schule* müssen die Kinder in die alte gehen.
    →
11. Die Eltern bringen ihr Kind *zur Untersuchung* zum Arzt.
    →
12. *Aufgrund ihrer guten Abiturnoten* erhielt Petra ein Stipendium.
    →
13. *Bei genauer Beachtung der Regeln* macht man weniger Fehler.
    →
14. *Zur Erweiterung meines Wortschatzes* lese ich jeden Tag die Zeitung.
    →
15. *Bei Verlust der Bank-Karte* muss man die Nummer 116116 anrufen.
    →
16. Man kann *nur durch fleißiges Üben* ein guter Klavierspieler werden.
    →
17. *Vor dem Ausfüllen eines Formulars* sollte man es in Ruhe durchlesen.
    →

150. Setzen Sie passende Subjunktionen ein.

Die Familie Breuer war aufs Land gezogen, __________[1] Frau Breuer dort ein Haus von einer Großtante geerbt hatte. Im Dorf gab es aber keine Arbeitsmöglichkeit, __________[2] Herr Breuer täglich in die nächstgelegene Kleinstadt fahren musste, wo er als Angestellter bei der Stadtsparkasse arbeitete. __________[3] die drei Kinder noch klein waren, konnte Frau Breuer ihren Beruf nicht ausüben, __________[4] sie sehr gern als Sekretärin gearbeitet hatte, __________[5] sie verheiratet war. Sie fand, dass ihr jetzt der Kontakt zu den Kolleginnen fehlte.

Herr Breuer war mit seiner Arbeitsstelle nicht sehr zufrieden, __________[6] er nicht genug verdiente. __________[7] er seinen Chef mehrere Male vergeblich wegen einer Gehaltserhöhung angesprochen hatte, beschloss er, seinen Arbeitsplatz zu wechseln. Er las täglich die Stellenanzeigen in der „Rundschau“, __________[8] er ein interessantes Angebot fand. Eine Privatbank suchte einen Kreditsachbearbeiter. __________[9] er gut arbeiten würde, könnte er nach einem halben Jahr zum Abteilungsleiter befördert werden.

__________[10] er seiner Frau von seinen Plänen erzählte, war sie überhaupt nicht begeistert, vor allem, __________[11] sie nicht aus ihrem schönen Haus ausziehen wollte, __________[12] in einer Mietwohnung in Frankfurt zu leben. Frau Breuer wollte lieber auf dem Land bleiben, __________[13] Herr Breuer bereit war, nach Frankfurt zu ziehen.

Aber __________[14] sie umziehen konnten, mussten sie zunächst eine Wohnung finden.

Jetzt leben die Breuers in Frankfurt. Aber __________[15] sie in einem Hochhaus im Zentrum der Stadt wohnen, kommen die Kinder nur noch selten an die „frische Luft“. Der Verkehr im Zentrum ist so stark, __________[16] Frau Breuer ihre drei Kinder nicht allein auf die Straße gehen lässt. __________[17] es in fünf Minuten Entfernung von der Wohnung einen Spielplatz gibt, schickt sie ihre Kinder doch nicht dorthin, __________[18] die kleinen Kinder immer wieder von Fußball spielenden Jugendlichen vertrieben werden. __________[19] Frau Breuer Zeit hat, fährt sie mit ihren Kindern in den Stadtwald, __________[20] dort spazieren zu gehen. Aber es dauert mindestens eine halbe Stunde, __________[21] sie dort sind.

11 Satzverbindungen

11.1 Konjunktionen auf Position Null (Ø) zwischen Hauptsätzen*

1. Hauptsatz	Konjunktion	2. Hauptsatz
	Ø	I II …
Ihr bleibt zu Haus	***und***	wir gehen fort.
Wir können zu Fuß gehen	***oder***	wir könnten ein Taxi nehmen.
Wir wollen ein Taxi nehmen,	***aber***	leider kommt kein Taxi.
Wir gehen nicht zu Fuß,	***sondern***	wir fahren mit dem Bus.
Wir kommen sehr spät zum Bahnhof,	***denn***	der Bus fährt sehr langsam.
Wir rennen auf den Bahnsteig,	***doch***	der Zug ist schon abgefahren.

Die Konjunktionen ***und, oder, aber, sondern, denn, doch*** stehen vor dem zweiten Hauptsatz auf *Position Ø*.

151. Verbinden Sie die Hauptsätze mit einer passenden Konjunktion.

1. Mein Bruder und ich wollten nicht in Ankara studieren, *sondern* wir sind nach Deutschland gegangen.
2. Ich studiere in Köln, ______________ mein Bruder studiert in Berlin.
3. Meine Schwester ist in Ankara geblieben, ______________ meine Eltern wollten sie nicht im Ausland studieren lassen.
4. Ich bin im ersten Semester, ______________ mein Bruder ist schon fast fertig.
5. Nach der Diplomprüfung wird mein Bruder vielleicht noch eine Doktorarbeit schreiben, ______________ er kehrt sofort in die Türkei zurück.
6. Ich habe ein sehr gutes Abitur gemacht, ______________ ich hoffe, auch ein gutes Diplom zu schaffen.
7. Ich muss fleißiger sein als deutsche Studenten, ______________ ich habe immer noch Probleme mit der Sprache.
8. Das Praktikum mache ich wahrscheinlich in Köln, ______________ ich versuche, eine Praktikantenstelle in Berlin zu finden.
9. Ich will später nicht in die Türkei zurückgehen, ______________ ich habe vor, nach Australien auszuwandern.
10. Ich habe viele Pläne, ______________ nicht alle Pläne werde ich verwirklichen können.

---

* Die Konjunktionen (außer „denn“ oder „doch“) können auch zwei Nebensätze der gleichen Ebene miteinander verbinden. *Ich überlege, ob ich mit dem Bus fahre* ***oder*** *(ob ich) zu Fuß gehe.* (s. Wortarten, S. 9, Anmerkung 2)

11.2 Doppelkonjunktionen

Entweder du fährst vorsichtiger, } ***oder*** ich leihe dir mein Auto nicht mehr.
Entweder fährst du vorsichtiger, }

In den nächsten Ferien fahre ich ***entweder*** an die Nordsee ***oder*** an die Ostsee.
Ich bin ***sowohl*** in Norwegen ***als auch*** in Schweden gewesen.
Dieser PC ist ***nicht nur*** zu teuer, ***sondern*** er arbeitet ***auch*** zu langsam.
Er geht ***weder*** zu einem Sprachkurs ***noch*** zu einem Computer-Kurs.
Dieses Hotel gefällt mir nicht. Es ist ***zwar*** billig, ***aber*** viel zu schmutzig.

– Doppelkonjunktionen verbinden zwei Hauptsätze oder zwei Satzglieder miteinander.

entweder	–	***oder***
sowohl	–	***als auch***
nicht nur	–	***sondern (...) auch***
weder	–	***noch*** (siehe auch 13, 4., S. 166)
zwar	–	***aber***

– Die Stellungsregeln sind kompliziert.

152. Setzen Sie die passenden Doppelkonjunktionen ein.

1. Eva hat keine Verständigungsprobleme in der Schweiz. Sie spricht ___________ Deutsch ___________ Französisch.
2. Hast du schon die norddeutschen Stadtstaaten besucht? – Nein, ich bin ___________ in Hamburg ___________ in Bremen gewesen.
3. Die Meiers sind reich. Sie besitzen ___________ ein Haus in München ___________ ein Ferienhaus in der Toskana.
4. Es gibt nur zwei Möglichkeiten: ___________ du schaffst die Prüfung, ___________ du musst den Sprachkurs wiederholen.
5. Meinem Schwager geht es sehr schlecht. Er ist ___________ arbeitslos, ___________ er hat ___________ gesundheitliche Probleme.
6. Du musst dich entscheiden, mein Sohn! ___________ du studierst ___________ du lernst ein Handwerk.
7. Eva möchte den Arbeitsplatz wechseln. Sie hat ___________ einen gut bezahlten Job, ___________ ihr Chef ist „unmöglich".
8. Hast du etwas von deiner Familie gehört? – Leider nicht. ___________ meine Eltern ___________ meine Geschwister haben angerufen.
9. Ich bin an diesem Wochenende zu Hause, ___________ am Samstag ___________ am Sonntag.
10. Am nächsten Wochenende bin ich nicht zu Hause, ___________ am Samstag ___________ am Sonntag.

11.3 Satzverbindende Adverbien

Er ist sehr krank. Er lässt einen Arzt kommen.
Er ist sehr krank; ***deshalb*** lässt er einen Arzt kommen.
Er ist sehr krank; er lässt ***deshalb*** einen Arzt kommen.

- Wenn es zwischen zwei Hauptsätzen eine (kausale, temporale o. a.) Beziehung gibt, kann man diese Beziehung mit einem Adverb ausdrücken; dadurch schafft man eine engere Verbindung zwischen den Sätzen.
- Das satzverbindende Adverb steht sehr oft auf Position I.

Liste häufiger satzverbindender Adverbien

temporale Adverbien:

da	Seit drei Stunden wartete er schon; ***da*** ging das Telefon.
dann	Zuerst wasche ich mich; ***dann*** putze ich mir die Zähne.
danach	Sie machten einen langen Spaziergang; ***danach*** waren sie müde.
vorher	Sie gingen ins Kino; ***vorher*** hatten sie sich Karten besorgt.
dabei	Er schälte Kartoffeln; ***dabei*** pfiff er ein Lied.

lokale Adverbien:

dort (da)	Sie fuhr nach München; ***dort*** besuchte sie eine Freundin.
hier	Ich wohne in Münster; ***hier*** gefällt es mir.
dorthin	Wir fahren dieses Jahr nach Warschau; ***dorthin*** sind wir noch nie gefahren.
von dort	Ich bin aus Frankreich zurückgekommen; ***von dort*** habe ich Wein mitgebracht.

kausale Adverbien:

deshalb / deswegen / daher	Es ist sehr dunkel; ***deswegen*** mache ich das Licht an. Sie ist krank geworden; sie hat ***daher*** nicht an der Prüfung teilnehmen können.

finales Adverb:

dafür	Sie möchte Französisch lernen; ***dafür*** geht sie nach Paris.

konzessive Adverbien:

trotzdem	Es schneit; ***trotzdem*** trägt er keinen Mantel.
dennoch	Sie hat immer noch keinen Job gefunden; ***dennoch*** gibt sie die Hoffnung nicht auf.

konditionales Adverb:

dann	Sie wollen Ihr Auto verkaufen? ***Dann*** rufen Sie uns an!

konsekutives Adverb:

infolgedessen	Es hat seit vielen Wochen nicht geregnet; ***infolgedessen*** ist das Gras vertrocknet.

modales Adverb:

so	Ich lerne täglich zehn Stunden; ***so*** kann ich die Prüfung schaffen.

adversatives Adverb:

jedoch	Er wollte um 8 Uhr hier sein; er ist ***jedoch*** zu spät gekommen.

153. Setzen Sie passende satzverbindende Adverbien ein.
(Manchmal sind mehrere Lösungen möglich.)

1. Wir haben uns lange unterhalten. ___*Dann*___ haben wir uns gegen 10 Uhr verabschiedet.
2. Ihr sucht eine preiswerte Unterkunft? ___________ empfehle ich euch das Jugendgästehaus!
3. Er wusste, dass das Konzert um 20 Uhr beginnt. ___________ ist er noch um 19:45 Uhr zum Essen gegangen.
4. Kommen Sie in unser Kaufhaus! ___________ können Sie billig einkaufen!
5. Sie hatte mir ihre Hilfe versprochen. ___________ musste ich ganz allein umziehen.
6. Unterschreiben Sie nie einen Vertrag, den Sie nicht gelesen haben! ___________ können Sie sich viel Ärger ersparen.
7. Hast du den Bericht über Afghanistan gesehen? ___________ kommen nur schlechte Nachrichten.
8. Eigentlich war die Küche schon geschlossen. Der Kellner hat mir ___________ eine Pizza gebracht.
9. Sie möchten ein Zimmer in einem Studierendenheim? ___________ müssen Sie zum Studierendenwerk gehen!
10. Sie hat den Zug verpasst. ___________ ist sie zu spät zur Arbeit gekommen.
11. Gehen Sie zu ALDIDL! ___________ finden Sie alles, was Sie brauchen!
12. Ich will zum Einkaufen in die Stadt, aber ___________ muss ich noch meinen Kontostand überprüfen.
13. Kennst du Marokko? ___________ möchte ich gern einmal fliegen.
14. Sie wird in Kürze ihr Studium beenden. ___________ will sie nach Kamerun zurückkehren.
15. Am Himmel sind dunkle Wolken. ___________ nehmen wir einen Regenschirm mit.
16. Sie kämmte sich. ___________ schaute sie in den Spiegel.
17. Peter ist zu allen Leuten unhöflich. ___________ kann man keine Freunde gewinnen.
18. Eva will für das Wochenende einkaufen. ___________ geht sie auf den Markt.
19. Wir waren mit dem Auto unterwegs. ___________ gab es plötzlich einen Knall.
20. Auch diese Uni hat Studiengebühren eingeführt. ___________ sind die Studierendenzahlen nicht zurückgegangen.

154. Konjunktion auf Position Ø oder Adverb auf Position I? (Verbinden Sie die beiden Sätze mit dem angegebenen Wort.)

1. Ich mache meine Hausaufgaben. Meine Freundin liest ein Buch. (und)
→ *Ich mache meine Hausaufgaben und meine Freundin liest ein Buch.*
2. Wir wollen nachmittags einen Freund besuchen. Wir wollen abends bei mir essen. (danach)
→
3. Ich könnte in den Ferien eine Reise machen. Ich könnte zu Hause bleiben und arbeiten. (oder)
→
4. Ich habe bis kurz nach acht auf dich gewartet. Ich bin nach Hause gegangen. (dann)
→
5. Herr Kim wollte einen Roman von Thomas Mann lesen. Die Sprache war zu schwierig für ihn. (aber)
→
6. Petras Vater ist erkrankt. Sie ist sofort nach Hause gefahren. (deswegen)
→
7. Ein Tourist hat den Dom besichtigt. Er hat sich die Ausstellung im Museum angesehen. (außerdem)
→
8. Jana hat kein eigenes Zimmer. Sie wohnt bei einer Freundin. (sondern)
→
9. Es ist nicht immer leicht, im Ausland zu leben. Viele Menschen arbeiten und studieren in einem fremden Land. (trotzdem)
→
10. Mein Bruder studiert in Griechenland. Ich studiere in Deutschland. (und)
→
11. Ich kann in meiner Heimat dieses Fach nicht studieren. Ich studiere in Darmstadt. (deshalb)
→
12. Sie möchte ein Gedicht von Heine in ihre Muttersprache übersetzen. Es gelingt ihr nicht. (doch)
→
13. Er saß im Mantel am Schreibtisch. Die Heizung war kaputt. (denn)
→
14. Wir saßen alle beim Abendbrot. Das Telefon klingelte. (da)
→
15. Freunde von mir machen einen Camping-Urlaub in Frankreich. Sie verbringen ihre Ferien ohne Stress. (so)
→

12 Attribute

Der ***älteste*** ▷ Bruder ◁ ***meiner Mutter*** heißt Georg.

Adjektiv-Attribut *Genitiv-Attribut*

In dem Zimmer ◁ ***oben*** wohnt eine Studentin ◁ ***aus Peru***.

Adverbial-Attribut *Präpositional-Attribut*

- Attribute sind keine Satzglieder, sondern ***Teile von Satzgliedern***.
- Attribute gehören zu einem Bezugswort; sie bestimmen dieses Bezugswort genauer.
- Attribute, die vor ihrem Bezugswort stehen, heißen ***Linksattribute***,
  z. B. *Adjektiv-Attribute* (s. S. 66 ff.)
  Partizipial-Attribute (s. S. 73)
- Attribute, die hinter ihrem Bezugswort stehen, heißen **Rechtsattribute**,
  z. B. *Genitiv-Attribute (der Freund **meiner Schwester**, das Ergebnis **des Tests**)*
  *Adverbial-Attribute (das Haus **dort drüben**; der Unfall **gestern**)*
  *Präpositional-Attribute (das Haus **auf der anderen Straßenseite**; der Unfall **am letzten Dienstag**)*
- Wenn das Bezugswort ein Nomen ist, kann das Attribut mit „*welch-*?“ oder „*was für ein-*?“ erfragt werden. (s. S. 65)
  (***Welcher*** Bruder? – In ***welchem*** Zimmer? – ***Was für eine*** Studentin?)

12.1 Genitiv-Attribute

① Dies ist nicht mein Fahrrad, sondern das Fahrrad ◁ ***meines Bruders***.

Sie wohnt in dem Haus ◁ ***ihrer Eltern***.

② Carola ist die Freundin ◁ ***Annas***.

→ Carola ist ***Annas*** ▷ Freundin. Carola ist die Freundin ***von Anna***.

Tokio ist die Hauptstadt ◁ ***Japans***.

→ Tokio ist **Japans** ▷ Hauptstadt. Tokio ist die Hauptstadt ***von Japan***.

- Genitiv-Attribute stehen normalerweise *rechts* vom Bezugswort. ①
- Wenn das Genitiv-Attribut ein Eigenname ist, steht es häufig *links* vom Bezugswort oder wird durch ein Präpositional-Attribut („von“ + Eigenname) ersetzt. ②
- Ein Genitiv-Attribut kann mit „*wessen*?“ erfragt werden.
  (***Wessen*** Fahrrad? – In ***wessen*** Haus? – ***Wessen*** Freundin?)

155. Bilden Sie Genitiv-Attribute.

1. Ist das hier dein Kugelschreiber? (Peter!)
   → *Nein, das ist Peters Kugelschreiber.*
2. Sind das hier deine Notizen? (meine Freundin!)

   → *Nein, das sind ...*
3. Ist das hier das Wörterbuch der Lehrerin? (eine Studentin!)

   → *Nein, das ist ...*
4. Ist das hier dein Rucksack? (ein türkischer Student!)

   → *Nein, das ist ...*
5. Ist das hier deine Brille? (Bettina!)

   → *Nein, das ist ...*
6. Deutschland hat eine Hauptstadt. *Wie heißt ...*
7. Deine Eltern haben ein Haus. *Wo steht ...*
8. Meine Schwester hat ein neues Tattoo. *Wie findest du ...*
9. Marina hat neue Möbel. *Wie gefallen dir ...*
10. Der Professor hält eine Vorlesung. *Wie lange dauert ...*
11. Wessen Kittel ist das hier? (die Assistentin!)

    → *Das ist ...*
12. Wessen Tasche ist das hier? (ein Kollege!)

    → *Das ist ...*
13. Wessen Bild gefällt dir am besten? (Fatma!)

    → *Am besten gefällt mir ...*
14. Mit wessen Hilfe hast du den Text übersetzt? (mein älterer Bruder!)

    → *Ich habe ...*
15. In wessen Ferienhaus habt ihr eure Ferien verbracht? (Barbara!)

    → *Wir haben ...*

12.2 Satzförmige Attribute

> Nebensätze, die nicht vom Prädikat im Hauptsatz, sondern von einem **Bezugswort** abhängen, nennt man ***Attributsätze***.

Man lachte über Galileis **Behauptung**, ***dass*** *sich die Erde um die Sonne dreht.* („dass“-Satz)
Die **Frage**, ***ob*** *Männer intelligenter sind als Frauen*, ist sinnlos. („ob“-Satz)
Tina hat den **Entschluss** gefasst, *Mathematik* ***zu studieren***. (Infinitivsatz)
Ein **Radfahrer**, ***der*** *betrunken war*, ist ins Wasser gefallen. (Relativsatz)
Das ist ein **Fehler**, ***den*** *du immer wieder machst*! (Relativsatz)

12.3 Relativsätze

Wo ist der Junge?
Welcher Junge?
Wo ist der **Junge**, ***der*** *mir ein Buch bringen wollte*?

Im Sekretariat sind zwei **Studentinnen**, ***die*** *eine Beratung haben möchten.*
Hier steht ein **Satz**, ***den*** *ich nicht verstehe*!
Wer waren die **Leute**, ***denen*** *du die Stadt gezeigt hast*?

- Ein Relativsatz ist ein ***Attribut in Nebensatz-Form***, durch das ein **Bezugswort** im Hauptsatz genauer bestimmt wird.
- Ein Relativsatz ist ein Rechtsattribut; er steht meistens direkt hinter dem Bezugswort.
- Ein Relativsatz beginnt mit einem ***Relativpronomen***, (ggf. mit Präposition; s. S. 157, 160).
- Die Formen des Relativpronomens sind:

		m	n	f		
Sg.	**N**	*der*	*das*	*die*	Pl.	*die*
	A	*den*	*das*	*die*		*die*
	D	*dem*	*dem*	*der*		*denen*
	G	*dessen*	*dessen*	*deren*		*deren*

(Die unterstrichenen Formen sind anders als beim bestimmten Artikel)

- ***Genus*** *(m / n / f)* und ***Numerus*** *(Sg. / Pl.)* des Relativpronomens werden durch das Bezugswort bestimmt; der ***Kasus*** *(N / A / D / G)* wird bestimmt von der Rolle des Relativpronomens innerhalb des Relativsatzes.

Beispiele: Der **Mann**, ***dem*** *das Haus gehörte*, war schon alt.
m. Sg. ↑———↑ D (Dativ-Ergänzung, abhängig vom Prädikat „gehörte“)

Dort kommen unsere **Freunde**, *auf* ***die*** *wir seit Langem warten.*
Pl. ↑———↑ A (abhängig von der Präposition „auf“)

1. Relativpronomen im Nominativ:

„Gib mir bitte den **Kugelschreiber**, ***der*** *dort auf dem Tisch liegt*!
Das **Buch**, ***das*** *dort liegt*, gib mir bitte auch
und auch noch die **DVD**, ***die*** *daneben liegt*!“
„Soll ich dir alle **Sachen** geben, ***die*** *auf dem Tisch liegen*?“

156. Ergänzen Sie die Relativpronomen.

1. Wie heißt die Studentin, ___*die*___ neben dir wohnt?
2. Woher kommt der Student, __________ so gut Deutsch spricht?
3. Kennst du die jungen Leute, __________ dort drüben auf der Bank sitzen?
4. Wem gehört das Fahrrad, __________ vor eurer Haustür steht?
5. Hast du den Film gesehen, __________ seit Freitag im „Cinema“ läuft?
6. Peter wohnt in einem alten Haus, __________ wunderschön ist.
7. Brasilianer, __________ nach Portugal kommen, haben keine Sprachprobleme.
8. Ich kaufe nur Gemüse, __________ frisch ist.

2. Relativpronomen im Akkusativ:

Der **Kugelschreiber**, ***den*** *du mir geschenkt hast*, war sicher sehr teuer!
Wo ist das **Buch**, ***das*** *ich lesen soll*?
Von wem ist die **DVD**, ***die*** *wir eben gehört haben?* Sie gefällt mir.
Die **Sachen**, ***die*** *du suchst*, sind wahrscheinlich noch im Koffer.

157. Ergänzen Sie die Relativpronomen.

1. Hier ist der Text, __________ wir übersetzen sollen.
2. Kannst du mir das Buch ausleihen, __________ wir lesen sollen?
3. Die Regeln, __________ wir lernen sollen, stehen auf der Seite 32.
4. Wo ist der Zeitungsartikel, __________ ich lesen soll?
5. Ich gebe euch die Übung, __________ ihr machen sollt!
6. Die Aufgabe, __________ der Lehrer gestellt hat, ist sehr schwer.
7. Nenn mir einen Roman, __________ du besonders gern gelesen hast!
8. Wer ist die Frau auf dem Foto, __________ du mir gezeigt hast?
9. Hier sind die Formulare, __________ wir ausfüllen müssen.
10. Der Test, __________ wir heute gemacht haben, war schwer.

3. Relativpronomen im Dativ:

Wo ist der **Mann**, ***dem*** *dieses Segelboot gehört?*
Ida ist ein **Kind**, ***dem*** *das Lernen schwerfällt.*
Die **Frau**, ***der*** *du den Koffer getragen hast*, war sicherlich fast 80 Jahre alt.
Otto ist einer der **Menschen**, ***denen*** *man gern zuhört.*

158. Ergänzen Sie die Relativpronomen.

1. Wo ist die Frau, __________ diese Tasche gehört?
2. Kennst du das Mädchen, __________ der niedliche Hund gehört?
3. Es gibt viele Menschen, __________ man helfen müsste.
4. Der Mann, __________ ich den Weg gezeigt habe, war ein Ausländer.
5. Die beiden Polen, __________ ich meine Adresse gegeben habe, wollen mich nächstes Jahr besuchen.
6. Wie heißt die Studentin, __________ du das Zimmer besorgt hast?
7. Mein Freund, __________ das deutsche Essen nicht schmeckt, kocht sich sein Essen selbst.
8. Mehrere Besucher, ____________ das Konzert nicht gefiel, sind in der Pause gegangen.
9. Der Tourist, ____________ das Gästehaus am Aasee empfohlen worden war, war sehr zufrieden mit dem Hotel.
10. Anna, ____________ ich vor einem halben Jahr 200 Euro geliehen habe, hat sich seitdem nicht mehr gemeldet.
11. Peter wird oft mit seinem Bruder verwechselt, _________ er sehr ähnlich ist.
12. Alle Verwandten und Freunde, ____________ es möglich war, sind zu unserer Hochzeit gekommen.
13. Er ist traurig wie ein Kind, ___________ man sein liebstes Spielzeug weggenommen hat.
14. Die Insel, ____________ sich das Schiff nähert, heißt Helgoland.
15. Unsere Freunde, ____________ wir unseren Besuch angekündigt hatten, waren enttäuscht, als wir nicht kommen konnten.

4. Relativpronomen mit Präposition:

Der **Student**, *neben* ***dem*** *ich sitze*, ist Palästinenser.
Das **Studierendenheim**, *in* ***dem*** *Ida wohnt*, liegt am Stadtrand.
Die **Wohnung**, *in* ***die*** *wir einziehen wollen*, ist noch nicht fertig.
Endlich kam der **Bus**, *auf* ***den*** *ich schon eine halbe Stunde gewartet hatte*.
Frau Dr. Schluck und Frau Dr. Garke sind **Ärztinnen**, *zu* ***denen*** *ich Vertrauen habe*.

- Die Präposition steht vor dem Relativpronomen.
- Die Präposition bestimmt den Kasus des Relativpronomens. (s. S. 85)

159. Ergänzen Sie die Relativpronomen.

1. Wer war der Mann, mit __________ du so lange gesprochen hast?
2. Das Geschenk, über __________ ich mich am meisten gefreut habe, kam von dir.
3. Morgen ist die Prüfung, für __________ ich seit sechs Monaten gelernt habe.
4. Ich möchte dir meine Freunde vorstellen, von __________ ich dir erzählt habe.
5. Dort drüben ist die Schule, in __________ ich mein Abitur gemacht habe.
6. Wie heißt die Familie, bei __________ du als Kind oft zu Besuch warst?
7. Dort kommt der Bus, mit __________ Sie nach Hause fahren können.
8. Wir haben eine kleine Wohnung, für __________ wir aber viel Miete zahlen müssen.
9. Der Stuhl, auf __________ ich sitze, ist leider nicht sehr bequem.
10. Ich bringe dir einen bequemeren Stuhl, auf __________ du dich setzen kannst.
11. Die Kinder, mit __________ Sara und Tobias spielen, wohnen dort drüben.
12. „Gendergerechte Spache“ ist ein Thema, über __________ wir oft diskutieren.
13. Kennst du die Stadt, in __________ Goethe geboren wurde?
14. Hast du eine Creme, mit __________ man sich vor Sonnenbrand schützen kann?
15. Zu Leuten, auf __________ man angewiesen ist, sollte man freundlich sein.

160. Bilden Sie Relativsätze. (Der Satz in Klammern soll immer ein Relativsatz werden.)

1. Das Buch gehört mir. (Das Buch liegt dort auf dem Tisch.)
   → *Das Buch, das dort auf dem Tisch liegt, gehört mir.*
2. Meine Freundin hat sich sehr gefreut. (Ich habe meiner Freundin ein Album mit Fotos von unserem gemeinsamen Urlaub geschenkt.)
   →
3. Der Fahrer war betrunken. (Der Fahrer hat den Schulbus gefahren.)
   →
4. Der 50-€-Schein war gefälscht. (Ich habe ihn gefunden.)
   →
5. Unsere Gäste kommen aus München. (Wir haben für unsere Gäste ein Hotelzimmer reserviert.)
   →
6. Der Roman ist langweilig. (Du hast mich nach dem Roman gefragt.)
   →
7. Hassan fuhr mit einem Fahrrad. (Sein Freund hatte es ihm geliehen.)
   →
8. Sie hat einen Vorschlag gemacht. (Ich kann dem Vorschlag nicht zustimmen.)
   →
9. Die Leute kamen von einem Kongress in Leipzig. (Ich habe mich mit ihnen im Zug unterhalten.)
   →
10. Kostas ist nach Griechenland zurückgekehrt. (Ihm gefiel das Leben in Deutschland nicht.)
    →
11. Ist das auf dem Bild deine Schwester? (Du hast so oft von ihr gesprochen.)
    →
12. Die Wanderer wollten auf den Feldberg. (Wir sind ihnen begegnet.)
    →
13. Andreas hatte ein Problem. (Er hat lange darüber nachgedacht.)
    →
14. Die Frau heißt Katrin. (Markus ist in die Frau verliebt.)
    →
15. Die Studentin hat sich noch nicht gemeldet. (Das Notebook gehört ihr.)
    →
16. Jetzt kommt endlich das Taxi. (Ich habe lange auf das Taxi gewartet.)
    →

5. Relativpronomen im Genitiv:

Sind Sie der **Mann**, ***dessen Auto*** *vor meiner Garage steht*?
Wie heißt das **Land**, ***dessen Hauptstadt*** *Prag ist*?
Die **Reisegruppe**, ***deren Bus*** *eine Panne hatte*, wartete auf den Ersatzbus.
Heute haben wir die **Leute** kennengelernt, ***deren Sohn*** *mit unserem Sohn spielt*.

- Im Gegensatz zu den anderen Relativsätzen ist das Relativpronomen im Genitiv **unabhängig vom Prädikat** des Relativsatzes.*
- Das Relativpronomen steht direkt vor dem Nomen, das zu dem Bezugswort im Hauptsatz gehört.
  (das Auto des Mannes, die Hauptstadt des Landes)
- Das Relativpronomen richtet sich in Numerus und Genus nach dem Bezugswort und ist im Kasus unveränderlich.

Kurzregel:

Possessiv-Artikel	Relativpronomen im Genitiv
sein – (m, n)	→ ***dessen***
ihr – (f, pl.)	→ ***deren***

161. Ergänzen Sie die Relativpronomen.

1. Kennst du Herrn Meier, *dessen* Tochter vor kurzem promoviert hat?
2. Schüler, __________ Noten zu schlecht sind, müssen die Klasse wiederholen.
3. Man darf nicht mit einem Fahrrad fahren, __________ Beleuchtung nicht funktioniert.
4. Im Sprachkurs gibt es einige Studierende, __________ Aussprache sehr undeutlich ist.
5. Ruf doch Herrn Schmitz an, __________ Handynummer ich dir gegeben habe.
6. Die Studentin, __________ Schrift man so gut lesen kann, kommt aus Taiwan.
7. Wir fahren mit Familie Meier, __________ Auto größer ist als unseres.
8. Geräte, __________ Garantiezeit abgelaufen ist, werden nicht mehr kostenlos repariert.
9. Ich interessiere mich nur für solche Zimmer, __________ Miete ich bezahlen kann.
10. Der Student, __________ Name so lang ist, kommt aus Madagaskar.
11. Ich wohne bei einer Frau, __________ Tochter zurzeit in Amerika ist.
12. Er unterstützt seine Eltern, __________ Rente sehr niedrig ist.

* Da es nur sehr wenige Verben mit Genitiv-Ergänzung gibt, sind entsprechende „normale“ Relativsätze extrem selten: *Der verstorbene Präsident, dessen wir heute gedenken, …* (*gedenken* + G)

6. Relativpronomen im Genitiv + Präposition:

Mein **Freund**, *in **dessen Zimmer** ich wohne*, macht zurzeit ein Praktikum.
Ich gebe dir ein **Wörterbuch**, *mit **dessen Hilfe** du den Text übersetzen kannst.*
Die **Frau**, *von **deren Problemen** du mir berichtet hast*, tut mir leid.
Die **Leute**, *für **deren Haus** wir uns interessieren*, kommen morgen zu uns.

- Die Präposition steht vor dem Relativpronomen.
- Das Relativpronomen ist im Kasus unveränderlich.
- Die Präposition bestimmt den Kasus des Nomens hinter dem Relativpronomen. *(von deren Problemen: von + Dativ!)*

162. Ergänzen Sie Präpositionen und Relativpronomen.

1. Ich habe einen ehemaligen Mitschüler getroffen, *an* *dessen* Namen ich mich aber nicht erinnern konnte.
2. Jeder braucht Menschen, ________ ________ Hilfe er sich verlassen kann.
3. Die Frau, ________ ________ Adresse ich mich erkundigt habe, studiert nicht mehr hier.
4. Hoffentlich ist unseren Eltern, ________ ________ Anruf wir seit vielen Tagen warten, nichts passiert!
5. Unsere Freunde, ________ ________ Katzen wir uns gekümmert haben, kommen morgen aus dem Urlaub zurück.
6. Ich schreibe an Peter, ________ ________ Geburtstagsmail ich mich sehr gefreut habe.
7. Dort drüben sitzt Herr Schmidt, ________ ________ Tochter ich eben telefoniert habe.
8. Mein Onkel, ________ ________ finanzielle Unterstützung ich angewiesen bin, ist pleite.
9. Der Hund der Leute im Nebenhaus, ________ ________ Gebell wir uns immer geärgert haben, ist entlaufen.
10. Gestern kam ihr Freund, ________ ________ Besuch sie nicht gerechnet hatte.
11. Es gab Protestaktionen gegen die Regierung, ________ ________ Sozialpolitik die Bevölkerung nicht zufrieden war.
12. Jeden Abend besucht sie ihre Schwester, ________ ________ Gesundheit sie sich Sorgen macht.

163. *Michael beschreibt seiner Freundin ein Foto, das ihn mit seinen Mitschülern und seinen Lehrern kurz vor dem Abitur zeigt.*
(Ergänzen Sie Relativpronomen und – wo nötig – Präpositionen.)

1. Das hier ist meine Klasse, ___*die*___ vor fünf Jahren das Abitur gemacht hat.
2. Das ist unsere Deutschlehrerin, ________________ Unterricht immer sehr langweilig war.
3. Neben ihr steht unser Mathe-Lehrer, ________________ Zynismus wir alle gelitten haben.
4. Dies ist mein Mitschüler Klaus, ______________ ich oft Geld geliehen habe, ____________________ er mir aber nie zurückgegeben hat.
5. Das ist Ellen, _____________________ unsere Klassenbeste war.
6. Hinter ihr steht Anna, __________________ das Lernen immer so schwerfiel.
7. Dies ist unsere Englischlehrerin, ________________ Unterricht wir sehr viel gelernt haben.
8. Das sind Christine und Jens, _________________ ich zwei Monate in Amerika war.
9. Hier ist Eva, ________________ ich gern Tennis gespielt habe.
10. Und das ist Peter, ________________ Schwester ich meinen ersten Tanzkurs besucht habe.
11. Ganz rechts steht unser Geschichtslehrer Hoffmann, __________________ interessante Erzählungen ich mich gern erinnere.
12. Neben ihm, das ist Max, _________________ immer die dümmsten Witze erzählte.
13. Wahrscheinlich erkennst du Timo, ______________ mir am sympathischsten war und _________________ ich immer in Verbindung geblieben bin.
14. Fast alle, _________________ ich dieses Foto zeige, finden, dass ich darauf komisch aussehe.
15. Wie findest du übrigens diese junge Dame hier, _________________ ich neulich eine E-Mail bekommen habe?

7. Relativpronomen mit lokalem Bezug

*Kiel, **wo** mein Bruder wohnt, liegt in Norddeutschland.*
*Kiel, **wohin** wir oft fahren, liegt in Norddeutschland.*
*Kiel, **woher** meine Familie stammt / kommt, liegt in Norddeutschland.*

> Wenn sich ein Relativsatz auf einen Begriff mit lokalem Inhalt bezieht (Stadt, Land), verwendet man ***wo***, ***wohin***, ***woher***.

164. Ergänzen Sie die Relativpronomen und – wo nötig – Präpositionen.

Mein alter Freund Udo, ____________[1] ich lange nichts mehr gehört hatte, schickte mir gestern eine Mail, ____________[2] er von sich berichtet. Er arbeitet nicht mehr in Hamburg, ____________[3] er nach dem Abitur umgezogen war und ____________[4] er auch studiert hat. Der Abschied von seiner alten Firma, ____________[5] er sich recht wohl gefühlt hatte und ____________[6] er so bequem mit der U-Bahn, ____________[7] Station direkt vor seiner Haustür lag, erreichen konnte, war ihm schwergefallen. Aber er hatte große Probleme mit seiner neuen Chefin bekommen, ____________[8] Führungsstil er und viele seiner Kollegen, ____________[9] er sich oft darüber unterhalten hatte, nicht einverstanden waren. Udo erzählte das der Freundin seines Bruders, ____________[10] bei einem großen Konzern arbeitet. Durch sie fand er vor einem Jahr eine neue Stelle, ____________[11] nicht nur viel besser bezahlt wird, sondern ____________[12] er auch eine flexiblere Arbeitszeit (mit Home-Office) hat. Alle Freunde, ____________[13] er darüber gesprochen hat, finden seine Entscheidung richtig.

Auch seine Freundin, ____________[14] Meinung er sehr viel Wert legt, war sofort einverstanden, obwohl er in eine Stadt umziehen musste, ____________[15] viel kleiner ist und ____________[16] es auch viel weniger kulturelle Angebote gibt. Seine Freundin hofft, dort auch bald eine Arbeit zu finden, ____________[17] ihr gefällt. Bis dahin halten sie Kontakt über das Internet. Die Wohnung, ____________[18] Udo jetzt lebt, ist sehr klein. So sucht er schon jetzt eine größere, ____________[19] er dann später mit seiner Freundin zusammen einziehen kann.

12.4 Apposition

Das Mammut, ***eine riesige Elefantenart***, ist vor langer Zeit ausgestorben.
Kennst du Herrn O'Henry, ***den irischen Konsul***?
Das Hotel „Rahat" gehört Frau Tayar, ***einer reichen Türkin***.
Sie hat in Rostock studiert, ***einer Stadt an der deutschen Ostseeküste***.
Vaduz ist die Hauptstadt Liechtensteins, ***eines europäischen Zwergstaates***.

- Die Apposition ist ein Rechtsattribut in Nominalform.
- Die Apposition steht im gleichen Kasus wie das Bezugswort.
- Präpositionen fallen weg.
- Die Apposition steht zwischen zwei Kommas.

165. Bilden Sie Appositionen.

Peter = mein älterer Bruder

1. Hier ist Peter.
   → *Hier ist Peter, mein älterer Bruder.*
2. Hast du Peter gesehen?
   →
3. Hast du mit Peter gesprochen?
   →
4. Alle Freunde Peters waren schon einmal hier.
   →

Paris = die französische Hauptstadt

5. Er lebt in Paris.
   →
6. Paris hat mir gut gefallen.
   →
7. Meine Erinnerungen an Paris sind ganz lebendig.
   →

die Azteken = die Ureinwohner Mexikos

8. Hast du noch nichts von den Azteken gehört?
   →
9. Die Pyramiden der Azteken sind weltberühmt.
   →

Australien = der fünfte Kontinent

10. Australien wurde im 16. Jh. von Europäern entdeckt.
    →
11. Viele Touristen aus Europa bereisen Australien.
    →
12. In Australien gibt es selten Erdbeben.
    →
13. Die Ureinwohner Australiens werden Aborigines genannt.
    →

13 Negation

1. Negation mit „nicht“

① Kennst du *den* Film?	–	*Nein, ich kenne den Film **nicht**.*
② Kann er schwimmen?	–	*Nein, er kann **nicht** schwimmen.*
③ Fährt sie nach Hamburg?	–	*Nein, sie fährt **nicht** nach Hamburg.*
④ Interessiert ihr euch für Golf?	–	*Nein, wir interessieren uns **nicht** für Golf.*
⑤ Machst du diese Arbeit gern?	–	*Nein, ich mache diese Arbeit **nicht** gern.*

– Die Negation ***„nicht“*** verwendet man beim Verb und bei Nomen mit dem bestimmten Artikel.
– Die Negation ***„nicht“*** steht am Ende des Satzes, ①
aber vor dem zweiten Prädikatsteil, ②
vor Direktiv- und Situativ-Ergänzungen, ③
vor Präpositional-Ergänzungen, ④
vor Modal-Angaben. ⑤*

* wenn die Angabe negiert wird, aber nicht der ganze Satz (Teilnegation)
→ *Ich mache die Arbeit, aber ich mache sie nicht gern.*

166. Beantworten Sie die Fragen negativ.

1. Hörst du die Feuerwehr? – *Nein, ich höre die Feuerwehr nicht.*
2. Bezahlt er seiner Tochter die Reise? – *Nein, …*
3. Hat sie die Strafe bezahlt? – *Nein, …*
4. Legt ihr die Blumen in den Kühlschrank? – *Nein, …*
5. Haben Sie die Fragen verstanden? – *Nein, …*
6. Arbeitet sie für ihr Studium? – *Nein, …*
7. Ist er mit dem Zug gekommen? – *Nein, …*
8. Wohnst du in Köln? – *Nein, …*
9. War das Wetter gut? – *Nein, …*
10. Schneit es? – *Nein, …*
11. Hat es gestern bei euch geregnet? – *Nein, …*
12. Überweist der Vater seinem Sohn das Geld? – *Nein, …*
13. Überweist der Vater seinem Sohn das Geld regelmäßig? – *Nein, …*
14. Haben Sie den Brief in den Kasten geworfen? – *Nein, …*
15. Rechnen deine Eltern mit deinem Besuch? – *Nein, …*
16. Ist Dieter im Arbeitszimmer? – *Nein, …*
17. Schmeckt euch das Essen heute besser? – *Nein, …*
18. Gefällt dir und deiner Familie das neue Haus? – *Nein, …*
19. Geht ihr heute weg? – *Nein, …*
20. Bringt sie ihre Freundin zum Bahnhof? – *Nein, …*

2. Negation mit „kein-“

Hast du *ein* E-Bike? – Nein, ich habe ***kein*** E-Bike.
Hast du ø Geld bei dir? – Nein, ich habe ***kein*** Geld bei mir.
Isst sie ø Kartoffeln? – Nein, sie isst ***keine*** Kartoffeln.

> Bei Nomen mit unbestimmtem oder ø -Artikel benutzt man den Negativ-Artikel ***„kein-“***. (s. S. 66)

167. Beantworten Sie die Fragen negativ.

1. Müssen Sie Gebühren bezahlen? – *Nein, ich muss keine Gebühren bezahlen.*
2. Will sie sich heute einen Mantel kaufen? – *Nein, ...*
3. Habt ihr Angst? – *Nein, ...*
4. Brauchst du Hilfe? – *Nein, ...*
5. Hast du Probleme? – *Nein, ...*
6. Muss ich mir Sorgen machen? – *Nein, ...*
7. Haben Sie Zeit für mich? – *Nein, ...*
8. Hat Klaus ein neues Handy? – *Nein, ...*
9. Brauchst du einen schnelleren Drucker? – *Nein, ...*
10. Hast du Lust, heute Abend ins Kino zu gehen? – *Nein, ...*

168. Breschreiben Sie Marco, der ganz das Gegenteil von seinem Bruder Theo ist. *(Verwenden Sie „kein-“ oder „nicht“.)*

1. Theo ist ein fröhlicher Mensch. → *Marco ist <u>kein</u> fröhlicher Mensch.*
2. Theo hat einen Bart. → *Marco ...*
3. Theo trägt Jeans. → *Marco ...*
4. Theo arbeitet gerne. → *Marco ...*
5. Theo schläft bei offenem Fenster. → *Marco ...*
6. Theo trinkt morgens Orangensaft. → *Marco ...*
7. Theo wäscht seine Wäsche selbst. → *Marco ...*
8. Theo fährt mit dem Fahrrad. → *Marco ...*
9. Theo wohnt auf dem Land. → *Marco ...*
10. Theo gefällt das Leben auf dem Land. → *Marco ...*
11. Theo hat eine Freundin. → *Marco ...*
12. Theo liebt Katzen. → *Marco ...*
13. Theo interessiert sich für Ökologie. → *Marco ...*
14. Theo liest in seiner Freizeit Kriminalromane. → *Marco ...*
15. Theo mag die Menschen. → *Marco ...*

3. Negation mit „noch nicht", „noch kein-", „nicht mehr", „kein- ... mehr"

Seid ihr *schon* fertig?	– *Nein, wir sind **noch nicht** fertig.*
Hast du *schon einen* Studienplatz?	– *Nein, ich habe **noch keinen** Studienplatz.*
Habt ihr *schon* Kinder?	– *Nein, wir haben **noch keine** Kinder.*
Bist du *noch* müde?	– *Nein, ich bin **nicht mehr** müde.*
Benutzt du *noch ein Notizbuch*?	– *Nein, ich benutze **kein** Notizbuch **mehr**.*
Hast du *noch* Geld?	– *Nein, ich habe **kein** Geld **mehr**.*

> – Die Negation für *schon / schon ein- ist **noch nicht / noch kein-**.*
> – Die Negation für *noch / noch ein- ist **nicht mehr / kein- ... mehr**.*

169. Beantworten Sie die Fragen negativ.

1. Hast du die Zeitung schon gelesen? – *Nein, ich habe sie noch nicht gelesen.*
2. Hat er schon einen Job gefunden? – *Nein, ...*
3. Hast du noch Kopfschmerzen? – *Nein, ...*
4. Ist es schon 10 Uhr? – *Nein, ...*
5. Habt ihr noch Hunger? – *Nein, ...*
6. Habt ihr die Aufgaben schon gelöst? – *Nein, ...*
7. Haben die Kinder schon Interesse an Jazz? – *Nein, ...*
8. Ist Erik schon verheiratet? – *Nein, ...*
9. Leben seine Großeltern noch? – *Nein, ...*

4. Negation mit „weder ... noch" (siehe auch 11.2, S. 148)

Sie versteht ***weder*** Deutsch ***noch*** Englisch.
Sie besucht ***weder*** einen Sprachkurs, ***noch*** lernt sie privat die Sprache.

> Die Doppelnegation „***weder ... noch***" negiert zwei parallele Satzglieder oder Sätze.

170. Verneinen Sie beides.

1. Hat Christa Italienisch und Spanisch gelernt?
   → *Sie hat weder Italienisch noch Spanisch gelernt.*
2. Ist er groß und schlank?
   →
3. Bist du in Marokko und Tunesien gewesen?
   →
4. Besitzt Maria ein Fahrrad oder ein Motorrad?
   →
5. Gehst du heute Abend ins Kino oder siehst du fern?
   →

5. Besondere Negationswörter

Hast du *etwas* verstanden? – Nein, ich habe ***nichts*** verstanden.
Kann dir *jemand* helfen? – Nein, ***niemand*** kann mir helfen.
Gibt es hier *irgendwo* einen Handy-Shop? – Nein, hier gibt es ***nirgendwo / nirgends*** einen Handy-Shop.
Siehst du manchmal fern? – Nein, ich sehe ***nie(mals)*** fern.

Für bestimmte Ausdrücke gibt es eigene Negationswörter:

etwas / alles	***nichts***
jemand	***niemand***
irgendwo / überall	***nirgendwo / nirgends***
manchmal / oft / immer	***nie / niemals***

171. Beantworten Sie die Fragen negativ.

1. Geht ihr oft ins Schwimmbad? – *Nein, wir gehen nie ins Schwimmbad.*
2. War heute jemand hier? – *Nein, …*
3. Fehlt dir etwas? – *Nein, …*
4. Hat hier jemand geraucht? – *Nein, …*
5. Lest ihr manchmal die BILD-Zeitung? – *Nein, …*
6. Haben Sie schon einmal im Lotto gewonnen? – *Nein, …*
7. War jemand an der Tür? – *Nein, …*
8. Gibt es hier irgendwo ein preiswertes Hotel? – *Nein, …*
9. Waren Sie schon oft in Berlin? – *Nein, …*
10. Gibt es etwas Neues? – *Nein, …*
11. Hast du irgendwo Bekannte getroffen? – *Nein, …*
12. Hast du mit jemand(em) gesprochen? – *Nein, …*
13. Hat Eva etwas von ihrem neuen Freund erzählt? – *Nein, …*
14. Wird Peter die Prüfung irgendwann einmal schaffen? – *Nein, …*
15. Gibt es irgendwo auf der Welt lebende Dinosaurier? – *Nein, …*
16. Kann man hier nachts noch etwas kaufen? – *Nein, …*

6. Die Beantwortung von negativen Fragen

Brauchen Sie den Schlüssel *nicht*?	① ***Nein**, ich brauche ihn **nicht**.*
	② ***Doch**, ich brauche ihn.*
Haben Sie *keine Zeit mehr*?	① ***Nein**, ich habe **keine** Zeit **mehr**.*
	② ***Doch**, ich habe **noch** Zeit.*

- Negative Fragen werden *negativ* beantwortet mit ***„Nein"*** und mit Negationswörtern. ①
- Negative Fragen werden *positiv* beantwortet mit ***„Doch"*** und ohne Negationswörter. ②
- Faustregel: NEIN bleibt NEIN!

172. Beantworten Sie die Fragen negativ und positiv.

1. Waren Sie noch nie in Berlin?
   ① *Nein, ich war noch nie in Berlin.*
   ② *Doch, ich war schon einmal in Berlin.*
2. Schläft das Kind noch nicht?
   ① *Nein, …*
   ② *Doch, …*
3. Ist das nicht deine Grammatik?
   ① *Nein, …*
   ② *Doch, …*
4. Hoffentlich sind Sie nicht verletzt!
   ① *Nein, …*
   ② *Doch, …*
5. Haben Sie den Text nicht verstanden?
   ① *Nein, …*
   ② *Doch, …*
6. Sind Sie noch nicht fertig?
   ① *Nein, …*
   ② *Doch, …*
7. Bist du nicht mehr müde?
   ① *Nein, …*
   ② *Doch, …*
8. Kennst du niemand(en) in Paris?
   ① *Nein, …*
   ② *Doch, …*
9. Möchtest du nichts mehr essen?
   ① *Nein, …*
   ② *Doch, …*

14 Der Gebrauch des Artikels

14.1 Der unbestimmte Artikel

Ein japanischer Tourist kommt in eine norddeutsche Kleinstadt. Er will in einem Hotel übernachten und fragt einen jungen Mann nach einem guten Hotel …

- Der ***unbestimmte Artikel*** steht vor Nomen im Singular, die einzelne Personen oder Sachen bezeichnen, die (noch) *unbekannt* oder *nicht eindeutig bestimmt* sind.
- In einem Text werden daher die (noch) unbekannten Personen und Sachen beim ersten Mal mit dem unbestimmten Artikel eingeführt.

14.2 Der bestimmte Artikel

① Der junge Mann sagt zu dem Japaner: „Es gibt hier in der Stadt mehrere gute Hotels …“
② „Es gibt ein sehr gemütliches Hotel im Zentrum der Stadt, direkt gegenüber dem Bahnhof …“
③ „Zur Nordsee sind es von dort nur 15 Minuten. An der Nordsee ist es wunderschön, besonders wenn die Sonne scheint …“
④ Die meisten Hafenstädte liegen direkt am Meer.
Der Delfin ist ein Säugetier, das im Meer lebt.

Der ***bestimmte Artikel wird*** benutzt, wenn die Personen oder Sachen *eindeutig bestimmt bzw. bekannt* sind:
① Im *vorausgehenden Textteil* werden Personen und Sachen bekannt gemacht.
② Die *Situation* (der *„Kontext“*) bestimmt die Dinge eindeutig. (Die norddeutsche Kleinstadt hat nur ein Zentrum und einen Bahnhof!)
③ Etwas ist *allgemein bekannt* oder *einmalig*. (z. B. die Nordsee, die Sonne …)
④ Es liegt eine *Generalisierung* vor, d. h. das Nomen bezieht sich auf *alle* Dinge mit dieser Bezeichnung.

173. Setzen Sie die passenden Artikel ein.

__*Ein*__ Rabe saß auf ________ Baum und hatte ________ Stück Käse in ________ Schnabel. Unter ________ Baum saß ________ Fuchs, der sich sehr für ________ Käse interessierte. Er sagte zu ________ Raben: „Man hat mir erzählt, dass du ________ sehr schöne Stimme hast. Ich würde ________ Stimme gern einmal hören. Bitte sing mir ________ Lied!“ ________ Rabe fühlte sich geschmeichelt und fing an, ________ Lied zu singen. Dabei fiel ihm aber ________ Stück Käse aus ________ Schnabel. ________ Fuchs fing ________ Käse auf, verspeiste ihn und verschwand im Wald. (nach einer Fabel von Äsop, griechischer Dichter)

14.3 Der ø-Artikel

Wenn Nomen im Satz ohne Artikel stehen, spricht man vom „ø-Artikel" oder von der „Nullform des Artikels".

Der ***ø-Artikel*** wird verwendet:

1. als Pluralform des unbestimmten Artikels:
   Hast du Brüder? (Hast du einen Bruder?)
   Sind Müllers Bekannte von euch? (Ist Herr Müller ein Bekannter von euch?)
2. bei Stoffnamen:
   Isst du gern Schwarzbrot? – Der Ring ist aus Gold.
3. bei Nomen mit abstrakter Bedeutung:
   Ich habe Angst. – Lass dir Zeit!
4. bei Personennamen:
   Wann kommt Timo? – Kennst du Julia Möller?
5. bei Länder- und Städtenamen, wenn sie Neutrum Singular sind*:
   Er kommt aus Polen. – Er lebt jetzt in Heidelberg.
   *Wir fahren **nach** Frankreich und dann **in** die Schweiz.*
   Nicht Neutrum: die Bundesrepublik, die Schweiz, die Türkei, der Irak, …
   Nicht Singular: die Vereinigten Staaten, die Niederlande, …
6. bei einigen Gruppenbezeichnungen (Nationalität, Beruf, Religion o. ä.)*:
   Frau Kim ist Koreanerin. – Leyla will Ärztin werden. – Pablo ist Christ.
7. bei Sprichwörtern, Zwillingsformeln und Reihungen:
   Ende gut, alles gut. – Kommt Zeit, kommt Rat.
   Er hat Frau und Kind verlassen.
   Andreas hat eine Weltreise mit Fahrrad, Schiff und Eisenbahn gemacht.
8. in Schlagzeilen der Medien und Anzeigen:
   Alter Mann von jungem Hund gebissen
   Gebrauchte Waschmaschine an junges Paar abzugeben

174. Setzen Sie die passenden Artikel ein.

1. *Der* Rektor *der* Universität Konstanz begrüßte *die* neuen Studierenden.
2. Otto hat ________ Katze. ________ Katze ist noch jung.
3. Braucht Ihr Auto ________ Benzin oder ________ Diesel?
4. Heute Nacht hatte ich ________ Traum. Soll ich ihn dir erzählen?
5. Ein Märchen beginnt: Es war einmal ________ König. Er lebte in ________ großen Schloss. ________ König hatte ________ wunderschöne Tochter …
6. Peter schreibt mit ________ linken Hand; er ist ________ Linkshänder.
7. ________ Alpen sind ________ europäisches Gebirge.

---

* Wenn diese Namen ein Attribut haben, benutzt man den bestimmten bzw. den unbestimmten Artikel.
Zu 5.: Er kommt aus dem östlichen Polen. Er lebt im schönen Heidelberg.
Zu 6.: Frau Kim ist eine fleißige Koreanerin. Herr Mai ist ein typischer Beamter.

8. Hector ist __________ sympathischer Chilene. Sein Freund Enrique ist auch __________ Chilene.
9. *Zu* ___ Atmen brauchen wir __________ Sauerstoff.
10. Hast du __________ Feuer? Ich möchte __________ Kerze anzünden.
11. Ich habe keine Streichhölzer. Ich bin __________ Nichtraucher.
12. Über mir wohnt __________ Deniz Aykut.
13. Meine Eltern wohnen in __________ vorderen Teil und meine Großeltern wohnen in __________ hinteren Teil des Hauses.
14. Wenn man von __________ Europa in __________ USA fliegt, werden bei __________ Einreise __________ Pässe genau kontrolliert.
15. Ich möchte heute Abend mit dir *in* __ Kino gehen. Hast du __________ Zeit und __________ Lust?

175. Setzen Sie die passenden Artikel (best./unbest./ø-/Possessiv-Artikel) und die fehlenden Adjektiv-Endungen ein.

Ein ___ billig*es* Auto.

__________ jung____ Mann suchte __________ gebraucht____ Auto. In __________ Zeitung las er __________ Anzeige. __________ fast neu____ BMW wurde für 500 € angeboten. __________ jung____ Mann dachte: „Das ist __________ Druckfehler oder __________ Witz!“ Aber in __________ nächst____ Ausgabe __________ Zeitung stand wieder dieselbe Anzeige. __________ Telefonnummer war angegeben. __________ Mann rief dort an. „Ja, Sie können __________ Auto kaufen“, sagte __________ Besitzerin. Sie gab ihm __________ Adresse, und er fuhr mit __________ Bus hin. Es war __________ Villa in __________ groß____ Garten. __________ älter____ Dame öffnete __________ Haustür, dann zeigte sie ihm __________ Auto in __________ Garage.

__________ Mann machte __________ kurz____ Probefahrt. Dann sagte er: „Ich nehme __________ Wagen!“ Er zahlte wirklich nur __________ Preis, der in __________ Zeitung gestanden hatte, nämlich 500 €, und bekam __________ Fahrzeugpapiere und __________ Schlüssel.

Zum Schluss fragte __________ neu____ Besitzer __________ Autos __________ Dame: „Wieso ist __________ Wagen so billig?“ Sie antwortete: „__________ Mann ist gestorben; in __________ Testament steht, dass __________ Auto verkauft werden soll. __________ Geld bekommt __________ Sekretärin, die immer sehr nett zu __________ Mann gewesen ist.“

15 Satzgliedstellung

Das Grundprinzip bei der Satzbildung ist die **Satzklammer**, die man sich wie eine Brücke vorstellen kann:

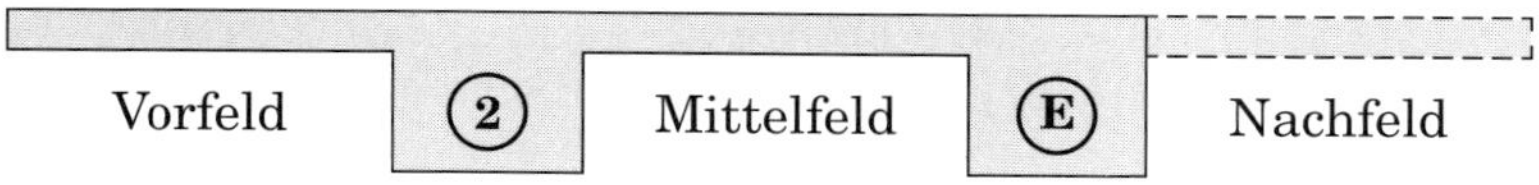

Im **Aussagesatz** („Hauptsatz") besteht die Klammer („zwei Brückenpfeiler") aus den Teilen des Prädikats: vorn (auf Position 2) steht der finite Teil des Prädikats („Personalform", „Psf"), hinten (Endposition E) der infinite Teil (Partizip II, Infinitiv).

Vorfeld	②	Mittelfeld	Ⓔ
Ich	**habe**	nicht genug	**gelernt.**
Daher	**kann**	ich den Test nicht	**bestehen.**

Nur bei einfachen und untrennbaren Verben bleibt im Präsens und Präteritum der hintere Klammerteil leer.

Vorfeld	②	Mittelfeld	Ⓔ
Sie	**schläft**	nicht genug.	Ø
1969	**betrat**	der erste Mensch den Mond.	Ø

Normalerweise besetzt also das Prädikat zwei Positionen im Satz: Position 2 und Endposition.
Durch die Klammer wird der Satz in drei Felder geteilt: Vorfeld, Mittelfeld, Nachfeld.

Vorfeld	②	Mittelfeld	Ⓔ	Nachfeld
Wahrscheinlich	**hat**	Prof. Müller mehr Zeitungsartikel	**publiziert**	als seine Kollegin Meyer.
Wahrscheinlich	**hat**	Prof. Müller mehr Zeitungsartikel	**publiziert,**	als allgemein bekannt war.

15.1 Das Vorfeld

Bei Aussagesätzen und bei Fragesätzen mit ***w***-Fragewort („Ergänzungsfragen") ist das **Vorfeld immer besetzt**.
Bei Ja-/Nein-Fragen („Entscheidungsfragen") und bei Imperativsätzen bleibt das **Vorfeld unbesetzt**.

Ich	**bin**	gestern nach Hamburg	**gefahren.**
Gestern	**bin**	ich nach Hamburg	**gefahren.**
Wann	**bist**	du nach Hamburg	**gefahren?**
Wohin	**bist**	du gestern	**gefahren?**
Ø	**Bist**	du gestern nach Hamburg	**gefahren?**
Ø	**Antworte**	auf meine Frage	**Ø!**

Im Vorfeld findet man oft das Subjekt, vor allem aber Angaben (*TempA*, *KausA*, *KondA* usw.). Bei Satzgefügen (HS-NS-Konstruktionen) steht hier auch oft der Nebensatz.

Mein Bruder	**wohnt**	jetzt in München	**Ø.**
Vor zwei Wochen	**ist**	er nach München	**umgezogen.**
Da sich seine Freundin in Norddeutschland nicht wohlgefühlt hat,	**ist**	er mit ihr nach München	**umgezogen.**

15.2 Das Nachfeld

Bei den meisten Aussagesätzen ist das Nachfeld unbesetzt. Ausnahmen sind Vergleiche (*Gestern habe ich länger gearbeitet als heute*.). Bei Satzgefügen ist aber das Nachfeld die bevorzugte Position für den Nebensatz: Angabesätze und besonders Ergänzungssätze.

Er	**ist**	mit seiner Freundin nach München	**gezogen,**	weil sie sich in Norddeutschland nicht wohlgefühlt hat.
Er	**hat**		**gesagt,**	dass er ab 18 Uhr zu Hause ist.
Ich	**weiß**	nicht	**Ø,**	wo sie wohnt.
Sie	**freut**	sich darauf	**Ø,**	bald ihre Familie besuchen zu können.

15.3 Das Mittelfeld

Im Mittelfeld, d.h. im Bereich zwischen den beiden Prädikatsteilen, stehen die meisten nominalen und pronominalen Satzglieder. Für die Reihenfolge gibt es nur wenige klare Regeln:
Die Angaben stehen in einem Block „in der Mitte".
In diesem Block ist die Reihenfolge **te – ka – mo – lo** fast immer richtig
(**te**mporal – **ka**usal sowie konzessiv und konditional – **mo**dal – **lo**kal).

Er konnte seine schriftlichen Arbeiten gestern Abend (temporal) wegen des warmen Wetters (kausal) sehr angenehm (modal) auf dem Balkon (lokal) erledigen.

Die Ergänzungen (*AkkErg*, *DatErg*) können links oder rechts davon stehen. *PräpErg*, *DirErg*, *SitErg* stehen normalerweise rechts.

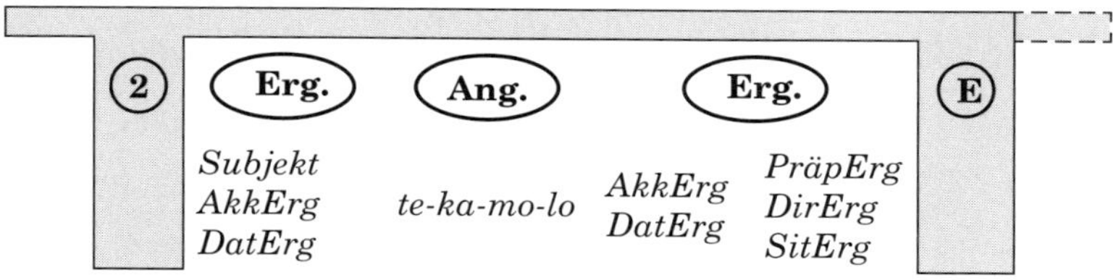

(1) Bei der Nominalgruppe (definit, d. h. mit bestimmtem oder Possessivartikel) gilt: N – D – A.

Vorhin hat *der Lehrer* (Nominativ) *der / seiner Schülerin* (Dativ) *die richtige Lösung* (Akkusativ) *gezeigt.*

(2) Bei den Personalpronomen ist die Reihenfolge: N – A – D.

Vorhin hat *er* (Nominativ) *sie* (Akkusativ) *ihr* (Dativ) *gezeigt.*

(3) In der Kombination Personalpronomen/Nominalgruppe kommen erst die Pronomen, dann die Nomen, unabhängig vom Kasus.

Vorhin hat er sie seiner Schülerin gezeigt.
Vorhin hat er ihr die richtige Lösung gezeigt.

Prinzipiell gilt:
Links, d. h. vorne, steht meistens, was kurz, bekannt, unbetont (aber grammatisch notwendig) ist.
Rechts, d. h. hinten, steht meistens, was lang, unbekannt/neu, betont, inhaltlich wichtig ist.

15.4 Satzgefüge

Als **Satzgefüge** bezeichnet man die Kombination von Haupt- und Nebensatz (Ergänzungs- oder Angabesatz). In fast allen Fällen kann der Nebensatz sowohl vor- als auch nachgestellt werden. Das Konstruktionsprinzip „Brücke" gilt auch für den Nebensatz: nur steht die Subjunktion als erster Pfeiler auf Position 1 und bildet so die vordere Satzklammer. Am Ende steht dann das gesamte Prädikat, mit der Personalform ganz am Ende. (Personalform im Hauptsatz auf Position 2!). Wenn der Nebensatz vor dem Hauptsatz steht, dann besetzt er die Position 1 des Hauptsatzes (vor der Personalform auf Position 2).

Ich ***kann*** dir das Buch heute noch nicht ***zurückgeben*****, weil** ich es noch nicht ***gelesen habe.***

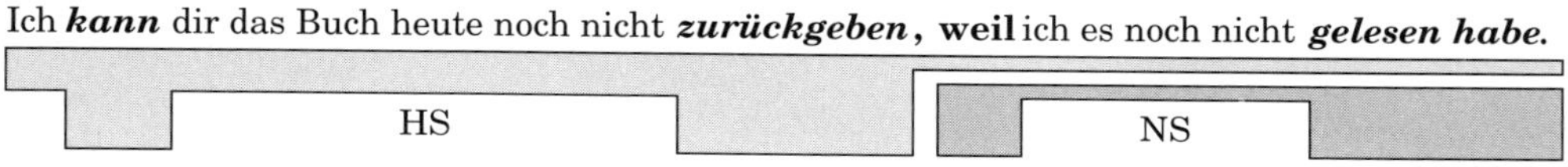

Weil ich das Buch noch nicht ***gelesen habe, kann*** ich es dir heute noch nicht ***zurückgeben.***

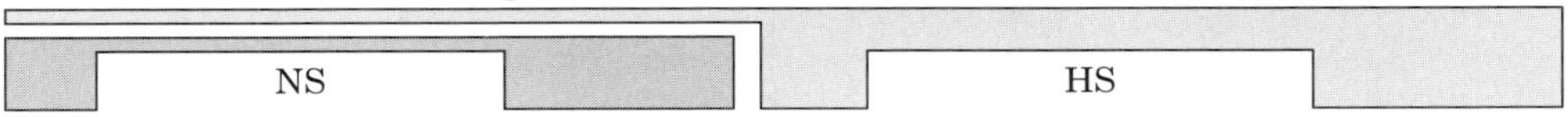

Treffen mehrere Krankheitssymptome gleichzeitig ***auf,*** **(so)** Ø ***ist*** die Diagnose ***schwierig.***

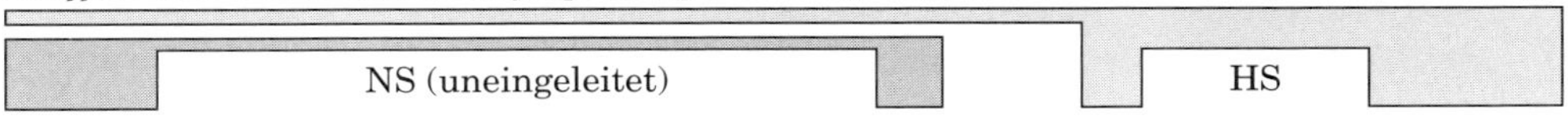

Satzebenen in einem Satzgefüge

Beispielsatz:
Als ich in den Bus eingestiegen war und in meiner Tasche vergeblich nach meinem Handy suchte, **fiel mir ein,** dass ich einem Kollegen unsere Urlaubsfotos gezeigt hatte, weil er wissen wollte, wo wir im Urlaub gewesen waren.

_______________ ,
HS

Als ___ und ____ , dass _________ ,
NS NS NS

weil _________ ,
NS

wo _________ .
NS

176. Setzen Sie die fehlenden Teile sinnvoll ein.

Online-Shops (Quelle: www.make-it-in-germany.com; Bundesministerium für Wirtschaft und Energie)

1. immer / Einkaufen im Internet / in Deutschland

   ____________________ wird ____________________ beliebter.

2. Waren oder Dienstleistungen / im Internet / mehr als die Hälfte der Internetnutzer

   ____________________ bestellt ____________________

3. Sie / mal / falls / Dinge; nicht / oder / Ihnen / die / die; kein Problem / so / das

   ____________________ geliefert bekommen, ____________________

   gefallen __________ beschädigt sind, _______ ist ____________________

4. das Recht / bei Online-Shops in Deutschland / Sie; ohne Angabe von Gründen / die Ware / innerhalb von 14 Tagen

   ____________________ haben ____________________ ,

   ____________________ zurückzusenden.

5. das Impressum / zu Ihrer Sicherheit / bei unbekannten Online-Shops / Sie / immer

_________________ sollten ______________________________________ prüfen.

177. Ordnen Sie die Satzglieder neu, damit ein gut lesbarer Text entsteht. Die Reihenfolge der Sätze bleibt unverändert.

Bankkarten (Quelle: www.make-it-in-germany.com; Bundesministerium für Wirtschaft und Energie)

1. An Geldautomaten … / Sie / Geld / mit Ihrer EC-Karte und einer vierstelligen Geheimnummer / rund um die Uhr / können / abheben

   → ____

   ____

2. Die Geheimnummer … / von Ihrer Bank / Sie / per Post / erhalten / , nachdem … / ein Konto / Sie / dort / haben / eröffnet

   → ____

   ____

3. Wenn … / an Automaten Ihrer eigenen Bank / Geld / Sie / abheben / , / dafür / keine Gebühren / werden / erhoben

   → ____

   ____

4. An Automaten anderer Banken … / eine Abhebungsgebühr / wird / fällig / , die … / bis zu fünf Euro / pro Abhebung / kann / betragen

   → ____

   ____

5. Mit der EC-Karte / in den meisten Geschäften / auch / Sie / können / bezahlen

   → ____

   ____

6. Es … / immer / aber / besser / ist / , / zu / bei sich / etwas Bargeld / haben

   → ____

   ____

7. Deutschland / ein Land des Bargelds / noch / nämlich / ist / : / bar / in Geschäften und Cafés / meistens / Kleinbeträge / werden / bezahlt

   → ____

   ____

16 Satzzeichen

Albert Einstein, der berühmte Physiker und Begründer der Relativitätstheorie, liebte die Geselligkeit. Er lud gerne Besucher und besonders Besucherinnen ein. Es war ein Vergnügen, sich mit ihm zu unterhalten. Er war sehr geistreich. Das wird in den vielen Anekdoten deutlich, die von ihm erzählt werden.
Eines Tages war die hübsche junge Filmschauspielerin M. M. Gast im Hause Einstein. Man lachte und scherzte. Da sagte diese zu Einstein: „Stellen Sie sich vor, Professor, wir hätten zusammen ein Kind. Was für ein Kind wäre das! Mein Aussehen und Ihre Intelligenz“. Einstein hatte Bedenken: „Vielleicht haben Sie recht, aber es könnte auch umgekehrt sein …“

Hinweise zu den Satzzeichen:

. *Einstein war ein berühmter Physiker.*
Der Punkt steht am Ende von Aussagesätzen.

, *Da er die Geselligkeit liebte, verbrachte er seine Freizeit oft mit Freunden.*
Alle unterhielten sich gerne mit ihm, denn er war sehr geistreich.
Das Komma steht u.a. (= unter anderem) zwischen Haupt- und Nebensätzen und zwischen Hauptsätzen, selten vor „und“ und „oder“.

; *Er lud gerne Besucher ein; am liebsten waren ihm Besucherinnen.*
Das Semikolon steht zwischen Aussagesätzen; es trennt weniger als ein Punkt, aber mehr als ein Komma.

? *Können Sie sich das vorstellen, Professor?*
Das Fragezeichen steht am Ende von Fragesätzen.

! *Was für ein Kind wäre das!*
Das Ausrufezeichen steht nach Ausrufen und Aufforderungen, z.B. nach Imperativen.

: *M. M. sagte: „Ich bin sehr schön, und Sie sind sehr intelligent.“*
Der Doppelpunkt kündigt u.a. wörtliche Zitate an.

„ … “ *„Es könnte auch anders kommen“, entgegnete Einstein.*
Anführungszeichen stehen am Anfang und am Ende von wörtlichen Zitaten.

178. Setzen Sie die passenden Satzzeichen ein.

Wenn Einstein zu einem Vortrag eingeladen wurde ließ er sich immer vom gleichen Fahrer hinfahren Nach einiger Zeit sagte dieser zu Einstein Ich habe Ihren Vortrag nun schon so oft gehört dass ich ihn genauso gut wie Sie halten könnte Beim nächsten Vortrag tauschten die beiden ihre Rollen Einstein saß in der Uniform des Fahrers im Saal während der Fahrer den Vortrag fehlerfrei hielt Am Ende des Vortrags fragte ein Zuhörer nach zusätzlichen Einzelheiten Der Fahrer ließ sich nicht aus der Ruhe bringen und antwortete Die Antwort auf diese Frage ist so einfach dass mein Fahrer der dort im Publikum sitzt sie beantworten kann

179. Setzen Sie außerdem die nötigen Großbuchstaben ein.

eines tages traf einstein einen kollegen und sagte zu ihm kommen sie doch heute abend zu mir professor smithson wird auch da sein aber ich bin doch smithson antwortete völlig überrascht der wissenschaftler das macht doch nichts beruhigte ihn einstein kommen sie trotzdem

Unregelmäßige Verben: Lernliste (nach Ablautreihen)

Längen im Präteritum sind, wenn nicht erkennbar, mit Unterstrich markiert.

biegen	b<u>o</u>g	gebogen	....
bieten	b<u>o</u>t	geboten	....
fliegen	fl<u>o</u>g	geflogen	....
fliehen	floh	geflohen	....
fließen	floss	geflossen	....
(ge)frieren	(ge)gefr<u>o</u>r	gefroren	....
gießen	goss	gegossen	....
riechen	roch	gerochen	....
schieben	sch<u>o</u>b	geschoben	....
schließen	schloss	geschlossen	....
verlieren	verl<u>o</u>r	verloren	....
wiegen	w<u>o</u>g	gewogen	....
ziehen	z<u>o</u>g	gezogen	....
binden	band	gebunden	....
finden	fand	gefunden	....
gelingen	gelang	gelungen	....
klingen	klang	geklungen	....
singen	sang	gesungen	....
sinken	sank	gesunken	....
springen	sprang	gesprungen	....
trinken	trank	getrunken	....
verschwinden	verschwand	verschwunden	....
zwingen	zwang	gezwungen	....
beweisen	bewies	bewiesen	....
bleiben	blieb	geblieben	....
leihen	lieh	geliehen	....
scheiden	schied	geschieden	....
scheinen	schien	geschienen	....
schreiben	schrieb	geschrieben	....
schweigen	schwieg	geschwiegen	....

steigen	stieg	gestiegen	....
treiben	trieb	getrieben	....
beißen	biss	gebissen	....
leiden	litt	gelitten	....
pfeifen	pfiff	gepfiffen	....
reiten	ritt	geritten	....
schneiden	schnitt	geschnitten	....
streiten	stritt	gestritten	....
schmeißen	schmiss	geschmissen	....
bewerben (bewirbt)	bewarb	beworben	....
brechen (bricht)	brach	gebrochen	....
befehlen (befiehlt)	befahl	befohlen	....
empfehlen (empfiehlt)	empfahl	empfohlen	....
erschrecken (erschrickt)	erschrak	erschrocken	....
gelten (gilt)	galt	gegolten	....
helfen (hilft)	half	geholfen	....
nehmen (nimmt)	nahm	genommen	....
sprechen (spricht)	sprach	gesprochen	....
stehlen (stiehlt)	stahl	gestohlen	....
sterben (stirbt)	starb	gestorben	....
treffen (trifft)	traf	getroffen	....
werfen (wirft)	warf	geworfen	....
beginnen	begann	begonnen	....
schwimmen	schwamm	geschwommen	....
gewinnen	gewann	gewonnen	....
kommen	kam	gekommen	....
heben	hob	gehoben	....
schmelzen (schmilzt)	schmolz	geschmolzen	....
essen (isst)	aß	gegessen	....
fressen (frisst)	fraß	gefressen	....

geben (gibt)	gab	gegeben	....
geschehen (geschieht)	geschah	geschehen	....
lesen (liest)	las	gelesen	....
messen (misst)	maß	gemessen	....
sehen (sieht)	sah	gesehen	....
treten (tritt)	trat	getreten	....
vergessen (vergisst)	vergaß	vergessen	....

bitten	bat	gebeten	....
liegen	lag	gelegen	....
sitzen	saß	gesessen	....

backen (backt / bäckt)	(buk) / backte	gebacken	....
fahren (fährt)	fuhr	gefahren	....
laden (lädt)	lud	geladen	....
schlagen (schlägt)	schlug	geschlagen	....
tragen (trägt)	trug	getragen	....
wachsen (wächst)	wuchs	gewachsen	....
waschen (wäscht)	wusch	gewaschen	....

braten (brät)	briet	gebraten	....
fallen (fällt)	fiel	gefallen	....
fangen (fängt)	fing	gefangen	....
hängen (hängt)	hing	gehangen	....
halten (hält)	hielt	gehalten	....
lassen (lässt)	ließ	gelassen	....
raten (rät)	riet	geraten	....
schlafen (schläft)	schlief	geschlafen	....

gehen	ging	gegangen	....
heißen	hieß	geheißen	....
laufen (läuft)	lief	gelaufen	....
rufen	rief	gerufen	....
stoßen (stößt)	stieß	gestoßen	....

brennen	brannte	gebrannt	....
bringen	brachte	gebracht	....
denken	dachte	gedacht	....
kennen	kannte	gekannt	....
nennen	nannte	genannt	....
senden	sandte	gesandt	....
stehen	stand	gestanden	....
wenden	wandte	gewandt	....
dürfen (darf)	durfte	gedurft	....
müssen (muss)	musste	gemusst	....
können (kann)	konnte	gekonnt	....
mögen (mag)	mochte	gemocht	....
haben (hat)	hatte	gehabt	....
sein (ist)	war	gewesen	....
tun (tut)	tat	getan	....
werden (wird)	wurde	geworden	....
wissen (weiß)	wusste	gewusst	....

Verben, die leicht verwechselt werden

lesen (liest)	las	gelesen
lassen (lässt)	ließ	gelassen
bieten (bietet)	bot	geboten
bitten (bittet)	bat	gebeten
beten (betet)	betete	gebetet

Lösungen

Hinweise
Bei vielen Übungen gibt es nur ***eine*** Lösung. Bei den komplexeren Aufgaben (z. B. Transformationen) gibt es oft mehrere Lösungen. Im Lösungsteil finden Sie meistens nur zwei Lösungen. Falls Ihre Lösung nicht dabei sein sollte, heißt das nicht, dass sie unbedingt falsch ist. Fragen Sie in diesen Fällen Ihre Lehrerin bzw. Ihren Lehrer.

1.

2.			du antwortest	er/sie/es antwortet	–	ihr antwortet
3.	ich arbeite	–	du arbeitest	er/sie/es arbeitet	–	ihr arbeitet
4.	ich atme	–	du atmest	er/sie/es atmet	–	ihr atmet
5.	ich befehle	–	du befiehlst	er/sie/es befiehlt	–	ihr befehlt
6.	ich begegne	–	du begegnest	er/sie/es begegnet	–	ihr begegnet
7.	ich beobachte	–	du beobachtest	er/sie/es beobachtet	–	ihr beobachtet
8.	ich beweise	–	du beweist	er/sie/es beweist	–	ihr beweist
9.	ich bilde	–	du bildest	er/sie/es bildet	–	ihr bildet
10.	ich bitte	–	du bittest	er/sie/es bittet	–	ihr bittet
11.				es dauert		
12.	ich darf	–	du darfst	er/sie/es darf	–	ihr dürft
13.	ich belade	–	du belädst	er/sie/es belädt	–	ihr beladet
14.	ich empfehle	–	du empfiehlst	er/sie/es empfiehlt	–	ihr empfehlt
15.	ich erinn(e)re	–	du erinnerst	er/sie/es erinnert	–	ihr erinnert
16.	ich esse	–	du isst	er/sie/es isst	–	ihr esst
17.	ich fahre	–	du fährst	er/sie/es fährt	–	ihr fahrt
18.	ich falle	–	du fällst	er/sie/es fällt	–	ihr fallt
19.	ich finde	–	du findest	er/sie/es findet	–	ihr findet
20.	ich frage	–	du fragst	er/sie/es fragt	–	ihr fragt
21.	ich gebe	–	du gibst	er/sie/es gibt	–	ihr gebt
22.	ich gehe	–	du gehst	er/sie/es geht	–	ihr geht
23.				es geschieht		
24.	ich habe	–	du hast	er/sie/es hat	–	ihr habt
25.	ich halte	–	du hältst	er/sie/es hält	–	ihr haltet
26.	ich heiße	–	du heißt	er/sie/es heißt	–	ihr heißt
27.	ich heize	–	du heizt	er/sie/es heizt	–	ihr heizt
28.	ich helfe	–	du hilfst	er/sie/es hilft	–	ihr helft
29.	ich klingle	–	du klingelst	er/sie/es klingelt	–	ihr klingelt
30.	ich komme	–	du kommst	er/sie/es kommt	–	ihr kommt
31.	ich kann	–	du kannst	er/sie/es kann	–	ihr könnt
32.	ich lächle	–	du lächelst	er/sie/es lächelt	–	ihr lächelt
33.	ich lasse	–	du lässt	er/sie/es lässt	–	ihr lasst
34.	ich laufe	–	du läufst	er/sie/es läuft	–	ihr lauft
35.	ich lebe	–	du lebst	er/sie/es lebt	–	ihr lebt
36.	ich lerne	–	du lernst	er/sie/es lernt	–	ihr lernt
37.	ich lese	–	du liest	er/sie/es liest	–	ihr lest
38.	ich mache	–	du machst	er/sie/es macht	–	ihr macht
39.	ich miete	–	du mietest	er/sie/es mietet	–	ihr mietet
40.	ich möchte	–	du möchtest	er/sie/es möchte	–	ihr möchtet
41.	ich muss	–	du musst	er/sie/es muss	–	ihr müsst
42.	ich nehme	–	du nimmst	er/sie/es nimmt	–	ihr nehmt
43.	ich öffne	–	du öffnest	er/sie/es öffnet	–	ihr öffnet
44.	ich rate	–	du rätst	er/sie/es rät	–	ihr ratet
45.	ich rechne	–	du rechnest	er/sie/es rechnet	–	ihr rechnet
46.	ich reise	–	du reist	er/sie/es reist	–	ihr reist
47.	ich reiße	–	du reißt	er/sie/es reißt	–	ihr reißt
48.	ich sage	–	du sagst	er/sie/es sagt	–	ihr sagt

49.	ich sammle	– du sammelst	er/sie/es sammelt	– ihr sammelt
50.	ich schlafe	– du schläfst	er/sie/es schläft	– ihr schlaft
51.	ich sehe	– du siehst	er/sie/es sieht	– ihr seht
52.	ich bin	– du bist	er/sie/es ist	– ihr seid
53.	ich setze	– du setzt	er/sie/es setzt	– ihr setzt
54.	ich sitze	– du sitzt	er/sie/es sitzt	– ihr sitzt
55.	ich soll	– du sollst	er/sie/es soll	– ihr sollt
56.	ich spreche	– du sprichst	er/sie/es spricht	– ihr sprecht
57.	ich stehle	– du stiehlst	er/sie/es stiehlt	– ihr stehlt
58.	ich stoße	– du stößt	er/sie/es stößt	– ihr stoßt
59.	ich trage	– du trägst	er/sie/es trägt	– ihr tragt
60.	ich treffe	– du triffst	er/sie/es trifft	– ihr trefft
61.	ich (be)trete	– du (be)trittst	er/sie/es (be)tritt	– ihr (be)tretet
62.	ich trockne	– du trocknest	er/sie/es trocknet	– ihr trocknet
63.	ich verbess(e)re	– du verbesserst	er/sie/es verbessert	– ihr verbessert
64.	ich vergesse	– du vergisst	er/sie/es vergisst	– ihr vergesst
65.	ich verstehe	– du verstehst	er/sie/es versteht	– ihr versteht
66.	ich warte	– du wartest	er/sie/es wartet	– ihr wartet
67.	ich wachse	– du wächst	er/sie/es wächst	– ihr wachst
68.	ich wasche	– du wäschst	er/sie/es wäscht	– ihr wascht
69.	ich werde	– du wirst	er/sie/es wird	– ihr werdet
70.	ich weiß	– du weißt	er/sie/es weiß	– ihr wisst
71.	ich will	– du willst	er/sie/es will	– ihr wollt
72.	ich zeichne	– du zeichnest	er/sie/es zeichnet	– ihr zeichnet

Er mietet das Haus.
Liest du ein Buch?
Er schläft nicht.
Willst du Pizza essen?
Fährst du zum Bahnhof?
Das Baby lächelt.
Sie vergisst alle Namen.
Ihr findet den Schlüssel.
Öffnest du die Tür?

2.

2. isst; 3. essen; 4. Hilfst; 5. bildet; 6. liest; 7. antwortet; 8. Lässt; 9. sitzt; 10. setzen; 11. trocknet; 12. öffnet; 13. will; 14. spricht; 15. weiß, findet; 16. heißt; 17. sehen; 18. darf; 19. muss; 20. geht; 21. Schläfst; 22. stiehlt; 23. Seht; 24. fährt; 25. hält; 26. laufe

3.

2. spricht; 3. fährst; 4. Sammelt; 5. liest; 6. setzt; 7. feiert; 8. Empfiehlst; 9. Trägst; 10. kaufst; 11. trifft; 12. arbeitest; 13. wäscht; 14. bittest; 15. isst; 16. heißt; 17. läuft; 18. sitzt; 19. schläfst; 20. findet; 21. rechnet; 22. vergisst; 23. duschst; 24. Erinnert; 25. lässt

4.

2. kann; 3. weiß; 4. erhält; 5. wird; 6. heizt; 7. lädt; 8. darf; 9. muss; 10. nimmt; 11. will; 12. möchte; 13. hilft; 14. isst; 15. soll

5.

läuft; findet; wohnt; nimmt; öffnet; sagt; sind; setzt; kocht; fragt; Isst; antwortet; sieht; spricht; lädt; schläfst; sagt; hilft; stellt; schläfst; wäscht; fährt; findet; rätst; Hilfst; Weißt; beantwortet; sagt; gibt; gehen; warten

6.

2. Die Studenten aus Italien fahren bald wieder heim.
3. Die Lehrerin unterstreicht alle Infinitive des Textes.
4. Der Student antwortet auf alle Fragen des Professors.
5. Die Mutter erzählt ihren Kindern jeden Abend eine Geschichte.
6. Die Politikerin beantwortet die Fragen der Journalisten.
7. Die Freunde sehen sich nach langer Zeit wieder.
8. Die Studenten diskutieren über die Mieterhöhung.
9. Die Flasche enthält Bier.
10. Die Studentin liest den Text durch.
11. Sonntags gehen die Großeltern spazieren.
12. Die deutsche Regierung lädt den französischen Präsidenten ein.
13. Der Fußgänger überquert die Straße.
14. Der Arzt behandelt den Patienten.
15. Am Abend geht die Sonne im Nordwesten unter.
16. Die Familie unternimmt eine Ferienreise.
17. Der Lehrer streicht das falsche Wort durch.
18. Vor Betreten des Zimmers klopft man an.
19. Die Ärztin untersucht das kranke Kind gründlich.
20. Am Wochenende arbeite ich in einem Schnellrestaurant.

7.

2. betritt; 3. sagt; 4. fangen ... an; 5. verteilt; 6. fordert ... auf; 7. liest ... vor; 8. hören ... zu; 9. fragt; 10. erklärt; 11. formen ... um; 12. entstehen; 13. untersuchen; 14. unterscheidet; 15. erkennen; 16. beklagt; 17. beschäftigen, erleichtert; 18. antwortet; 19. wischt ... ab; 20. schreibt ... an; 21. schreiben ... ab; 22. verlassen; 23. rufen ... an

8.

2. kann; 3. kann; 4. muss; 5. wollt; 6. muss; 7. kann; 8. müsst; 9. darf; 10. kannst; 11. muss; 12. Kannst; 13. soll; 14. wollen; 15. soll; 16. müssen; 17. kannst; 18. Möchtest; 19. muss; 20. dürfen; 21. soll; 22. Will

9.

2. Ich gebe dir das Buch morgen zurück.
3. Manche Sätze missversteht man.
4. Ich rufe meinen Freund an.
5. Wie verbessert ihr eure Deutschkenntnisse?
6. Wer fehlt, entschuldigt sich.
7. Ich bezahle diesen Monat meine Miete nicht.
8. Wie lange arbeitet ihr morgen?
9. Jetzt sieht Mäxchen fern.
10. Welches Computerprogramm empfiehlst du uns?
11. Ida zieht aus ihrem Zimmer aus.
12. Nimmst du uns nach Dortmund mit?
13. Anna fängt mit dem Vorlesen an!
14. Wir überlegen uns eine Antwort auf die Frage.
15. Auch Tina denkt darüber nach.
16. Das Licht schalten Sie aus, wenn Sie weggehen.
17. Du übersetzt besser als der Lehrer.
18. Antwortest du nicht auf meine Frage?
19. Man misstraut seinen Worten.
20. Studierende wiederholen den Kurs nur einmal.
21. Wer empfängt die Gäste?
22. Nimmt Frau Lie an der Prüfung teil?

10.

2 zeigt ... vor; 3. gibt ... ab; 4. behält; 5. kontrolliert; 6. durchsucht; 7. geht ... hinein; 8. setzt ... hin; 9. erscheint; 10. besteigt; 11. fliegt ... ab; 12. kommt ... an; 13. verlässt; 14. betritt, stellt ... auf; 15. fährt ... vorbei; 16. nimmt ... herunter; 17. kommt ... heraus; 18. steigt ... ein; 19. fährt ... ab, bringt; 20. hält ... an; 21. bezahlt, steigt aus; 22. betritt; 23. meldet ... an, wartet; 24. geht ... hinein, verhandelt

11.

2. Paul, bitte wasch dich!
3. Kinder, bitte kommt!
4. Kinder, bitte geht zu Bett!
5. Kinder, bitte steht auf!
6. Elke, bitte wasch ab!
7. Paul, bitte trockne die Teller ab!
8. Lisa und Paul, bitte macht die Hausaufgaben!
9. Elke, bitte hilf den beiden!
10. Lisa, bitte schalte den Fernseher aus!
11. Elke, bitte hol die Teller!
12. Elke, bitte bring auch das Besteck mit!
13. Paul, bitte schreib ein bisschen schöner!
14. Lisa, bitte beruhige dich!
15. Kinder, bitte seid leise!

12.

2. Zeigen Sie bitte die Zunge!
3. Sagen Sie bitte „Aaaaa"!
4. Machen Sie bitte den Oberkörper frei!
5. Heben Sie bitte die Arme!
6. Drehen Sie sich bitte um!
7. Atmen Sie bitte tief ein!
8. Halten Sie bitte den Atem an!
9. Ziehen Sie bitte die Schuhe aus!
10. Legen Sie sich bitte auf die Liege!
11. Stellen Sie sich bitte auf die Waage!
12. Nehmen Sie bitte täglich drei Tabletten!
13. Kommen Sie bitte in drei Wochen wieder!

13.

2. mir; 3. euch; 4. euch; 5. mich; 6. mir; 7. sich; 8. uns; 9. dich; 10. sich

14.

2. uns; 3. dir; 4. sich; 5. sich; 6. dir; 7. dich; 8. dir; 9. sich; 10. euch; 11. dir; 12. dir; 13. mich; 14. sich; 15. mir

15.

2. Ja, zieh dir die Jacke aus!
3. Ja, merk dir das!
4. Ja, beeil dich!
5. Ja, kauf dir das Buch!
6. Ja, entschuldige dich schriftlich!
7. Ja, nimm dir noch einen Kaffee!
8. Ja, bedank dich bei Müllers!
9. Ja, bewirb dich auch in München!
10. Ja, verlass dich auf mich!
11. Ja, erkundige dich telefonisch!

16.

ich lebte	er klingelte
ich antwortete	er brachte
ich sagte	er wohnte
ich öffnete	er setzte
ich wollte	er rechnete
ich reiste	er konnte
ich durfte	er wandte / wendete
ich änderte	er wusste
ich begegnete	er bildete

17.

ich nahm	–	sie nahmen
ich half	–	sie halfen
ich begann	–	sie begannen
ich schwamm	–	sie schwammen

ich fand – sie fanden
ich sang – sie sangen
ich fuhr – sie fuhren
ich vergaß – sie vergaßen
ich gab – sie gaben
ich aß – sie aßen
ich flog – sie flogen
ich zog – sie zogen
ich blieb – sie blieben
ich entschied – sie entschieden

18.

2. Du bliebst zu Hause.
3. Der Unterricht begann.
4. Wir flogen nach Rom.
5. Dachtet ihr nur an die Prüfung?
6. Die Kinder aßen Äpfel.
7. Ich brachte das Buch zurück.
8. Peter bot mir seinen Platz an.
9. Ein Tourist bat mich um eine Auskunft.
10. Wir gingen spazieren.
11. Das Feuer brannte gut.
12. Die Hunde bissen sich.
13. Der Roman gefiel mir nicht.

19.

2. gilt/galt; 3. brät/briet; 4. entscheiden; 5. vergleichen; 6. flieht/floh; 7. gießen; 8. eindringen; 9. biegt/bog ein; 10. Blas; 11. gewinnen; 12. empfehlen; 13. brechen; 14. friere; 15. genießen/genossen

20.

1. Ich rief meine Schwester an.
2. Sie schlief noch.
3. Der Mann kannte mich nicht.
4. Wir kamen spät nach Hause.
5. Ihr hattet nie Zeit.
6. Sie nahmen Abschied von uns.
7. Ich nannte ihr meinen Namen.
8. Petra schrieb mir eine Mail.
9. Der Film lief mit großem Erfolg im Kino.
10. Die Schiffe lagen im Hafen.
11. Die Kinder rannten zum Spielplatz.
12. Wir halfen unseren Nachbarn.
13. Max schloss die Tür zu.

21.

1. schuf; 2. schreit; 3. schmilzt/schmolz; 4. litten; 5. vermeiden; 6. einladen; 7. scheint; 8. rät/riet; 9. erschrecke; 10. heben; 11. zerriss; 12. schneiden; 13. riecht; 14. misst/maß; 15. schob

22.

1. Ich war mit meiner Wohnung zufrieden.
2. Du saßest am Schreibtisch.
3. Peter traf seine Freunde vor dem Kino.
4. Wir wurden sofort informiert.
5. Ihr tatet nichts.
6. Die Kinder sangen ein Lied.
7. Ich wusch meine Wäsche selbst.
8. Wusstest du etwas von seinen Plänen?
9. Der Bus stand an der Haltestelle.
10. Wir sprachen über Politik.
11. Zwei Radfahrer stießen zusammen.
12. Sie vergaß oft ihr Portemonnaie.

23.

1. unterstreichen; 2. beweisen; 3. verschwindet/verschwand; 4. wiegt; 5. steigen; 6. ziehe/zog; 7. stritten; 8. sinken; 9. wenden; 10. schweigen; 11. stechen; 12. verdirbt; 13. wirbt/warb; 14. Treiben; 15. stehlen

24.

2. Sie kannte niemanden in Göttingen.
3. Sie suchte ein Zimmer.
4. Sie fand kein Zimmer.
5. Sie war verzweifelt.
6. Sie wollte schon abreisen.
7. Schließlich hatte sie Glück.
8. Sie las das „Göttinger Tageblatt".
9. In der Zeitung stand eine Anzeige.
10. Jemand bot ein Zimmer an.
11. Das Zimmer kostete 250 €.
12. Es lag im Stadtzentrum.
13. Petra mietete es sofort.
14. Sie unterschrieb den Mietvertrag.
15. Sie musste sofort eine Monatsmiete zahlen.

25.

1. Wie fand(e)st du den Film?
2. Er öffnete die Tür.
3. Ich wandte/wendete mich an den Lehrer.
4. Wolltet ihr ein Eis essen?
5. Wir wurden müde.
6. Wusstest du das nicht?
7. Die Kerze brannte hell.
8. Ich saß immer neben Jan.
9. Ihr wartetet vor der Mensa.
10. Er konnte nicht kommen.
11. Ich wechselte das Studienfach.
12. Wann verließ sie das Haus?
13. Er brachte ein Geschenk mit.

26.

erhielt, wollte, bat, war, wollte, brauchte, setzte, meldete sich, ging, wunderte … sich, verlangte, gab, erlebte, wollte, hatte, konnte, war, war, musste, rief … an, teilte … mit, kam … an, freuten sich, hing, feierten

27.

zogen, lag, schleppten … hinunter, stolperte, ließ … los, rollte … hinunter, wunderten sich, ging, trugen … hinauf, konnten, freuten sich, arbeiteten, wurde, betraten, sahen, war, erkannten, waren, Mussten, hatte, schien, gingen, trugen, banden … zu, bedeckten, öffneten, schütteten … aus, blieb

28.

Nasreddin Hodscha besaß einen Esel. Eines Tages kam sein Nachbar und sagte: „Nasreddin, leih mir deinen Esel! Ich will mein Heu von der Wiese holen." Der Hodscha gab ihm den Esel. Bald stand der Nachbar wieder vor der Tür. „Nasreddin, ich muss einen Sack Zwiebeln zum Markt bringen; kann ich den Esel haben?" Der Hodscha gab ihn ihm.
In der nächsten Woche wollte der Nachbar schon wieder den Esel leihen. Aber Nasreddin wollte ihn ihm nicht geben; er sagte: „Der Esel ist nicht hier". Da schrie der Esel im Stall. „Er ist doch hier", sagte der Nachbar, „ich höre ihn ja!" Der Hodscha schaute ihn nachdenklich an, dann sagte er: „Ich wundere mich über dich; mir glaubst du nicht – aber einem Esel glaubst du!"

29.

2. Er wollte sein Heu nach Hause holen.
3. Einen Sack Zwiebeln musste er zum Markt bringen.
4. Konnte er den Esel haben?
5. Angeblich war der Esel nicht da.
6. Der Nachbar hörte den Esel.
7. Er glaubte dem Hodscha nicht.
8. Nasreddin wunderte sich über ihn.

30.

gearbeitet	genommen
geöffnet	begonnen
geändert	weggeschwommen
gesammelt	erfunden
abgeholt	gesungen
angestellt	eingeschlafen
bezahlt	erhalten
übersetzt/übergesetzt	gefahren
studiert	gewachsen
probiert	abgeflogen
gewollt	erzogen
gekonnt	entschieden
gewusst	gewesen
verbracht	geworden

31.

1. Der Bus hat eine alte Frau angefahren.
   Kadir hat sich beim Rasieren geschnitten.
   Eva hat keinen Tee gewollt.
   Der Film hat mir nicht gefallen.
2. Wir sind in den Zug eingestiegen.
   Mein Bruder ist Informatiker geworden.
   Der Raketentest ist misslungen.
   Die Rakete ist kurz nach dem Start explodiert.
   Was ist dann passiert?

32.

2. Herr Mai ist mit 92 Jahren gestorben.
3. Du hast meinen Geburtstag vergessen.
4. Mein Bruder hat in Bonn studiert.
5. Sie ist in den Bus eingestiegen.
6. Julia hat bei der Stadtverwaltung gearbeitet.
7. Ich bin müde geworden.
8. Wir haben um 7 Uhr gefrühstückt.
9. Flugkapitan Rall hat den Airbus nach London geflogen.
10. Die Schlange hat sich nicht bewegt.
11. Es ist mir nicht gelungen, eine Arbeit zu finden.
12. Habt ihr die Tür zugeschlossen?
13. Die Temperatur ist in der Nacht unter null Grad gesunken.
14. Der Zug hat nur fünf Minuten gehalten.
15. Du hast mich missverstanden.
16. Wann haben sich viele Unfälle ereignet?
17. Im Nebel sind viele Unfälle passiert.
18. Ich habe das Buch auf den Tisch gelegt.
19. Es hat auf dem Tisch gelegen.
20. Warum bist du zu Hause geblieben?

33.

1. Peter ist nach Köln umgezogen.
2. Peter hat sich warm angezogen.
3. Eva hat sich den Kopf über ein passendes Geschenk zerbrochen.
4. Das Glas ist auf den Boden gefallen und (ist) zerbrochen.
5. Ich habe mir immer den Kopf an dieser Tür gestoßen.
6. Zwei Züge sind zusammengestoßen.
7. Eine Kundin hat den Laden betreten.
8. Eine Kundin ist eingetreten.

34.

2. Aber gestern bin ich nicht früh aufgestanden.
3. Aber gestern habe ich nicht zu Hause gefrühstückt.
4. Aber gestern bin ich nicht mit dem Fahrrad zur Arbeit gefahren.
5. Aber gestern bin ich nicht rechtzeitig in der Firma angekommen.
6. Aber gestern habe ich mittags keinen Hunger gehabt. (*besser:* … hatte ich keinen Hunger.)
7. Aber gestern habe ich nicht in der Kantine unserer Firma gegessen.
8. Aber gestern hat mir die Arbeit keinen Spaß gemacht.
9. Aber gestern bin ich nicht um 17 Uhr nach Hause zurückgefahren.
10. Aber gestern habe ich mich nach dem Abendessen nicht an den Computer gesetzt.
11. Aber gestern bin ich nicht spät zu Bett gegangen.

12. Aber gestern bin ich nicht sofort eingeschlafen.
13. Aber gestern habe ich nicht gut geschlafen.
14. Aber gestern habe ich geträumt.

35.

2. Ich habe nicht zu Ihnen kommen können.
3. Ich habe es ihm nicht sagen dürfen.
4. Er hat seine kleine Tochter ungern allein gelassen.
5. Er hat diesen Kuchen nicht gemocht.
6. Ich habe meine Hose reinigen lassen.
7. Ich habe meinen Freund kommen sehen.
8. Wir haben viel Geld gebraucht.
9. Sie haben nach Rom fliegen wollen.
10. Die Touristen haben kein Italienisch gekonnt.
11. Hast du den Hund bellen hören?
12. Hast du das Verkehrsschild nicht gesehen?
13. Ich habe meiner Schwester nicht helfen müssen.
14. Wir haben schnell nach Hause gemusst.
15. Sie hat nichts von dir gewollt.

36.

2. geerbt hatte; 3. weggelaufen war; 4. geworden war; 5. verlegt hatte; 6. gelaufen war; 7. empfohlen hatte; 8. bestanden hatte; 9. entdeckt hatte; 10. gelebt hatte; 11. geblieben waren; 12. gegangen war; 13. gewesen war; 14. genannt hatte; 15. gemacht hatte

37.

2. werden sie mit dem Zug fahren.
3. werden sie nur wenig Gepäck mitnehmen können.
4. werden sie bei Verwandten wohnen.
5. werden sie bei ihren Verwandten essen.
6. werden sie Schwarzbrot essen.
7. werden sie oft Teepunsch trinken.
8. werden sie nur zwei Wochen Urlaub machen.
9. werden sie Deutsch sprechen (können).
10. wird es im Sommer kälter sein.
11. wird er nur an warmen Tagen baden können.
12. wird sie das Nolde-Museum besuchen.

38.

1. Früher lag jeden Winter mehrere Wochen lang Schnee / hat ... gelegen.
2. In der nächsten oder übernächsten Generation wird es vermutlich noch seltener schneien. / ... schneit es vermutlich noch seltener.
3. Die Lehrerin sieht müde aus. Sie wird wohl nicht genug geschlafen haben / Sie hat wohl nicht genug geschlafen.
4. Als ich letztes Jahr in meine jetzige Wohnung eingezogen bin, musste ich nicht renovieren, weil die Vormieter alle Wände nach ihrem Auszug gestrichen hatten.
5. Letzte Woche haben wir uns mit den Tempora der Vergangenheit beschäftigt.
6. Womit wir uns nächste Woche beschäftigen (werden), wissen wir noch nicht genau.
7. Immer wenn ich mittags lange geschlafen habe, mache ich mir einen starken Kaffee.
8. Als ich zur Grundschule ging/gegangen bin, freute ich mich jeden Tag auf meine Mitschülerinnen. / habe ... gefreut.
9. Weil wir die Hausaufgaben vergessen hatten, haben wir gestern die Aufgaben im Unterricht bearbeitet.
10. Ich habe einen Plan: Wenn ich die DSH bestehe / bestanden habe, lerne / werde ich ganz bestimmt trotzdem weiter regelmäßig Deutsch (lernen).

39.

2. Der Brief wird von mir ins Englische übersetzt.
   Der Brief wurde von mir ins Englische übersetzt.
   Der Brief ist von mir ins Englische übersetzt worden.
3. Die DaF-Grammatik wird den Studierenden von der Lehrerin erklärt.
   Die DaF-Grammatik wurde den Studierenden von der Lehrerin erklärt.
   Die DaF-Grammatik ist den Studierenden von der Lehrerin erklärt worden.
4. Unsere Freunde werden von uns zum Essen eingeladen.
   Unsere Freunde wurden von uns zum Essen eingeladen.
   Unsere Freunde sind von uns zum Essen eingeladen worden.
5. In Frankreich wird viel Wein getrunken.
   In Frankreich wurde viel Wein getrunken.
   In Frankreich ist viel Wein getrunken worden.
6. Die Rechnung wird sofort bezahlt.
   Die Rechnung wurde sofort bezahlt.
   Die Rechnung ist sofort bezahlt worden.
7. Die Bücher werden wieder zurückgebracht.
   Die Bücher wurden wieder zurückgebracht.
   Die Bücher sind wieder zurückgebracht worden.
8. Versuche werden von dem Wissenschaftler durchgeführt.
   Versuche wurden von dem Wissenschaftler durchgeführt.
   Versuche sind von dem Wissenschaftler durchgeführt worden.

40.

1. Die Polizei kontrolliert die Geschwindigkeit.
2. Viele Verkehrsteilnehmer beachteten das Verbotsschild nicht.
3. Der Mechaniker hat mein Fahrrad repariert.
4. Eine Fachfirma wird die Klimaanlage einbauen.
5. Man hatte die Heizung nicht abgestellt.

41.

1. Das Formular wird von dem Studenten ausgefüllt.
2. Radioaktive Stoffe sind von Marie Curie analysiert worden.
3. Edison erfand die Glühbirne.
4. Neue Fensterscheiben werden vom / von dem Glaser eingesetzt werden.
5. Unsere Sekretärin ruft mich oft an.
6. Die Fehler wurden von dem Schüler berichtigt.
7. Die Tür ist von Peter geöffnet worden.
8. Ein Kind hat den Verkehrsunfall verursacht.
9. Die Schlüssel werden sicher wiedergefunden werden.
10. Hatte man Sie rechtzeitig informiert?

42.

1. Die Fragen können von ihm nicht beantwortet werden.
2. Das Haus konnte von unseren Freunden günstig gekauft werden.
3. Das Eis muss sofort gegessen werden.
4. Eine hohe Strafe hat von ihr gezahlt werden müssen.
5. Kinder dürfen nicht geschlagen werden.

43.

1. Man muss die Blumen abends gießen.
2. Der Hausmeister muss die Tür morgens öffnen.
3. Man konnte das Computer-Programm nicht installieren.
4. Man hat das Spielzeug nicht mehr reparieren können.
5. Die Versicherung wird den Schaden ersetzen müssen.

44.

1. Im Institut wurde von den Mitarbeiten nur noch über den Stellenabbau diskutiert.
2. Der Beamtin wurde vom Behördenleiter zur Beförderung gratuliert.
3. Über diesen Vorfall ist tagelang geredet worden.
4. Kann auf die Verlesung des Protokolls verzichtet werden?
5. Dem Gesetz wurde von den meisten Abgeordneten zugestimmt.
6. Musste nicht mit solchen Schwierigkeiten gerechnet werden?
7. Den Opfern der Katastrophe wird geholfen werden müssen.
8. Nur von wenigen Lkw-Fahrern war auf die Verkehrsnachrichten geachtet worden.

45.

1. In Großbritannien fährt man links.
2. Die Gewerkschaft hat gegen die Schließung der Fabrik protestiert.
3. Man half den Verletzten schnell.
4. Vor den Folgen des Rauchens warnt man überall.
5. Die Presse berichtete ausführlich über die Konferenz.
6. Mit der Sanierung der Altstadt hat man bereits begonnen.

46.

2. Es werden (von unseren Politikern) leider oft Fehler gemacht.
3. Es werden (von der Regierung) zu wenig neue Lehrkräfte eingestellt.
4. Es wurden (von der Polizei) mehrere Räume durchsucht. Es ist Falschgeld gefunden worden.
5. Kann es (von dir) repariert werden?
6. Es werden statt Batterien immer häufiger Akkus benutzt.

47.

2. Leider werden (von unseren Politikern) oft Fehler gemacht.
3. Zu wenig neue Lehrkräfte werden (von der Regierung) eingestellt.
4. Mehrere Räume wurden (von der Polizei) durchsucht. Falschgeld ist gefunden worden.
5. Kann es (von dir) repariert werden?
6. Statt Batterien werden immer häufiger Akkus benutzt.

48.

1. Es mussten viele Bäume gefällt werden. / Viele Bäume mussten gefällt werden.
2. Musste damit gerechnet werden?
3. Wird in Nigeria links gefahren?
4. Wenn Kinder anwesend sind, darf nicht geraucht werden.
5. Es darf nicht geraucht werden, wenn Kinder anwesend sind.

49.

2. Es dürfen keine Waffen mitgebracht werden.
3. Es darf nicht zu viel Alkohol getrunken werden.
4. Es darf kein Feuer gemacht werden.
5. Der Pilot darf nicht gestört werden.

50.

2. Der Müll sollte sortiert werden.
3. Es sollten nur Mehrwegflaschen verwendet werden.
4. Es sollten keine Getränke in Dosen gekauft werden.
5. Es sollte weniger Kunstdünger verwendet werden.
6. Mit Rohstoffen sollte sparsamer umgegangen werden.
7. Es sollte viel Rad gefahren werden.
8. Auf das Auto sollte verzichtet werden.

51.

1. Milch und Butter müssen im Kühlschrank aufbewahrt werden.
2. Touristen dürfen nur eine Stange Zigaretten einführen.
3. Von den Freundinnen wird über den Zeitungsartikel diskutiert.
4. Um 8 Uhr wurde mit dem Unterricht begonnen.
5. Autoabgase verschmutzen die Luft.
6. Der Name konnte von uns nicht im Telefonbuch gefunden werden.
7. Gegen diesen Beschluss der Regierung hat man protestiert.
8. Diese hässlichen Pullover werden sicher von niemandem gekauft werden.
9. Ist von der Presse auf die Veranstaltung hingewiesen worden?
10. Zwei Raketen haben das Schiff zerstört.
11. Die Ansprache wurde von der Dolmetscherin ins Deutsche übersetzt.
12. Die Zeugin konnte keine weiteren Namen nennen.
13. Der Ball war von den Kindern wiedergefunden worden.
14. Jeder hat die Prüfung machen müssen.
15. Den Arbeitslosen muss vom Staat geholfen werden.
16. Der Code hat leider nicht entziffert werden können.
17. Wir alle müssten ihm danken.

52.

Sie konnte nicht kommen. Sie hat nicht kommen können. Sie hatte nicht kommen können. Sie wird nicht kommen können.

1. Ich musste zu Hause bleiben. Ich habe zu Hause bleiben müssen. Ich hatte zu Hause bleiben müssen. Ich werde zu Hause bleiben müssen.
2. Wolltest du auch verreisen? Hast du auch verreisen wollen? Hattest du auch verreisen wollen? Wirst du auch verreisen wollen?
3. Wir brauchten nicht zu arbeiten. Wir haben nicht zu arbeiten brauchen. Wir hatten nicht zu arbeiten brauchen. Wir werden nicht zu arbeiten brauchen.
4. Ihr durftet so etwas nicht sagen! Ihr habt so etwas nicht sagen dürfen! Ihr hattet so etwas nicht sagen dürfen! Ihr werdet so etwas nicht sagen dürfen!
5. Die Tür konnte leicht geöffnet werden. Die Tür hat leicht geöffnet werden können. Die Tür hatte leicht geöffnet werden können. Die Tür wird leicht geöffnet werden können.
6. Die Bücher mussten liegen bleiben. Die Bücher haben liegen bleiben müssen. Die Bücher hatten liegen bleiben müssen. Die Bücher werden liegen bleiben müssen.

b) Hast du der schon überlegt, ob du auch verreisen willst?
c) Es ist schön, dass wir nicht zu arbeiten brauchen.
d) Wisst ihr nicht, dass ihr so etwas nicht sagen dürft?
e) Weiß jemand, ob die Tür leicht geöffnet werden kann?
f) Er meint, dass die Bücher liegen bleiben müssen.

53.

2. Nein, deutsche Schüler brauchen keine Uniform zu tragen / müssen ... keine Uniform tragen.
3. Nein, Peter brauchte nicht allein zum Bahnhof zu gehen / musste nicht ... zum Bahnhof gehen.
4. Nein, die Straßen brauchten während des Papstbesuchs nicht gesperrt zu werden / mussten ... nicht gesperrt werden.
5. Nein, Peter hat nicht lange zu warten brauchen / nicht lange warten müssen.

54.

1. müssen; 2. wollte; 3. Soll, brauchst/musst; 4. will, muss; 5. durfte, musste; 6. müssen, dürfen/können; 7. soll; 8. möchtest; 9. kann, muss; 10. Wollt, soll; 11. können/dürfen, müssen; 12. braucht

55.

1. konnte/durfte; musste; konnte/durfte; 2. wollte; musste; 3. soll; 4. durfte; 5. Kannst; 6. konnte; 7. sollen; 8. wollte; 9. können/dürfen; müssen; 10. möchte / würde; 11. wollten; durften/konnten; 12. möchte; 13. müsst; 14. möchte/will; 15. kann; braucht

56.

A: kann; *St:* soll (möchte); *A:* wollen, dürfen (sollten), kann (könnte); *St:* soll / muss; *A:* sollen; *St:* muss (soll); *A:* müssen – muss (will), müssen; *St:* kann (werde)

57.

1. möchte; 2. konnte; 3. musste; 4. wollte; 5. musste; 6. musste; 7. konnte; 8. müssen; 9. können/dürfen; 10. konnte; 11. musste; 12. muss/will; 13. Darf; 14. Können/Könnten; 15. muss/musste; 16. soll

58.

2. Nein, ich habe meinen Text vom Lehrer korrigieren lassen.
3. Nein, wir ließen unseren PC von einem Computerfachmann konfigurieren.
4. Nein, ich lasse meine Bewerbungen von einem deutschen Freund schreiben.

5. Ich lasse mich vom Arzt untersuchen.
7. Ja, er lässt sie ein Wörterbuch benutzen.
8. Ja, er lässt ihn ohne Kontrolle durchfahren.
10. Ja, er lässt sich mühelos übersetzen.
11. Ja, es lässt sich leicht transportieren.
12. Nein, sie ließen sich nicht vermeiden.

59.

Singular:

1. die Tasse, das Glas, ein Messer, eine Gabel, ein Löffel, mein Buch, ihr Kugelschreiber, seine Brille, euer Motorrad, Ihre Garage, kein Taxi, keine Auskunft.
2. die Ärztin, das Personal, den Engländer, einen Franzosen, eine Polin, ein Mädchen, jeden Schüler, jede Kollegin, diesen Autor, keinen Menschen, Ihren Assistenten, seine Nachbarin.
3. dem Polizisten, der Lehrerin, einem Türken, einer Französin, diesem Herrn, dieser Frau, keinem Kollegen, keiner Nachbarin, meinem Vater, seinem Patienten, eurem Nachbarn, unserem Großvater.
4. der Bürgermeisterin, des Ingenieurs, eines Amerikaners, eines Griechen, dieses Sportlers, dieser Sängerin, irgendeines Soldaten, eines Professors, ihres Nachbarn, eures Kunden, seines Sohn(e)s, eines Geologen, des Löwen!

Plural:

1. die Städte, die Dörfer, die Arbeiter, die Krankheiten, die Zeugnisse, die Staaten, die Studentinnen, die Kinos, die Polen, die Söhne, die Wände, die Mädchen, die Briefe, die Uhren, die Kleider, die Juristen, die Spanier, die Bücher, die Autoren
2. den Assistentinnen, den Technikern, allen Leuten, meinen Geschwistern, diesen Krankenschwestern, beiden Chefs, deinen Brüdern, seinen Kollegen, solchen Menschen, den Clowns, euren Gästen

60.

2. kein Geld; 3. Welches Fahrrad; 4. euer Haus; 5. Meine Bekannten; 6. ein Gemüse; 7. Diese Handschuhe; 8. einige Plätze

9. deine Familie; 10. Welchen Film; 11. keinen (keine *pl.*) Fehler; 12. mein Zimmer; 13. eure Tür; 14. alle Rechnungen; 15. einen Satz; 16. mehrere Zimmer

17. aus der Flasche; 18. ihren Kindern bei den Hausaufgaben; 19. dem Wald, keinem (keinen *Pl.*) Menschen (= niemandem); 20. zwischen der Tür und dem Fenster; 21. Mit welchem (welchen *pl.*) Kollegen; 22. dieser Kälte, den Leuten, vor dem Kamin

23. meiner Freundin; 24. des (der *pl.*) Bauern; 25. Ende des Monats; 26. dieser Frau; 27. Ihres Vaters und die Ihrer Mutter; 28. Ihrer Eltern

61.

2. ihre; 3. deine; 4. ihr; 5. eure; 6. unsere; 7. meine; 8. Seine; 9. Ihr; 10. ihre; 11. seinem; 12. seinem, seiner, seinen (seinem); 13. ihre, ihr, ihre; 14. ihre, ihrem; 15. euren

62.

1. ihre, ihren, ihr; 2. Ihren, Ihre, Ihr; 3. mein, meine, meinen; 4. deiner, deines, deiner; 5. unserer, unseren, unserem; 6. seinem, seinen, seinem

63.

1. ihrer, ihren, ihre; 2. deine, deinem; 3. Ihre, Ihr; 4. seinen; 5. meines, meiner; 6. unsere, unseren; 7. ihr, ihre, ihre; 8. eurer, euren (eurem); 9. sein, sein, seine

64.

2. Was für ein; 3. welcher; 4. Was für ein; 5. was für/welchen; 6. welche; 7. Was für ein/Welches; 8. welchen; 9. welchen/was für; 10. Welche

65.

2. Nein, ich habe keinen Hunger.
3. Nein, ich habe kein Geld bei mir.
4. Nein, sie hat keine Kinder.
5. Nein, ich habe letztes Jahr an keiner Prüfung teilgenommen.
6. Nein, er bekommt kein Stipendium.
7. Nein, wir haben kein Interesse an der Wohnung.
8. Nein, sie macht keine Fehler beim Schreiben.
9. Nein, ich habe keine Zigaretten im Gepäck.
10. Nein, sie ist keine Deutsche.

66.

1. das interessante; der neue; ein neuer; eine teure; die teure; ein gutes; unser ehemaliger
2. einen warmen; den warmen; diese dunkle; keine dunkle; das koreanische; kein koreanisches; kein gebrauchtes; diesen bequemen
3. dem alten; meinem alten; der gemütlichen; meiner gemütlichen; dem neuen deutschen; meinem neuen deutschen; unserem guten
4. eines großen; des großen; einer gut gehenden; der gut gehenden, eines kleinen; dieses kleinen; dieser wertvollen chinesischen

67.

1. kühles, frische, heißer; 2. bittere, frisches, holländischen; 3. frischer, kaltem, starkem; 4. italienischen, griechischen, moderner

68.

1. süße, saftige, schöne, gelbe, besten; 2. grüne, junge, alten, neuen; 3. guten, nahen, verschie-

denen; 4. tropischer, mexikanischer, schönsten afrikanischen

69

Internationalen, zweiten, linke, vielen, lange, laut griechische / laute griechische, rechter, unruhiger, jede, voller, oberen, unteren, wenige ruhige / wenig ruhige, dauernden, schönes, ruhigen

70

wenigen, ehemalige, größten, neuwertigen, praktischen, beschädigten, große, gesteifte, seltsam, bequemen;
beiden, anderen, jähriger, abgebrochenen, halben, bekannten, zweijährige, spanischer, Internationales, mehreren europäischen, ausführliche, letzte, Jeder, eigenes, gemeinsamen, gut ausgestatteten, großen, bequeme, riesigen, wichtige, aktuellen, große, perfektes, relativ guten, intensiv, internationale, deutsche;
zentralen, öffentliche, meisten, längere, altes, guter, kurzer, ungewöhnlichen, wirklich gute

71.

1. deutsche, spanischen; 2. unfreundlicher, falsche; 3. kleines, teures, zentraler; 4. alter, neue; 5. alten, passende; 6. langer, interessantes; 7. klassische, kleine; 8. kaltes; 9. vegetarischen, wenige vegane; 10. alten, jüngeren; 11. frisches, gesalzener; 12. roten, weißer; 13. linker, altes; 14. späten, schweres; 15. voll besetzter, hoher; 16. Kleine, bunten; 17. guten; 18. interessanten, alter; 19. bulgarische; 20. deutschen, vergangenen; 21. türkischer, alten; 22. interessante, heutigen; 23. ausländischen, schwierige; 24. neue; 25. Zweite Deutsche, letzten, spannende alte englische

72.

2. -en; 3. -en; 4. -en; 5. -en, -en

73.

1. -er -er; 2. -e -e; 3. -e -en; 4. -e -en; 5. -e -e; 6. -er -er; 7. -e -en; 8. -en -en; 9. -e -e; 10. -e -e; 11. -e -en; 12. -e -en -e -e; 13. -e -e; 14. -en -en -er -en; 15. -er -er; 16. -e -en; 17. -e; 18. -e -en; 19. -e -en; 20. -e -e -en -en

74.

2. ø -er -ie; 3. -em -en -en; 4. -e; 5. -e; 6. -e -en; 7. -en -en; 8. -en; 9. -en; 10. -e; 11. -e -e; 12. -ie -e; 13. -ie -e -en -es; 14. -em -en; 15. ø -es; 16. -ie -en; 17. -ie -e; 18. -e -en; 19. -ie -e; 20. -ie -e; 21. -ie -e; 22. -ie -e; 23. ø -er; 24. -e -e; 25. -ie -es -en; 26. -ie -es; 27. -e -e -e; 28. -ie -em -en -es

75.

2. geöffnete; 3. verbotene; 4. gefundene; 5. gestohlenen; 6. gereinigte; 7. verlorenen; 8. angebotenen; 9. aufgepumpten; 10. abgewogenen; 11. verpackte; 12. geschlossenem

76.

2. Spielende; 3. tropfende; 4. passendes; 5. entgegenkommende; 6. arbeitenden; 7. haltenden; 8. vorbeigehenden; 9. brennenden, fliehende; 10. fahrenden

77.

2. -e; 3. -e; 4. -es -es; 5. -e -e; 6. -en; 7. -er; 8. -en; 9. -e; 10. -en; 11. -er; 12. -en; 13. -e; 14. -e; 15. -en -e; 16. -en -e; 17. -er; 18. -e; 19. -en; 20. -en -e

78.

2. ebenso (genauso/so) fleißig wie; 3. ebenso (genauso/so) gut wie; 4. ebenso (genauso/so) hohes ... wie; 5. ebenso (genauso/so) teuren ... wie

79.

2. nicht so oft wie; 3. nicht so warm ist wie; 4. keinen so starken Kaffee wie / nicht so starken Kaffee wie; 5. keine so weiten Reisen wie / nicht so weite Reisen wie

80.

Bei Monika ist alles anders!

2. Aber Monika hat einen (noch) teureren Rucksack.
3. Aber Monika hat (noch) modernere Möbel.
4. Aber Monika hat (noch) mehr Bilder an der Wand.
5. Aber Monika geht (noch) öfter ins Kino.

Paul ist „super“!

2. aber Paul ist am sportlichsten.
3. aber Paul kann am schnellsten schwimmen.
4. aber Paul hat die reichsten Eltern.
5. aber Paul kennt die meisten Leute.

Wer kennt die Rekorde?

2. am schnellsten; 3. am weitesten; 4. größte; 5. am heißesten; 6. längste; 7. älteste; 8. meisten;

81.

2. Ich trinke gern Bier. Ich trinke lieber Wein als Bier. Ich trinke am liebsten Wasser.
3. Carlos hat ein gutes Testergebnis. Murat hat ein besseres Testergebnis als Carlos. Maria hat das beste Testergebnis.
4. Das Haus ist hoch. Der Kirchturm ist höher als das Haus. Der Fernsehturm ist am höchsten.
5. In Deutschland ist es kalt. In Finnland ist es kälter als in Deutschland. Am Nordpol ist es am kältesten.
6. Der Bahnhof ist nah. Die Schule ist näher als der Bahnhof. Der Stadtpark ist am nächsten.
7. In Freiburg regnet es viel. In Hamburg regnet es mehr als in Freiburg. In den Alpen regnet es am meisten.

8. Ein Model isst wenig. Ein Kind isst weniger als ein Model. Ein Baby isst am wenigsten.
9. Peter fährt ein schnelles Motorrad. Bruno fährt ein schnelleres Motorrad als Peter. Thomas fährt das schnellste Motorrad.
10. Der Student hat viele Bücher. Die Lehrerin hat mehr Bücher als der Student. Prof. Koch hat die meisten Bücher.
11. Fatma kauf ein teures Handy. Klara kauft ein teureres Handy als Fatma. Petra kauft das teuerste Handy.
12. Ich habe einen weiten Weg zur Arbeit. Du hast einen weiteren Weg zur Arbeit als ich. Unser Chef hat den weitesten Weg zur Arbeit.
13. Herr Kim hat eine große Wohnung und zahlt auch eine hohe Miete. Familie Schöder hat eine größere Wohnung [als Herr Kim] und zahlt auch eine höhere Miete als Herr Kim. Die Meiers haben die größte Wohnung und zahlen auch die höchste Miete.

82.

2. es; 3. sie; 4. er; 5. sie; 6. es; 7. ihn; 8. sie; 9. sie; 10. es; 11. ihr; 12. ihm; 13. ihm; 14. ihnen; 15. ihm; 16. ihn; 17. ihnen; 18. ihr; 19. sie; 20. sie

83.

2. sie ihr; 3. es ihm; 4. sie ihnen; 5. es mir; 6. sie uns; 7. es ihnen; 8. es ihm; 9. ihn ihnen; 10. es ihm; 11. sie ihr; 12. es Ihnen; 13. es ihm; 14. sie ihm; 15. ihn ihnen; 16. ihn sich

84.

2. Ja, ich bin in sie verliebt.
3. Nein, ich ärgere mich nicht darüber.
4. Ja, ich wundere mich darüber.
5. Nein, ich warte nicht auf sie.
6. Ja, ich zweifle daran.
7. Ja, ich habe mich dafür bedankt.
8. Doch, ich habe nach ihm gefragt.
9. Nein, ich arbeite nicht dafür.
10. Ja, ich habe mit ihr darüber gesprochen.

85.

2. Wovon lebst du?
3. Worauf freust du dich?
4. Von wem ist er noch abhängig?
5. Auf wen bist du stolz?
6. Wovon träumt er?
7. An wen schreibt sie?
8. Worauf verzichten sie nicht?
9. Bei wem ist er beliebt?

86.

2. Woher kommen die Bananen?
3. Woran denken die Schüler immer?
4. Seit wann ist Mustafa in Deutschland?
5. Warum (weshalb, weswegen, aus welchem Grund) muss das Konzert ausfallen?
6. Mit welcher Hand schreibt sie?
7. Wer kommt morgen?
8. Wie viele Brüder hat Eva?
9. Für wen ist dieses Geschenk?
10. Was / Wie viel hat der 3-D-Drucker gekostet?
11. Wie oft hast du deine Großeltern im letzten Jahr besucht?
12. Worüber haben sich alle gefreut?
13. Wie spricht Herr Kokavecz Deutsch?
14. Bis wann dauert der Unterricht?
15. Was für einen Pullover hat sich Peter gekauft?
16. Wem gehört dieses Fahrrad?
17. Was muss gewaschen werden?
18. Wie hoch ist der Fernsehturm?

87.

2. ein(e)s; 3. eine; 4. eine; 5. welche; 6. ein(e)s; 7. einer (hier Zahlwort)

88.

2. ein(e)s; 3. keine; 4. kein(e)s; 5. keine; 6. mein(e)s; 7. keine

89.

2. ihr(e)s; 3. meine; 4. ihr(e)s; 5. ihrer; 6. mein(e)s; 7. eurer

90.

1. -as; 2. -er; 3. -er -em; 4. -er -er; 5. -em (-en *pl.*), -en; 6. -er; 7. -er; 8. -ie; 9. -ie; 10. -as; 11. -ie; 12. -er; 13. -em; 14. -en -n; 15. es -s; 16. -em -n; 17. -en; 18. -es -s; 19. -er; 20. -en; 21. -ie; 22. -er; 23. -em; 24. -en -er; 25. -as; 26. -es -ses; 27. -em; 28. -as; 29. -en; 30. -en

91.

2. im; 3. nach; 4. seit; 5. am; 6. um/gegen/vor/nach; 7. vor; 8. Vor/Während/In/Bei; 9. in; 10. Seit; 11. ab; 12. bis (zum); 13. in; 14. Seit/Nach

92.

1. Vor 7 Monaten ist Frau Park aus Korea nach Deutschland gekommen. Seit einem halben Jahr wohnt sie jetzt in Münster. Zuerst hat sie Deutsch gelernt. Am Morgen ging sie ins (zum) Sprachenzentrum der Universität. Um 8:15 Uhr begann der Unterricht und dauerte bis 13:30 Uhr. Zwischen 13:30 und 14 Uhr gab es eine Mittagspause. Am Nachmittag fand der Unterricht von 14 Uhr bis 15:30 Uhr statt. Nur am Mittwoch gab es nachmittags keinen Unterricht. Nach dem Unterricht ging sie nach Hause und machte in den (während der / für die) nächsten Stunden ihre Hausaufgaben. Nach so viel Arbeit hat sie vor einem Monat die Sprachprüfung bestanden.
   Seit einem Monat arbeitet sie nun für ihr (in ihrem) Fachstudium. In einem Jahr will sie in

den (während der) Sommerferien nach Korea fliegen, um ihre Familie zu besuchen.

2. Wegen der hohen Mietpreise können sich nur noch reiche Leute eine Wohnung im Zentrum der Stadt leisten. Die Mieten liegen dort weit über dem Durchschnitt. Außerhalb der Stadtmitte sind die Wohnungen natürlich billiger. Aber trotz der hohen Mieten gibt es genügend Leute, die ins Stadtzentrum ziehen möchten. In der Innenstadt dürfen seit drei Jahren außer Bussen und Taxis keine Autos mehr fahren. Die Leute müssen also statt ihres Autos öffentliche Verkehrsmittel oder ein Fahrrad benutzen, wenn sie nicht zu Fuß gehen wollen.
   Wer in der Nähe des Bahnhofs wohnt, kann in kurzer Zeit den Bahnhof erreichen und dann mit dem Zug in andere Städte fahren.
   Ich selbst habe für eine kurze Zeit in der Stadt gewohnt, und zwar direkt neben (hinter, gegenüber ...) einer Kirche. Die Kirchturmuhr schlug jede volle Stunde, sodass ich in (während) der Nacht niemals ruhig schlafen konnte. Wegen des Lärms bin ich sehr schnell aus dieser Wohnung ausgezogen. Ich wohne jetzt auf dem Land.

93.

2. dauert; 3. ist; 4. bleiben; 5. fehlen; 6. kommt; 7. sitzt; 8. gehen; 9. kommt; 10. schmeckt; 11. darf; 12. sind; 13. soll; 14. ist; 15. ist; 16. Soll; 17. liegt 18. lernt; 19. fahren; 20. können

94.

2. Ich brauche keinen Wecker.
3. Immer werde ich von selbst wach.
4. Zuerst gehe ich ins Badezimmer.
5. Dort wasche ich mich.
6. Danach putze ich mir die Zähne.
7. Dann kämme ich mich.
8. Danach ziehe ich mich an.
9. Jetzt gehe ich in die Küche.
10. Dort bereite ich das Frühstück vor.
11. Meistens esse ich Brötchen mit Butter und Marmelade.
12. Dazu trinke ich Kaffee oder Tee.
13. Nach dem Frühstück verlasse ich das Haus.
14. Ich gehe zum Bahnhof.
15. Um 7:10 Uhr fährt mein Zug nach Bonn.
16. Während der Fahrt surfe ich im Internet.
17. Endlich kommt der Zug in Bonn an.
18. Vom Bahnhof zur Universität gehe ich nun zu Fuß.
19. Kurz vor 8 Uhr bin ich im Kursraum.
20. Jetzt kann der Unterricht beginnen.

95.

2. Deshalb verzichteten wir auf das Frühstück.
3. Meistens schliefen unsere beiden Kinder noch länger als wir.
4. Gegen 12 Uhr gab es ein gutes Essen für die ganze Familie.
5. Danach machten mein Mann und ich bei schönem Wetter eine Fahrradtour.
6. Nur sehr selten fuhren unsere Kinder mit.
7. Meistens waren sie mit Freunden verabredet.
8. Am Nachmittag besuchten wir oft meine Eltern.
9. Zum Kaffee gab es dort selbstgebackenen Kuchen.
10. Auf dem Sportplatz in unserer Nähe fand manchmal ein Fußballspiel statt.
11. Dorthin gingen viele Leute.
12. Abends aßen wir nur Brot mit Wurst und Käse.
13. Dazu tranken wir meistens Tee.
14. Am Sonntagabend gingen wir gerne ins Theater oder ins Kino.
15. So verbrachten wir unseren Sonntag.

96.

2. dass dort eine Griechin auszieht?
3. dass ich Anfang Oktober einziehen kann?
4. dass es kleinere und größere Zimmer gibt?
5. dass mein Zimmer im 3. Stock liegt?
6. dass Flur und Treppe einmal in der Woche geputzt werden?
7. dass die Miete im Voraus gezahlt werden muss?
8. dass es vom Studierendenheim zum Stadtzentrum ca. 3 km sind?
9. dass ich ab Januar an einem Sprachkurs teilnehme?
10. wo der Kurs stattfindet.
11. ob der Sprachkurs ein Intensivkurs ist.
12. ob es eine Anwesenheitspflicht gibt.
13. ob man einen Einstufungstest machen muss.
14. wie hoch die Kursgebühren sind.
15. ob es möglich ist, den Kurs zu wiederholen.

97.

2. die Post; 3. Herr Marx; 4. Unfälle; 5. Dieser schöne alte Schrank; 6. Peter; 7. alles; 8. Ich; 9. man; 10. der Minister und seine Begleitung

98.

2. Herr Meier hat einen Kuchen gebacken.
3. Mein Bruder hat ein Haus gebaut.
4. Die Direktorin hat den Kollegen begrüßt.
5. Peter hat seinen Onkel besucht.
6. Hast du die Rechnung bezahlt?
7. Die Schülerin hat den Satz des Pythagoras bewiesen.
8. Ich habe viel Geld gebraucht.
9. Die Kinder haben Brötchen gegessen.
10. Eva hat den Schlüssel gefunden.
11. Der Tourist hat den Polizisten nach dem Weg gefragt.

12. Es hat in Florida wieder einen Sturm gegeben.
13. Wir haben Glück gehabt.
14. Habt ihr eure Fahrräder aus dem Keller geholt?
15. Goethe hat die Eisenbahn noch nicht gekannt.
16. Wo hast du deinen Mann kennengelernt?
17. Katja hat Suppe gekocht.
18. Ich habe den Roman gelesen.
19. Der Patient hat das Medikament genommen.
20. Herr Meier hat die Haustür geöffnet.
21. Hast du das Fenster geschlossen?
22. Wir haben den Film gesehen.
23. Frau Müller hat ein Glas Wein getrunken.
24. Die Studenten haben den Text übersetzt.
25. Die Ärztin hat den Patienten untersucht.
26. Der Lehrer hat den Namen der Schülerin vergessen.
27. Ich habe die Regel verstanden.
28. Eva hat die Prüfung wiederholt.

99.

zum Beispiel:
Mein Freund hat mir das Buch mitgebracht.
Er hat mir einen Brief diktiert.
Wir haben dem Touristen das Schlosshotel empfohlen.
Der Arzt hat dem Patienten das Aufstehen erlaubt.
Ich gebe dir nun das Buch.
Sie leiht sich ein Buch.
Er hat mir dies schon mitgeteilt.
Er schenkt ihr ständig Blumen
Die Ärztin hat der Patientin das Rauchen verboten.
Sie hat mir ein interessantes Buch versprochen.
Die Mutter liest dem Kind ein Märchen vor.
Ein Junge hat einem Mädchen die Puppe weggenommen.
Er hat mir die Stadt gezeigt.

100.

2. -er -as; 3. -em -e; 4. -en; 5. -er -e; 6. -en; 7. -em (-en *pl.*) -as; 8. -e; 9. -en -n -e; 10. -as; 11. -en (-em) -en -en; 12. -em; 13. -e; 14. -en -e; 15. -en -n; 16. -en; 17. -en -n; 18. -en -e; 19. -em -en; 20. -ie -e; 21. -er -ø; 22. -en; 23. -en; 24. -ie; 25. -er

101.

2. -er; Die Mülltonnen standen an der Straße. Die Mülltonnen haben an der Straße gestanden.
3. -er; Die Kinder saßen auf einer Bank. Die Kinder haben auf einer Bank gesessen.
4. -em; Das Handtuch hing neben dem Waschbecken. Das Handtuch hat neben dem Waschbecken gehangen.
5. -er; Die Scheckkarte steckte in der Brieftasche. Die Scheckkarte hat in der Brieftasche gesteckt.
6. -as; Ich legte den Kugelschreiber neben das Buch. Ich habe den Kugelschreiber neben das Buch gelegt.
7. -as; Ich stellte die Bücher in das Regal. Ich habe die Bücher in das Regal gestellt.
8. -as; Sie setzte sich in das Wohnzimmer. Sie hat sich in das Wohnzimmer gesetzt.
9. -en; Er hängte seinen Mantel an den Haken. Er hat seinen Mantel an den Haken gehängt.
10. -e; Sie steckte den Schlüssel in ihre Tasche. Sie hat den Schlüssel in ihre Tasche gesteckt.

102.

1. in die, zum, zu -em, ins, in die/zur, nach; 2. nach, in die, in -e, nach, in die, auf die; 3. auf -em; 4. auf -as; 5. in; 6. ins; 7. in -er; 8. im, in der; 9. auf die; 10. bei -er; 11. den, auf den; 12. die, an/auf die; 13. den, in die; 14. den, in die; 15. den, ins; 16. das, in die; 17. auf die

103.

2. gesessen; 3. gelegt; 4. gepackt; 5. gehängt; 6. gelegen; 7. gestanden; 8. gestellt; 9. gesetzt; 10. gehangen

104.

2. Kein, die, dieses Professors; 3. Der, seinen Assistenten (seine Assistenten) um einen; 4. Dem (Den) Studenten, die, des Textes; 5. deinen Gästen, keinen; 6. Das, der, eine Mensa; 7. Welche, die Kamera des Polizisten; 8. meinem, seiner, der; 9. Diese, der, eines Diplomaten; 10. Welchem Studenten, mein; 11. ihren, den, einen; 12. den Türken aus dem A-Kurs, einen Iraner; 13. Welcher, diesem / diesen Patienten, solche; 14. ihrer, ein Pferd; 15. In der, keinen / keine Menschen auf der; 16. die, meinem Handy; 17. Die Namen aller, auf dieser; 18. diesem, einen Affen mit einer, in der Hand

105.

Eine Dame ... einen Papagei ... ein Zoogeschäft ... der Papagei ... der Verkäufer ... Der Dame ... der Preis ... einen anderen ... den Mann ... dem Preis ... die Antwort ... der ... die Kundin ... der Verkäufer ... der Dame ... einer Ecke ... einen Papagei; dieses Tier ... die Kundin ... die Frau ... dieser Vogel ... Welche Sprachen ... die anderen ... die Auskunft des Verkäufers

106.

1. auf -ie; 2. für -as -e; 3. an; 4. gegen -en; 5. für -e; 6. auf -en; 7. an -e; 8. bei -em über -as -e; 9. für -ie -e; 10. an -ø -es; 11. bei für -ie; 12. an -e -e; 13. gegen -ie; 14. für -e; 15. bei -er für -ø -es; 16. an -er; 17. auf -e; 18. an; 19. an -em; 20. an -er; 21. aus; 22. für -e -en; 23. auf -e; 24. an -n; 25. auf -as; 26. auf -e; 27. an -ie; 28. an -em -en

107.

1. über -en; 2. vor -er; 3. zu -er; 4. mit -er; 5. nach -en -n; 6. vor -er -en; 7. mit -er über -e; 8. mit -en -n; 9. mit -en über -ie; 10. vor -n; 11. mit -em; 12. Über -e; 13. vor -n; 14. von -en -en -n; 15. um -e -e; 16. über; 17. mit -er; 18. über -e; 19. zu -em -en; 20. mit -er; 21. von -er; 22. über -ie -en; 23. über -en; 24. um -e -e; 25. zu -er; 26. mit -er; 27. von -em; 28. über -e / von -er

108.

1. für -e; 2. ø mit -n; 3. auf -en -en; 4. über -ie -en; 5. zu -er; 6. unter -em -en; 7. um/auf -e; 8. über -ø; 9. mit -em -en; 10. in -er; 11. mit -er; 12. um -e; 13. von -en -n; 14. um; 15. auf -en; 16. auf -e -en; 17. auf; 18. gegen -ie -en; 19. um -ø -es; 20. auf -ie/-as; 21. auf -ø; 22. für -ie; 23. um -en -en; 24. nach -er -en; 25. gegen -ie -e; 26. an -en -en; 27. über; 28. An -en

109.

1. mit -er; 2. auf -en; 3. ø -en/-em; 4. bei -en -n; 5. vom; 6. ø; 7. ø -en -en; 8. auf -en; 9. von; 10. an; 11. um -en; 12. ø -en -n für -e; 13. von -en; 14. über -ie -en; 15. ø -ir; 16. an -er; 17. mit -en -n; 18. ø -en -en; 19. von; 20. zum; 21. ø -er -en; 22. über -ie -e; 23. mit -er -en; 24. auf -e -en; 25. für -e

110.

1. ø; 2. an; 3. für -ie; 4. mit-; 5. zu -em; 6. ø -ir; 7. für -ie; 8. zum; 9. über -ie -en; 10. ø -er; 11. für -ie; 12. zu; 13. für; 14. ø -ø; 15. über -as -e; 16. an -er; 17. über -en; 18. ø -er -en; 19. mit -n; 20. zu -er; 21. mit -em; 22. ø -er; 23. über -e -e; 24. auf -en; 25. zu -er

111.

2. Sie schreibt, dass ich sie vom Bahnhof abholen soll.
3. Sie schreibt, dass sie mit mir die Stadt besichtigen möchte.
4. Sie schreibt, dass sie mir ein interessantes Buch mitbringt.
5. Sie schreibt, dass sie nur etwa sechs Stunden in Bremen bleiben kann.
6. Sie schreibt, dass sie am Abend wieder zurückfährt.
7. Er weiß, dass er nur gute Ware einkaufen darf.
8. Er weiß, dass das Obst vorsichtig transportiert werden muss.
9. Er weiß, dass die Kunden freundlich bedient werden wollen.
10. Er weiß, dass er seine Ware nicht zu teuer verkaufen darf.
11. Er weiß, dass Obst und Gemüse schnell verkauft werden müssen.
12. Er weiß, dass er alte Ware nicht mehr los wird.

112.

2. Es tut mir leid, dass er das Semester wiederholen muss.
3. Es tut mir leid, dass er die geplante Reise nicht machen kann.
4. Es tut mir leid, dass seine Hoffnung enttäuscht wurde.
5. Dass du so oft in die Kneipe gehst, ist nicht schön.
6. Dass du mir nie Blumen mitbringst, ist nicht schön.
7. Dass du mir nicht beim Spülen hilfst, ist nicht schön.
8. Dass du dir meine Sorgen nicht anhörst, ist nicht schön.
9. Mich freut, dass der Frühling kommt.
10. Mich freut, dass das kalte und feuchte Wetter vorbei ist.
11. Mich freut, dass wir bald wieder draußen sitzen können.
12. Mich freut, dass die Vögel bald wieder singen.

113.

2. Ich muss damit rechnen, dass mein Vermieter mir die Wohnung kündigt.
3. Sie ist davon überzeugt, dass sie sich richtig entschieden hat.
4. Er kann sich darauf verlassen, dass seine Freundin ihm helfen wird.
5. Man muss darauf achten, dass alle Türen abends geschlossen werden.
6. Sie tritt dafür ein, dass die Steuern gesenkt werden.
7. Sie müssen sich in Husum daran gewöhnen, dass man sich zu jeder Tageszeit mit „Moin-Moin" begrüßt.
8. Sie müssen sich außerdem daran gewöhnen, dass manche Leute nur Plattdeutsch sprechen.
9. Er wundert sich darüber, dass es so viele Hunde auf der Straße gibt.
10. Er wundert sich auch darüber, dass die Züge der Deutschen Bahn oft nicht pünktlich ankommen.
11. Sie sind stolz darauf, dass ihr Sohn die Prüfung bestanden hat.
12. Sie sind außerdem stolz darauf, dass ihre Tochter ihr Medizinstudium erfolgreich beendet hat.

114.

2. … , glücklich zu sein.
3. … , morgen hierher zu kommen.
4. … , den Bahnhof umzubauen.
5. … , dass wir oft zu spät kommen.
6. … , dich bald wiederzusehen.
7. … , in ihrem Zimmer zu rauchen.
8. … , nicht rechtzeitig zu kommen.
9. … , pünktlich zu sein.

10. … , ihr zu helfen.
11. … , seine Familie wiederzusehen.
12. … , dir nicht helfen zu können.
13. … zu arbeiten.
14. … , endlich nach Hause fahren zu können.
15. … , dass wir ihn wiedererkennen.
16. … , dieses Buch zu kaufen.
17. … , dass ihr morgen zu uns kommt.
18. … , früher wegzugehen.
19. … , früh aufzustehen.
20. … , im Bett zu frühstücken.
21. … , dass du wieder da bist.
22. … , eine lange Geschichte zu erzählen.
23. … , ihre Ferien bei uns zu verbringen.
24. … , seine Stadt nie wiederzusehen.
25. … , bald umzuziehen.
26. … , ihn zu verlieren.
27. … , den Test wiederholen zu können.
28. … , in so kurzer Zeit so viel Geld zu sparen.
29. … zu regnen.
30. … , dieses Bild wegzuwerfen.

115.

2. … , sofort mit dem Fachstudium zu beginnen.
3. … , einen Sprachkurs zu besuchen.
4. … , vorher einen Einstufungstest zu machen.
5. … , ein Zimmer zu finden.
6. … , in eine WG zu ziehen.
7. … , ein Zimmer in einem Studierendenheim zu suchen.
8. … , eine Krankenversicherung abzuschließen.
9. … , mir die Stadt anzusehen.
10. … , deutsche Studierende kennenzulernen.
11. … , ein Stipendium zu bekommen.
12. … , später einmal meinen Studienort zu wechseln.

116.

2. Ich weiß nicht, um wie viel Uhr der Zug in Hamburg abgefahren ist.
3. Wir wissen auch nicht, ob dieser Zug nach Dortmund weiterfährt.
4. Ich habe keine Ahnung, wie viele Wagen der Zug aus Hamburg hat.
5. Niemand kann mir sagen, ob es auch schnelles WLAN gibt.
6. Mir ist nicht bekannt, ob der Zug einen Speisewagen hat.
8. Ich weiß noch nicht, wie die neue Adresse meines Bruders ist. / … lautet. / … welche Adresse mein Bruder jetzt hat. / … wo mein Bruder jetzt wohnt.
9. Ich weiß nicht mehr, an welchem Tag / wann meine Schwiegermutter geboren ist.
10. Ich weiß nicht, warum mein Freund fehlt.
11. Ich weiß nicht, wie die Telefonnummer meines Arztes ist. / … lautet. / … welche Telefonnummer mein Arzt hat.

117.

2. Modal-Angabe; 3. Final-Angabe; 4. Lokal-Angabe; 5. Temporal-Angabe; 6. Konditional-Angabe, Modal-Angabe; 7. Temporal-Angabe, Final-Angabe

118.

2. Wenn das Wetter gut ist, machen wir einen Spaziergang.
3. Ich fahre in die Stadt, um einzukaufen.
4. Weil Petra starke Rückenschmerzen hat, geht sie zum Arzt.
5. Bis der Zug abfährt, sind es noch fünf Minuten.

119.

2. Als Frau Klein heiratete, haben wir ihr gratuliert.
3. Wenn der Papst nach Amerika reiste, brauchte er nie einen Dolmetscher.
4. Als ich aus dem Zug stieg, sah ich sofort meine Freundin.
5. Wenn es dunkel ist, müssen wir das Licht anmachen.
6. Wenn meine Großmutter ihren Geburtstag feierte, lud sie immer viele Gäste ein.
7. Als sie zum ersten Mal ins Ausland fuhr, war sie achtzehn Jahre alt.
8. Wenn mein Vater längere Geschäftsreisen machte, war meine Mutter immer in Sorge.

120.

1. Als; 2. Wenn; 3. Als; 4. Wenn; 5. Als; 6. als; 7. wenn; 8. Wenn; 9. als; 10. Wenn

121.

2. Meine Mutter hat mich auf den Arm genommen, wenn ich als Baby schrie.
3. Herr Singh konnte kein Wort Deutsch, als er aus Indien nach Deutschland kam.
4. Wenn ich eine Prüfung machen muss, bin ich immer sehr aufgeregt.
5. Als sie ihre zukünftigen Schwiegereltern besuchte, war sie sehr aufgeregt.
6. Wenn früher jemand nach Amerika reisen wollte, brauchte er mehrere Wochen.
7. Als wir mit dem Zug in München ankamen, regnete es in Strömen.
8. Die Sportlerin verletzte sich, als sie trainierte.
9. Wenn mein Großvater die Zeitung las, rauchte er gerne seine Pfeife.
10. Der Zug hatte schon eine Verspätung von zwanzig Minuten, als er abfuhr.
11. Gestern bin ich gegen eine Mauer gestoßen, als ich rückwärts fuhr.
12. Ich möchte nicht gestört werden, wenn ich mit den Kunden spreche.

122.

2. Während sie noch isst, liest er schon die Zeitung.
3. Während er den Tisch abräumt, telefoniert sie mit ihrer Freundin.
4. Während wir auf den Bus warteten, begann es zu regnen.
5. Während sich der Zug dem Bahnhof näherte, machten sich die Leute zum Aussteigen fertig.
6. Während sie sich fünf Wochen in Spanien aufhielt, besuchte sie einen Spanisch-Kurs.
7. Während wir uns unterhielten, spielten die Kinder Monopoly.
8. Während sie im Supermarkt einkaufte, wurde ihr Auto auf dem Parkplatz beschädigt.
9. Während ich meinen Mittagsschlaf halte, möchte ich von niemandem gestört werden.
10. Während die Heizung repariert wurde, wurde es im ganzen Haus sehr kalt.
11. Während der Präsident zum Regierungsgebäude fuhr, waren viele Straßen für den Autoverkehr gesperrt.

123.

2. Nachdem Lisa aufgestanden ist, geht sie ins Badezimmer.
3. Nachdem ich in den Hausbriefkasten gesehen habe, schließe ich die Haustür auf.
4. Nachdem sie gearbeitet hatten, gingen sie zum Fußballspiel.
5. Nachdem der Zug zum Stehen gekommen war, öffneten sich die Türen.
6. Nachdem wir uns informiert hatten, haben wir den Bus Nr. 8 genommen.
7. Nachdem ich gearbeitet habe, ruhe ich mich aus.
8. Nachdem ich die Spachprüfung bestanden habe, beginne ich wahrscheinlich sofort mit dem Fachstudium.
9. Nachdem er von der Reise zurückgekehrt war, hat er als Erstes seine Freundin besucht.
10. Nachdem Eva das Gymnasium beendet hatte, machte sie eine Berufsausbildung.
11. Nachdem ich mein Fahrrad repariert habe / nachdem mein Fahrrad repariert worden ist, fahre ich damit wieder zur Uni.
12. Nachdem er geduscht hatte, fühlte er sich wohler.

124.

2. Bevor wir nach Hamburg fuhren, kauften wir eine Fahrkarte.
3. Bevor man sich ein Haus kaufen kann, muss man viel Geld sparen.
4. Bevor sie sich zur Prüfung meldeten, machten sie einen Sprachkurs.
5. Bevor das Konzert beginnt, stimmen die Musiker ihre Instrumente.

125.

2. Seitdem sie nach Deutschland gekommen ist, lernt sie Deutsch.
3. Seitdem er wieder gesund ist, treibt er oft Sport.
4. Seitdem wir in unsere neue Wohnung eingezogen sind, schlafen wir besser.
5. Seitdem die Straße gesperrt (worden) ist/wurde, ist es bei uns ruhiger geworden.

126.

2. Bevor man in die USA einreist, muss man sich ein Visum besorgen.
3. Während Herr Berger in der Küche arbeitet, liegt Frau Berger auf dem Sofa.
4. Während das Orchester spielt, schweigen die Zuhörer.
5. Nachdem ich in München angekommen war, besuchte ich meine Verwandten.
6. Vergiss nicht, das Licht auszumachen, bevor du aus dem Haus gehst!
7. Während der Vater schlief, mussten die Kinder ruhig sein.
8. Nachdem wir gegessen hatten, gingen wir spazieren.
9. Bevor die Straßenbahn hält, kann niemand aussteigen.
10. Nachdem du deine Arbeit gemacht hast, gehen wir ins Kino.
11. Bevor ich eine Auslandsreise mache, informiere ich mich über das Land.
12. Nachdem Kostas sein Studium abgeschlossen hat, kehrt er nach Griechenland zurück.
13. Bevor der Mann den Bahnhof erreichte, fuhr der Zug ab.
14. Während Petra ihre Diplomarbeit schrieb, hatte sie keine Zeit zum Tennisspielen.
15. Nachdem die Reporter lange gewartet hatten, erschien der Minister endlich im Presseclub.

127.

1. Sie hat mich oft angerufen, bis sie mich erreicht hat.
2. Bis ich ein eigenes Zimmer finde, wohne ich bei einem Freund.
3. Bis die Ferien beginnen, müssen wir noch viel lernen.
4. Ich bleibe in Innsbruck, bis ich mein Studium abgeschlossen habe.

128.

1. Solange es regnet, können wir nicht spazieren gehen.
2. Kaufen Sie doch Äpfel, solange sie noch so billig sind!
3. Solange es kalt ist, trägt man warme Kleidung.
4. Solange man tankt, darf man nicht rauchen.

129.

1. Ich schreibe dir einen langen Brief, sobald ich Zeit habe.
2. Ich komme zu dir, sobald ich mit der Arbeit fertig bin.
3. Sobald der Unterricht zu Ende ist, gehen wir in die Mensa.
4. Sobald man den Schalter berührt (Sobald der Schalter berührt wird), geht das Licht an.

130.

2. Während das Theater umgebaut wird, finden keine Aufführungen statt.
3. Nachdem er aufgestanden ist, sieht er sich sofort die neuen Posts auf seinem Handy an.
4. Bevor man die Straße überquert, muss man nach links und rechts schauen.
5. Als die beiden Züge zusammenstießen, gab es viele Verletzte.
6. Nachdem die Touristen die Altstadt besichtigt hatten, gingen sie ins Museum.
7. Als der Krieg begann, lebten seine Großeltern noch.
8. Wenn ich im Meer gebadet habe, habe ich immer Angst vor den Fischen gehabt.
9. Seitdem wir uns vor drei Jahren getroffen hatten (haben), sind wir uns nie wieder begegnet.
10. Bis die Erdbebenopfer gerettet wurden, vergingen drei Tage.
11. Wenn ich in Großbritannien Auto fahre, habe ich Probleme mit dem Linksverkehr.
12. Während wir spazieren gingen, bereitete Frau Behrens das Abendessen vor.
13. Nachdem Opa Behrens gegessen hat, macht er ein kurzes Mittagsschläfchen.
14. Bevor man ein Haus kauft, muss man sich über die Kreditzinsen informieren.
15. Meine Großmutter musste eine Brille tragen, wenn sie Zeitung las.
16. Sobald das Lösegeld gezahlt worden war, wurde die Geisel freigelassen.

131.

2. Inge geht zur Bibliothek, weil sie Bücher zurückgeben muss.
   Da Inge Bücher zurückgeben muss, geht sie zur Bibliothek.
3. Wir gehen heute Abend nicht ins Konzert, weil wir müde sind.
   Da wir müde sind, gehen wir heute Abend nicht ins Konzert.
4. Ich kaufe die Lederjacke nicht, weil sie zu teuer ist.
   Da die Lederjacke zu teuer ist, kaufe ich sie nicht.
5. Sie isst nichts, weil sie keinen Hunger hat.
   Da sie keinen Hunger hat, isst sie nichts.
6. Ich kann auf dem Foto nichts erkennen, weil ich meine Brille vergessen habe.
   Da ich meine Brille vergessen habe, kann ich auf dem Foto nichts erkennen.
7. Wir gehen in die Mensa, weil wir zu Mittag essen wollen.
   Da wir zu Mittag essen wollen, gehen wir in die Mensa.

132.

2. Kostas ist traurig, weil er die Prüfung nicht bestanden hat.
3. Ich bin nicht gekommen, weil ich krank war.
4. Carmen isst nicht in der Mensa, weil ihr das Essen nicht schmeckt.
5. Sie hatte einen Unfall, weil sie unvorsichtig gewesen war.
6. Aziz studiert in Berlin, weil er dort bei seinem Onkel wohnen kann.
7. Ich bin morgens immer müde, weil ich zu spät schlafen gehe.
8. Er hat die Prüfung nicht geschafft, weil er nicht genug getan hat.
9. Meiers können keine Reise machen, weil Frau Meier arbeitslos ist.
10. Die Straße ist gesperrt, weil es einen Wasserrohrbruch gegeben hat.

133.

1. Das Fußballspiel findet nicht statt, weil das Wetter schlecht ist.
2. Weil es schneite, kam er Bus verspätet in Zürich an.
3. Weil sie sehr alt ist, kann sie die Reise nicht machen.
4. Herr Schmidt musste zu Hause bleiben, weil er krank war.
5. Weil die Kinder Angst vor dem Hund hatten, wollten sie den Garten nicht betreten.
6. Weil der Zug Verspätung hatte, konnte ich nicht rechtzeitig da sein.
7. Weil es lange trocken war, wuchs das Korn schlecht.
8. Weil der Lkw eine Panne hatte, blieb er auf der Kreuzung stehen.
9. Sie hat ihren Mann umgebracht, weil sie eifersüchtig war.

134.

2. Meine Eltern haben mir Geld geschickt, damit ich mir ein Tablet kaufe (kaufen kann).
3. Der Vater ging in die Küche, um dem Kind das Essen zu holen.
4. Ich habe Petra eine Nachricht geschickt, damit sie mir meine Bücher mitbringt.
5. Richard geht zu Herrn Müller, um ihm zum Geburtstag zu gratulieren.

6. Hast du dich mit Julia verabredet, um mit ihr Skateboard zu fahren?
7. Ich möchte dich zu meiner Familie mitnehmen, damit du sie kennenlernst.
8. Eine Studentin geht zum Bürgeramt, um sich dort anzumelden.

135.

1. Ich gehe zur Bank, um meine Kontoauszüge auszudrucken.
2. Wir schalten den Fernseher ein, um uns das Fußballspiel anzusehen.
3. Ich öle die Tür, damit sie nicht mehr quietscht.
4. Der Dieb hat sich versteckt, damit die Polizei ihn nicht findet.
5. Wir haben die Fenster geöffnet, damit frische Luft hereinkommt.
6. Ich fahre morgen in die Stadt, um mir Schuhe zu kaufen.
7. Sie verlässt das Haus sehr früh, um den Zug nicht zu verpassen.
8. Die Mutter zieht ihre Kinder warm an, damit sie sich nicht erkälten.
9. Der Schauspieler trägt eine dunkle Sonnenbrille, um nicht erkannt zu werden.
10. Ich habe meinen Freund angerufen, um mit ihm essen zu gehen.
11. Ich besuche einen Sprachkurs, um meine Sprachkenntnisse zu verbessern.
12. Der Student gab seiner Professorin die Arbeit, damit sie sie korrigiert / korrigierte / … um sie (von ihr) korigieren zu lassen.
13. Die Kursteilnehmer wollen eine Party feiern, um sich besser kennenzulernen.
14. Du brauchst keine Hilfe, um diese Aufgabe zu lösen!
15. Das Pfandhaus hat eine Alarmanlage einbauen lassen, um sich vor Einbrechern zu schützen.
16. Nachdem es in einem Kernkraftwerk zu einem Unfall gekommen war, hielt der Minister eine Rede, um die Bevölkerung zu beruhigen.

136.

2. Wenn man Examen gemacht hat, muss man ausziehen.
   Hat man Examen gemacht, dann muss man ausziehen.
3. Wenn man arbeiten möchte, muss man sich einen Arbeitsplatz suchen.
   Möchte man arbeiten, dann muss man sich einen Arbeitsplatz suchen.
4. Wenn die Mieten weiter steigen, kann ich mir keine große Wohnung mehr leisten.
   Steigen die Mieten weiter, dann kann ich mir keine große Wohnung mehr leisten.
5. Wenn Sie einen Kredit aufnehmen, müssen Sie Zinsen bezahlen.
   Nehmen Sie einen Kredit auf, dann müssen Sie Zinsen bezahlen.

137.

1. Wenn der Akku fast leer ist, muss man ihn aufladen. / Ist der Akku fast leer, (dann) …
2. Wenn der Papierkorb voll ist, muss er geleert werden. / Ist der Papierkorb voll, (dann) …
3. Was müssen Sie tun, wenn Sie Ihren Pass verloren haben?
4. Wenn Sie die Miete nicht rechtzeitig bezahlen, wird Ihnen die Wohnung bald gekündigt. / Bezahlen Sie Ihre Miete nicht rechtzeitig, …
5. Wenn man krankenversichert ist, bezahlt die Versicherung die Arztrechnung. / Ist man krankenversichert, …
6. Wenn du nicht lange genug schläfst, bist du am nächsten Morgen nicht munter. / Schläfst du nicht lange genug, …
7. Wenn das Radio zu laut spielt, können die Kinder nicht einschlafen. / Spielt das Radio zu laut, …
8. Wenn es nachts sehr stark geschneit hat, dauert die Fahrt zur Arbeit länger. / Hat es nachts sehr stark geschneit, …
9. Wenn der Student 180 Punkte erreicht hat, hat er die Prüfung bestanden. / Hat der Student 180 Punkte erreicht, …
10. Welche Telefonnummer müssen Sie wählen, wenn ein Feuer ausgebrochen ist?
11. Wenn die Sonne scheint, macht das Radfahren Spaß. / Scheint die Sonne, …
12. Wenn sie fleißig lernt, kann sie die Prüfung schaffen. / Lernt sie fleißig, …
13. Wenn du gründlich suchst, findest du deinen Schlüssel bestimmt wieder. / Suchst du gründlich, …
14. Wenn das Fenster geschlossen ist, kann ich nicht schlafen. / Ist das Fenster geschlossen, …
15. Wenn Komplikationen auftreten, muss der Arzt gerufen werden. / Treten Komplikationen auf, …

138.

2. Aber wenn ich Geld hätte, würde ich verreisen.
3. Aber wenn sie mich einladen würde, würde ich sie besuchen.
4. Aber wenn ich keine Angst vor einer Ansteckung hätte, ließe ich mich nicht impfen.
5. Aber wenn er nicht zu klein wäre, könnte er sich bei der Polizei bewerben.
6. Aber wenn der Weg nicht so weit wäre, würden wir zu Fuß gehen.
7. Aber wenn ich meine Brille bei mir hätte, könnte ich die Zahlen erkennen.
8. Aber wenn sie einen Führerschein hätte, dürfte sie Auto fahren.

9. Aber wenn ich Peters neue Handynummer wüsste, könnte ich ihn anrufen.
10. Aber wenn die Menschen Engel wären, würde es Frieden auf der Erde geben / … gäbe es …
11. Aber wenn ihm seine Eltern kein Geld schicken könnten, müsste er jobben.
12. Aber wenn ich nicht arbeiten müsste, würde ich ins Kino gehen / ginge ich ins Kino.
13. Aber wenn sie nicht verletzt wäre, könnte sie Sport treiben.
14. Aber wenn sie ein Stipendium bekommen würde (bekäme), könnte sie in den USA studieren.
15. Aber wenn ich kein Fieber hätte, dürfte ich baden.

139.

1. Wenn sie sich rechtzeitig beworben hätte, hätte sie einen Studienplatz bekommen.
2. Wenn er nicht zu spät gekommen wäre, hätte er an der Prüfung teilnehmen können.
3. Wenn die Internet-Verbindung nicht gestört gewesen wäre, wären E-Mails angekommen.
4. Wenn es gestern nicht den ganzen Tag geregnet hätte, hätten wir nicht auf unsere Radtour verzichten müssen.
5. Wenn die Gefährlichkeit des COVID-19-Virus nicht (so) lange unterschätzt worden wäre, hätte sich die Infektion nicht weltweit verbreiten können.

140.

1. Da ich das getan hatte, hat es mich am nächsten Morgen nicht geweckt und ich bin nicht pünktlich wach geworden.
2. Ich konnte dann nicht in Ruhe Kaffee trinken und nicht mit dem Fahrrad zum Bahnhof fahren.
3. Es waren über Nacht 30 cm Schnee gefallen, sodass das ein Problem war und ich das Auto nehmen musste.
4. Wäre der Wintereinbruch nicht so überraschend gekommen, hätten die Streufahrzeuge die Straßen rechtzeitig räumen können. / Wenn der Wintereinbruch nicht … gekommen wäre, …
5. Hätte die Schneebeseitigung funktioniert, wäre es im Berufsverkehr nicht zu langen Staus gekommen. / Wenn … funktioniert hätte, …
6. Wäre im Wetterbericht am Vortag gewarnt worden, wäre man auf das Schneechaos vorbereitet gewesen. / Wenn … gewarnt worden wäre, …
7. Wäre mein Handy-Akku nicht geladen gewesen, hätte ich die Firma nicht erreichen und Bescheid sagen können. / Wenn … geladen gewesen wäre, …

141.

2. Obwohl Eva mir ihren Besuch angekündigt hatte, kam sie nicht.
3. Obwohl wir gut trainiert hatten, haben wir das Fußballspiel nicht gewonnen.
4. Obwohl Müllers nicht viel Geld haben, leisten sie sich teure Urlaubsreisen.
5. Obwohl die zwei Freunde zum Bahnhof rannten, erreichten sie den Zug nicht mehr.
6. Obwohl Fatma stark erkältet war, besuchte sie den Deutschkurs.
7. Obwohl Katja immer sehr schnell spricht, verspricht sie sich nur selten.
8. Obwohl ich viel zu tun habe, komme ich mit euch ins Kino.
9. Obwohl ich meinen E-Mail-Account gut gesichert hatte, ist er gehackt worden.
10. Obwohl ich alle neuen Updates installiert habe, funktioniert der Drucker immer noch nicht.

142.

1. Obwohl Ali schon seit drei Jahren in Deutschland lebt, spricht er immer noch schlecht Deutsch.
2. Obwohl ich mich gut auf die Prüfung vorbereitet hatte, habe ich sie nicht bestanden.
3. Obwohl Meiers eine kleine Wohnung haben, haben sie eine Verwandte bei sich aufgenommen.
4. Obwohl ich mich seit Langem um eine Teilzeitarbeit bemühe, habe ich immer noch keine gefunden.
5. Obwohl die Fahrt sehr lange gedauert hatte, waren die Kinder nicht müde.
6. Obwohl Herr Suhl seine Ferien seit vielen Jahren in Frankreich verbringt, hat er immer noch wenig Kontakt zu seinen französischen Nachbarn.
7. Obwohl es schon genügend Straßen gibt, werden immer noch neue gebaut.
8. Obwohl die Zahl der Arbeitslosen immer weiter steigt, tut die Regierung wenig.
9. Obwohl es kalt war, ging die Frau ohne dicke Jacke spazieren.
10. Obwohl ich lange gesucht habe, konnte ich meine Brille nicht wiederfinden.
11. Obwohl die Studierenden protestierten, wurde die Prüfung nicht wiederholt.
12. Obwohl das Wetter schlecht ist, fahren wir zum Grillen.
13. Obwohl die Preise hoch sind, gehen viele Leute in dieses Restaurant.
14. Obwohl das Personal aufmerksam war, wurde ein Notebook gestohlen.

143.

2. Markus hat Windpocken, sodass er nicht in die Schule gehen darf.

3. Petra hatte sich gut vorbereitet, sodass sie alle Tests problemlos schaffen konnte. / Petra hatte sich so gut vorbereitet, dass sie alle Tests problemlos schaffen konnte.
4. Es war gestern kalt, sodass wir nicht zum Schwimmen gehen konnten. / Es war gestern so kalt, dass wir nicht zum Schwimmen gehen konnten.
5. Der Film war langweilig, sodass ich fast eingeschlafen bin. / Der Film war so langweilig, dass ich fast eingeschlafen bin.
6. Die Miete ist stark erhöht worden, sodass wir ausziehen müssen. / Die Miete ist so stark erhöht worden, dass wir ausziehen müssen.
7. Die Kanäle sind zugefroren, sodass der Schiffsverkehr eingestellt werden muss.
8. Es hat lange nicht geregnet, sodass die Pflanzen vertrocknet sind. / Es hat so lange nicht geregnet, dass die Pflanzen vertrocknet sind.
9. Sie hat sich sehr verändert, sodass ich sie nicht wiedererkannt habe. / Sie hat sich so verändert, dass ich sie nicht wiedererkannt habe.
10. Das Tor wird jetzt geschlossen, sodass niemand mehr hereinkommen kann.
11. Sie hat ihr ganzes Geld ausgegeben, sodass sie einen Kredit aufnehmen muss.
12. Wissenschaftliche Fachliteratur ist sehr teuer, sodass sie nicht jeder kaufen kann. / Wissenschaftliche Fachliteratur ist so teuer, dass sie nicht jeder kaufen kann.

144.

2. Man kann bei Regen trocken bleiben, indem man einen Regenschirm mitnimmt.
3. Zwei Deutsche begrüßen sich, indem sie sich die Hand geben.
4. Zwei Japaner begrüßen sich, indem sie sich tief verbeugen.
5. Man kann sein Fahrrad vor Dieben schützen, indem man es abschließt.
6. Motorradfahrer schützen sich vor Kopfverletzungen, indem sie einen Helm tragen.
7. Man kann eine schlechte Regierung loswerden, indem man die Opposition wählt.
8. Man kann einsamen Menschen eine Freude machen, indem man sie besucht.
9. Bakterien vermehren sich, indem sie sich teilen.
10. Man kann das Unfallrisiko vermindern, indem man sich vorsichtig verhält.

145.

1. Während viele Leute heute zweimal im Jahr Urlaub machen, kannten ihre Großeltern überhaupt keinen Urlaub.
2. Während es im Harz noch schneit, blühen in Freiburg schon die Krokusse.
3. Während alle meine Geschwister Rechtshänder sind, bin ich Linkshänder.
4. Während meine Schwester in einer Großstadt lebt, lebe ich auf dem Land.
5. Während Polen früher ein reines Agrarland war, gibt es dort heute viel Industrie.

146.

2. Je stärker der Verkehr ist, desto / umso häufiger kommt es zu Staus.
3. Je länger die COVID-19-Pandemie dauerte, desto / umso mehr Probleme gab es.
4. Je besser das Testergebnis ist, desto / umso mehr freut man sich.
5. Je niedriger die Flugpreise sind, desto / umso beliebter sind Fernreisen.

147.

2. Sie machte ein Praktikum, weil das eine Voraussetzung für ihr Studium war (ist).
3. Petra begann mit dem Studium, nachdem / als sie ihr Praktikum beendet hatte.
4. Sie studiert in Marburg, weil ihr Freund schon seit zwei Semestern dort ist.
5. Petra versucht einen Nebenjob zu finden, seit(dem) sie erfahren hat, dass sie kein Stipendium bekommen wird.
6. Sie versucht, einen Job zu finden, indem sie täglich die Angebote der Jobvermittlung im Internet checkt.
7. Petra wohnt in einem Studierendenheim, seit(dem) / als dort überraschend ein Zimmer frei wurde.
8. Sie geht in die UB, um dort für ihr Referat Literatur zu suchen. (Sie geht in die UB, weil sie dort Literatur für ihr Referat suchen will.)
9. Petra hat die Party so früh verlassen, weil ihr Freund sehr oft mit Tatjana getanzt hat.
10. Sie ist verärgert, weil sie nur seine Mailbox erreicht.
11. Petra trägt neuerdings Kontaktlinsen, weil sie besser aussehen möchte / um besser auszusehen.
12. Sie will am Samstag allein in die Disco gehen, weil sie andere Leute kennenlernen will. / … um andere Leute kennenzulernen.
13. Petra will in Marburg bleiben, bis sie ihr Examen macht / gemacht hat.
14. Sie wird möglicherweise vorher die Universität wechseln, wenn es ihr nicht mehr gefällt.

148.

2. dass; 3. bis; 4. Wenn; 5. um zu; 6. indem; 7. Obwohl; 8. damit; 9. weil; 10. Als; 11. wenn / sobald; 12. sodass; 13. seitdem / seit; 14. solange; 15. Weil/ Da; 16. Wenn; 17. Damit /Bevor; 18. damit; 19. sodass; 20. indem; 21. Als; 22. Obwohl; 23. Als/ Während; 24. Solange

149.

1. Weil es stark regnete, mussten alle langsamer fahren.
2. Als ihre Tochter sich verabschiedete / Als sie sich von ihrer Tochter verabschiedeten, waren die Eltern sehr traurig.
3. Obwohl er uns eingeladen hatte, haben wir ihn nicht besucht.
4. Seitdem die Grenze geöffnet wurde / (worden) ist, kann man wieder ins Nachbarland reisen.
5. Bitte schließen Sie alle Fenster, bevor Sie das Büro verlassen!
6. Im Sommer stehe ich meistens auf, wenn die Sonne aufgeht.
7. Ich habe dem Obdachlosen zwei Euro gegeben, weil ich Mitleid hatte.
8. Nachdem er seinen Pass vorgezeigt hatte, durfte er die Grenze passieren.
9. Während Frau Braun von München nach Sydney flog / geflogen ist, hat sie fast dauernd geschlafen.
10. Bis eine neue Schule gebaut wird, müssen die Kinder in die alte gehen.
11. Die Eltern bringen ihr Kind zum Arzt, damit es untersucht wird. (... um es untersuchen zu lassen.)
12. Petra erhielt ein Stipendium, weil sie gute Abiturnoten hatte.
13. Wenn man die Regeln genau beachtet, macht man weniger Fehler.
14. Ich lese jeden Tag die Zeitung, um meinen Wortschatz zu erweitern.
15. Wenn man die Bank-Karte verloren hat (verliert), muss man die Nummer 116116 anrufen.
16. Nur wenn man fleißig übt, kann man ein guter Klavierspieler werden. /Man kann <u>nur</u> ein guter Klavierspieler werden, indem man fleißig übt.
17. Bevor man ein Formular ausfüllt, sollte man es in Ruhe durchlesen.

150.

1. weil/nachdem; 2. sodass; 3. Solange/Als/Während; 4. obwohl; 5. bis/bevor; 6. weil; 7. Nachdem; 8. bis; 9. Wenn; 10. Als; 11. weil/da; 12. um; 13. während; 14. bevor; 15. weil/da/seitdem; 16. dass; 17. Obwohl; 18. weil; 19. Wenn; 20. um; 21. bis

151.

2. aber/und; 3. denn; 4. aber/doch; 5. oder; 6. und; 7. denn; 8. oder; 9. denn/sondern; 10. aber

152.

1. sowohl ... als auch; 2. weder ... noch; 3. sowohl ... als auch; 4. entweder ... oder; 5. nicht nur ... sondern ... auch; 6. Entweder ... oder; 7. zwar ... aber; 8. Weder ... noch; 9. sowohl ... als auch; 10. weder ... noch

153.

2. Dann; 3. Trotzdem; 4. Hier; 5. Trotzdem; 6. So; 7. Von dort; 8. trotzdem; 9. Dann; 10. Deshalb; 11. Dort; 12. vorher; 13. Dorthin; 14. Dann/Danach; 15. Deshalb; 16. Dabei; 17. So; 18. Dafür; 19. Da; 20. Trotzdem

154.

2. Wir wollen nachmittags einen Freund besuchen, danach wollen wir abends bei mir essen.
3. Ich könnte in den Ferien eine Reise machen oder ich könnte zu Hause bleiben und arbeiten.
4. Ich habe bis kurz nach acht auf dich gewartet, dann bin ich nach Hause gegangen.
5. Herr Kim wollte einen Roman von Thomas Mann lesen, aber die Sprache war zu schwierig für ihn.
6. Petras Vater ist erkrankt; deswegen ist sie sofort nach Hause gefahren.
7. Ein Tourist hat den Dom besichtigt; außerdem hat er sich die Ausstellung im Museum angesehen.
8. Jana hat kein eigenes Zimmer, sondern sie wohnt bei einer Freundin.
9. Es ist nicht immer leicht im Ausland zu leben; trotzdem arbeiten und studieren viele Menschen in einem fremden Land.
10. Mein Bruder studiert in Griechenland und ich studiere in Deutschland.
11. Ich kann in meiner Heimat dieses Fach nicht studieren; deshalb studiere ich in Darmstadt.
12. Sie möchte ein Gedicht von Heine in ihre Muttersprache übersetzen, doch es gelingt ihr nicht.
13. Er saß im Mantel am Schreibtisch, denn die Heizung war kaputt.
14. Wir saßen alle beim Abendbrot; da klingelte das Telefon.
15. Freunde von mir machen einen Camping-Urlaub in Frankreich; so verbringen sie ihre Ferien ohne Stress.

155.

2. Nein, das sind die Notizen meiner Freundin.
3. Nein, das ist das Wörterbuch einer Studentin.
4. Nein, das ist der Rucksack eines türkischen Studenten.
5. Nein, das ist Bettinas Brille / die Brille von Bettina.
6. Wie heißt Deutschlands Hauptstadt? / Wie heißt die Hauptstadt Deutschlands / von Deutschland?
7. Wo steht das Haus deiner Eltern?
8. Wie findest du das neue Tattoo meiner Schwester?
9. Wie gefallen dir Marinas neue Möbel? / Wie gefallen dir die neuen Möbel von Marina?
10. Wie lange dauert die Vorlesung des Professors?

11. Das ist der Kittel der Assistentin.
12. Das ist die Tasche eines Kollegen.
13. Am besten gefällt mir Fatmas Bild. / Am besten gefällt mir das Bild von Fatma.
14. Ich habe den Text mit Hilfe meines älteren Bruders übersetzt.
15. Wir haben unsere Ferien in Barbaras Ferienhaus verbracht. / Wir haben unsere Ferien im Ferienhaus von Barbara verbracht.

156.

2. der; 3. die; 4. das; 5. der; 6. das; 7. die; 8. das

157.

1. den; 2. das; 3. die; 4. den; 5. die; 6. die; 7. den; 8. das; 9. die; 10. den

158.

1. der; 2. dem; 3. denen; 4. dem; 5. denen; 6. der; 7. dem; 8. denen; 9. dem; 10. der; 11. dem; 12. denen; 13. dem; 14. der; 15. denen

159.

1. dem; 2. das; 3. die; 4. denen; 5. der; 6. der; 7. dem; 8. die; 9. dem; 10. den; 11. denen; 12. das; 13. der; 14. der; 15. die

160.

2. Meine Freundin, der ich ein Album mit Fotos von unserem gemeinsamen Urlaub geschenkt habe, hat sich sehr gefreut.
3. Der Fahrer, der den Schulbus gefahren hat, war betrunken.
4. Der 50-€-Schein, den ich gefunden habe, war gefälscht.
5. Unsere Gäste, für die wir ein Hotelzimmer reserviert haben, kommen aus München.
6. Der Roman, nach dem du mich gefragt hast, ist langweilig.
7. Hassan fuhr mit einem Fahrrad, das ihm sein Freund geliehen hatte.
8. Sie hat einen Vorschlag gemacht, dem ich nicht zustimmen kann.
9. Die Leute, mit denen ich mich im Zug unterhalten habe, kamen von einem Kongress in Leipzig.
10. Kostas, dem das Leben in Deutschland nicht gefiel, ist nach Griechenland zurückgekehrt.
11. Ist das auf dem Bild deine Schwester, von der du so oft gesprochen hast?
12. Die Wanderer, denen wir begegnet sind, wollen auf den Feldberg.
13. Andreas hatte ein Problem, über das er lange nachgedacht hat.
14. Die Frau, in die Markus verliebt ist, heißt Katrin.
15. Die Studentin, der das Notebook gehört, hat sich noch nicht gemeldet.
16. Jetzt kommt endlich das Taxi, auf das ich lange gewartet habe.

161.

2. deren; 3. dessen; 4. deren; 5. dessen; 6. deren; 7. deren; 8. deren; 9. deren; 10. dessen; 11. deren; 12. deren

162.

2. auf deren; 3. nach deren; 4. auf deren; 5. um deren; 6. über dessen; 7. mit dessen; 8. auf dessen; 9. über dessen; 10. mit dessen; 11. mit deren; 12. um deren

163.

2. deren; 3. unter dessen; 4. dem, das; 5. die; 6. der; 7. in deren; 8. mit denen / bei denen; 9. mit der; 10. mit dessen; 11. an dessen; 12. der; 13. der, mit dem; 14. denen; 15. von der

164.

1. von dem; 2. in der; 3. wohin; 4. wo; 5. in der; 6. die; 7. deren; 8. mit deren; 9. mit denen; 10. die; 11. die; 12. auf der; 13. mit denen; 14. auf deren; 15. die; 16. in der / wo; 17. die; 18. in der; 19. in die

165.

2. Hast du Peter, meinen älteren Bruder, gesehen?
3. Hast du mit Peter, meinem älteren Bruder, gesprochen?
4. Alle Freunde Peters, meines älteren Bruders, waren schon hier.
5. Er lebt in Paris, der französischen Hauptstadt.
6. Paris, die französische Hauptstadt, hat mir gut gefallen.
7. Meine Erinnerungen an Paris, die französische Hauptstadt, sind ganz lebendig.
8. Hast du noch nichts von den Azteken, den Ureinwohnern Mexikos, gehört?
9. Die Pyramiden der Azteken, der Ureinwohner Mexikos, sind weltberühmt.
10. Australien, der fünfte Kontinent, wurde im 16. Jahrhundert von Europäern entdeckt.
11. Viele Touristen aus Europa bereisen Australien, den fünften Kontinent.
12. In Australien, dem fünften Kontinent, gibt es selten Erdbeben.
13. Die Ureinwohner Australiens, des fünften Kontinents, werden Aborigines genannt.

166.

2. Nein, er bezahlt seiner Tochter die Reise nicht.
3. Nein, sie hat die Strafe nicht bezahlt.
4. Nein, wir legen die Blumen nicht in den Kühlschrank.
5. Nein, ich habe (wir haben) die Fragen nicht verstanden.

6. Nein, sie arbeitet nicht für ihr Studium.
7. Nein, er ist nicht mit dem Zug gekommen.
8. Nein, ich wohne nicht in Köln.
9. Nein, das Wetter war nicht gut.
10. Nein, es schneit nicht.
11. Nein, es hat gestern bei uns nicht geregnet.
12. Nein, der Vater überweist seinem Sohn das Geld nicht.
13. Nein, der Vater überweist seinem Sohn das Geld nicht regelmäßig.
14. Nein, ich habe den Brief nicht in den Kasten geworfen.
15. Nein, meine Eltern rechnen nicht mit meinem Besuch.
16. Nein, Dieter ist nicht im Arbeitszimmer.
17. Nein, uns schmeckt das Essen heute nicht besser.
18. Nein, mir und meiner Familie gefällt das neue Haus nicht.
19. Nein, wir gehen heute nicht weg.
20. Nein, sie bringt ihre Freundin nicht zum Bahnhof.

167.

2. Nein, sie will sich heute keinen Mantel kaufen.
3. Nein, wir haben keine Angst.
4. Nein, ich brauche keine Hilfe.
5. Nein, ich habe keine Probleme.
6. Nein, du brauchst dir keine Sorgen zu machen. / Nein, du musst dir keine Sorgen machen.
7. Nein, ich habe keine Zeit für Sie.
8. Nein, er hat kein neues Handy.
9. Nein, ich brauche keinen schnelleren Drucker.
10. Nein, ich habe keine Lust, heute Abend ins Kino zu gehen.

168.

2. Marco hat keinen Bart.
3. Marco trägt keine Jeans.
4. Marco arbeitet nicht gerne.
5. Marco schläft nicht bei offenem Fenster.
6. Marco trinkt morgens keinen Orangensaft.
7. Marco wäscht seine Wäsche nicht selbst.
8. Marco fährt nicht mit dem Fahrrad.
9. Marco wohnt nicht auf dem Land.
10. Marco gefällt das Leben auf dem Land nicht.
11. Marco hat keine Freundin.
12. Marco liebt keine Katzen.
13. Marco interessiert sich nicht für Ökologie.
14. Marco liest in seiner Freizeit keine Kriminalromane.
15. Marco mag die Menschen nicht.

169.

2. Nein, er hat noch keinen Job gefunden.
3. Nein, ich habe keine Kopfschmerzen mehr.
4. Nein, es ist noch nicht 10 Uhr.
5. Nein, wir haben keinen Hunger mehr.
6. Nein, wir haben die Aufgaben noch nicht gelöst.
7. Nein, die Kinder haben noch kein Interesse an Jazz.
8. Nein, Erik ist noch nicht verheiratet.
9. Nein, seine Großeltern leben nicht mehr.

170.

2. Er ist weder groß noch schlank.
3. Ich bin weder in Marokko noch in Tunesien gewesen.
4. Maria besitzt weder ein Fahrrad noch ein Motorrad.
5. Ich gehe heute Abend weder ins Kino noch sehe ich fern.

171.

2. Nein, heute war niemand hier.
3. Nein, mir fehlt nichts.
4. Nein, hier hat niemand geraucht.
5. Nein, wir lesen nie(mals) die BILD-Zeitung.
6. Nein, ich habe noch nie(mals) im Lotto gewonnen.
7. Nein, niemand war an der Tür. / Nein, es war niemand an der Tür.
8. Nein, hier gibt es nirgends/nirgendwo ein preiswertes Hotel.
9. Nein, ich war noch nie(mals) in Berlin.
10. Nein, es gibt nichts Neues.
11. Nein, ich habe nirgends/nirgendwo Bekannte getroffen.
12. Nein, ich habe mit niemand(em) gesprochen.
13. Nein, Eva hat nichts von ihrem neuen Freund erzählt.
14. Nein, Peter wird die Prüfung nie(mals) schaffen.
15. Nein, nirgendwo/nirgends auf der Welt gibt es lebende Dinosaurier.
16. Nein, hier kann man nachts nichts mehr kaufen.

172.

2. Nein, das Kind schläft noch nicht.
   Doch, das Kind schläft schon.
3. Nein, das ist nicht meine Grammatik.
   Doch, das ist meine Grammatik.
4. Nein, ich bin nicht verletzt.
   Doch, ich bin verletzt.
5. Nein, ich habe den Text nicht verstanden.
   Doch, ich habe den Text verstanden.
6. Nein, ich bin noch nicht fertig.
   Doch, ich bin schon fertig.
7. Nein, ich bin nicht mehr müde.
   Doch, ich bin noch müde.
8. Nein, ich kenne niemand(en) in Paris.
   Doch, ich kenne jemand(en) in Paris.
9. Nein, ich möchte nichts mehr essen.
   Doch, ich möchte noch etwas essen.

173.

einem, ein, dem (im), dem, ein, den, dem, eine, die, ein, Der, ein, das, dem, Der, den

174.

2. eine, Die; 3. ø, ø; 4. einen; 5. ein, einem, Der, eine; 6. der, ø; 7. Die, ein; 8. ein, ø; 9. -m, ø; 10. ø, eine; 11. ø; 12. ø; 13. dem (im), dem (im); 14. ø, die, der, die; 15. -s, ø, ø

175.

Ein, -er, ein, -es, der, eine, Ein, -er, Der, -e, ein, ein, der, -en, der, Eine, Der, das, die, ihre, dem, eine, einem, -en, Eine, -e, die, das, der, Der, eine, -e, den, den, der, die, die (den), der, -e, des, die, der, Mein, seinem (dem), das, Das, seine, meinem

176.

(Originaltext; z. T. sind auch andere Lösungen möglich.)

1. Einkaufen im Internet wird in Deutschland immer beliebter.
2. Mehr als die Hälfte der Internetnutzer bestellt Waren oder Dienstleistungen im Internet.
3. Falls Sie mal Dinge geliefert bekommen, die Ihnen nicht gefallen oder die beschädigt sind, so ist das kein Problem.
4. Bei Online-Shops in Deutschland haben Sie das Recht, die Ware innerhalb von 14 Tagen ohne Angabe von Gründen zurückzusenden.
5. Zu Ihrer Sicherheit sollten Sie bei unbekannten Online-Shops immer das Impressum prüfen.

177.

(Originaltext; z. T. sind auch andere Lösungen möglich.)

1. An Geldautomaten können Sie mit Ihrer EC-Karte und einer vierstelligen Geheimnummer rund um die Uhr Geld abheben.
2. Die Geheimnummer erhalten Sie per Post von Ihrer Bank, nachdem Sie dort ein Konto eröffnet haben.
3. Wenn Sie an Automaten Ihrer eigenen Bank Geld abheben, werden dafür keine Gebühren erhoben.
4. An Automaten anderer Banken wird eine Abhebungsgebühr fällig, die bis zu fünf Euro pro Abhebung betragen kann.
5. Mit der EC-Karte können Sie auch in den meisten Geschäften bezahlen.
6. Es ist aber immer besser, etwas Bargeld bei sich zu haben.
7. Deutschland ist nämlich noch ein Land des Bargelds: Kleinbeträge werden in Geschäften und Cafés meistens bar bezahlt.

178.

Wenn Einstein zu einem Vortrag eingeladen wurde, ließ er sich immer vom gleichen Fahrer hinfahren. Nach einiger Zeit sagte dieser zu Einstein: „Ich habe Ihren Vortrag nun schon so oft gehört, dass ich ihn genauso gut wie Sie halten könnte.“ Beim nächsten Vortrag tauschten die beiden ihre Rollen. Einstein saß in der Uniform des Fahrers im Saal, während der Fahrer den Vortrag fehlerfrei hielt. Am Ende des Vortrags fragte ein Zuhörer nach zusätzlichen Einzelheiten. Der Fahrer ließ sich nicht aus der Ruhe bringen und antwortete: „Die Antwort auf diese Frage ist so einfach, dass mein Fahrer, der dort im Publikum sitzt, sie beantworten kann.“

179.

Eines Tages traf Einstein einen Kollegen und sagte zu ihm: „Kommen Sie doch heute Abend zu mir! Professor Smithson wird auch da sein.“ „Aber ich bin doch Smithson!“, antwortete völlig überrascht der Wissenschaftler. „Das macht doch nichts“, beruhigte ihn Einstein, „Kommen Sie trotzdem!“